高等职业教育药学类与食品药品类专业第四轮教材

药店经营与管理实务（第3版）

（供药学类、食品药品类专业用）

主　编　梁春贤　吴　锦
副主编　张　平　李丽静　袁志学
编　者　（以姓氏笔画为序）

王国妮（山西药科职业学院）
田　洋（本溪市化学工业学校）
朱茂根（浙江药科职业大学）
李丽静（哈尔滨医科大学）
吴　锦（浙江药科职业大学）
张　平（湖南中医药高等专科学校）
周丹丹（广西卫生职业技术学院）
胡龙英（柳州桂中大药房连锁有限责任公司）
袁　玲（广西卫生职业技术学院）
袁志学（天津生物工程职业技术学院）
黄平权（广西白云山盈康药业有限公司）
梁春贤（广西卫生职业技术学院）
覃晓玲（广西工业职业技术学院）
戴　胜（安徽中医药高等专科学校）

中国健康传媒集团
中国医药科技出版社·北京

内 容 提 要

本教材是“高等职业教育药学类与食品药品类专业第四轮教材”之一，根据药店经营与管理教学大纲的基本要求和课程特点编写而成的全新活页式教材。全书共划分为4个工作领域、21个工作任务、64个职业能力点。内容上涵盖了行业认知、药品陈列、药品盘点、药品销售、收银作业、售后服务等，并以门店工作为中心，适度地向外、向上延伸。该教材的突出特点是完全以职业能力培养为出发点，内容实用、形式简洁。

本教材供全国高等职业教育药学类与食品药品类等相关专业教学使用，也可供医药行业从业人员继续教育和培训使用。

图书在版编目（CIP）数据

药店经营与管理实务/梁春贤，吴锦主编．—3版．—北京：中国医药科技出版社，2023.3（2025.7重印）.

高等职业教育药学类与食品药品类专业第四轮教材

ISBN 978－7－5214－2568－0

Ⅰ.①药… Ⅱ.①梁… ②吴… Ⅲ.①药品—专业商店—商业经营—高等职业教育—教材 Ⅳ.①F717.5

中国国家版本馆CIP数据核字（2023）第001078号

美术编辑 陈君杞

版式设计 友全图文

出版 **中国健康传媒集团** | 中国医药科技出版社

地址 北京市海淀区文慧园北路甲22号

邮编 100082

电话 发行：010－62227427 邮购：010－62236938

网址 www.cmstp.com

规格 889×1194mm 1/16

印张 17½

字数 481千字

初版 2013年1月第1版

版次 2023年3月第3版

印次 2025年7月第4次印刷

印刷 北京印刷集团有限责任公司

经销 全国各地新华书店

书号 ISBN 978－7－5214－2568－0

定价 55.00元

获取新书信息、投稿、为图书纠错，请扫码联系我们。

出版说明

“全国高职高专院校药学类与食品药品类专业‘十三五’规划教材”于2017年初由中国医药科技出版社出版，是针对全国高等职业教育药学类、食品药品类专业教学需求和人才培养目标要求而编写的第三轮教材，自出版以来得到了广大教师和学生的好评。为了贯彻党的十九大精神，落实国务院《国家职业教育改革实施方案》，将“落实立德树人根本任务，发展素质教育”的战略部署要求贯穿教材编写全过程，中国医药科技出版社在院校调研的基础上，广泛征求各有关院校及专家的意见，于2020年9月正式启动第四轮教材的修订编写工作。

党的二十大报告指出，要办好人民满意的教育，全面贯彻党的教育方针，落实立德树人根本任务，培养德智体美劳全面发展的社会主义建设者和接班人。教材是教学的载体，高质量教材在传播知识和技能的同时，对于践行社会主义核心价值观，深化爱国主义、集体主义、社会主义教育，着力培养担当民族复兴大任的时代新人发挥巨大作用。在教育部、国家药品监督管理局的领导和指导下，在本套教材建设指导委员会专家的指导和顶层设计下，依据教育部《职业教育专业目录（2021年）》要求，中国医药科技出版社组织全国高职高专院校及相关单位和企业具有丰富教学与实践经验的专家、教师进行了精心编撰。

本套教材共计66种，全部配套“医药大学堂”在线学习平台，主要供高职高专院校药学类、药品与医疗器械类、食品类及相关专业（即药学、中药学、中药制药、中药材生产与加工、制药设备应用技术、药品生产技术、化学制药、药品质量与安全、药品经营与管理、生物制药专业等）师生教学使用，也可供医药卫生行业从业人员继续教育和培训使用。

本套教材定位清晰，特点鲜明，主要体现在如下几个方面。

1. 落实立德树人，体现课程思政

教材内容将价值塑造、知识传授和能力培养三者融为一体，在教材专业内容中渗透我国药学事业人才必备的职业素养要求，潜移默化，让学生能够在学习知识同时养成优秀的职业素养。进一步优化“实例分析/岗位情景模拟”内容，同时保持“学习引导”“知识链接”“目标检测”或“思考题”模块的先进性，体现课程思政。

2. 坚持职教精神，明确教材定位

坚持现代职教改革方向，体现高职教育特点，根据《高等职业学校专业教学标准》要求，以岗位需求为目标，以就业为导向，以能力培养为核心，培养满足岗位需求、教学需求和社会需求的高素质技能型人才，做到科学规划、有序衔接、准确定位。

3. 体现行业发展，更新教材内容

紧密结合《中国药典》（2020年版）和我国《药品管理法》（2019年修订）、《疫苗管理法》（2019

年）、《药品生产监督管理办法》（2020年版）、《药品注册管理办法》（2020年版）以及现行相关法规与标准，根据行业发展要求调整结构、更新内容。构建教材内容紧密结合当前国家药品监督管理法规、标准要求，体现全国卫生类（药学）专业技术资格考试、国家执业药师职业资格考试的有关新精神、新动向和新要求，保证教育教学适应医药卫生事业发展要求。

4. 体现工学结合，强化技能培养

专业核心课程吸纳具有丰富经验的医疗机构、药品监管部门、药品生产企业、经营企业人员参与编写，保证教材内容能体现行业的新技术、新方法，体现岗位用人的素质要求，与岗位紧密衔接。

5. 建设立体教材，丰富教学资源

搭建与教材配套的"医药大学堂"（包括数字教材、教学课件、图片、视频、动画及习题库等），丰富多样化、立体化教学资源，并提升教学手段，促进师生互动，满足教学管理需要，为提高教育教学水平和质量提供支撑。

6. 体现教材创新，鼓励活页教材

新型活页式、工作手册式教材全流程体现产教融合、校企合作，实现理论知识与企业岗位标准、技能要求的高度融合，为培养技术技能型人才提供支撑。本套教材部分建设为活页式、工作手册式教材。

编写出版本套高质量教材，得到了全国药品职业教育教学指导委员会和全国卫生职业教育教学指导委员会有关专家以及全国各相关院校领导与编者的大力支持，在此一并表示衷心感谢。出版发行本套教材，希望得到广大师生的欢迎，对促进我国高等职业教育药学类与食品药品类相关专业教学改革和人才培养作出积极贡献。希望广大师生在教学中积极使用本套教材并提出宝贵意见，以便修订完善，共同打造精品教材。

数字化教材编委会

主　编　梁春贤　吴　锦

副主编　张　平　李丽静　袁志学

编　者　（以姓氏笔画为序）

王国妮（山西药科职业学院）

田　洋（本溪市化学工业学校）

朱茂根（浙江药科职业大学）

李丽静（哈尔滨医科大学）

吴　锦（浙江药科职业大学）

张　平（湖南中医药高等专科学校）

周丹丹（广西卫生职业技术学院）

胡龙英（柳州桂中大药房连锁有限责任公司）

袁　玲（广西卫生职业技术学院）

袁志学（天津生物工程职业技术学院）

黄平权（广西白云山盈康药业有限公司）

梁春贤（广西卫生职业技术学院）

覃晓玲（广西工业职业技术学院）

戴　胜（安徽中医药高等专科学校）

前言《

本教材为“高等职业教育药学类与食品药品类专业第四轮教材”之一，系在新颁布的《职业教育法》和高职专业教学标准的指导下，为深入贯彻落实《国家职业教育改革实施方案》（国发〔2019〕4号）提出的“倡导使用新型活页式、工作手册式教材并配套开发信息化资源”要求，完全基于职业能力培养而开发的新型活页式教材。药店经营与管理是药学专业的核心课程之一。本教材直接针对药品零售企业各岗位的业务要求而设置课程内容，以培养学生从事药品零售相关业务所必需的职业能力为目标，致力于药品零售相关知识的传递与实际工作技能的训练，并强调职业态度的养成与价值观的培养。

本教材以药店日常业务过程为主线，以门店日常工作内容为背景，适度整合了与药品零售业务相关的法律、法规。为了使教材能最大限度地体现岗位工作要求，本教材直接把岗位的工作任务与职业能力作为教材目录，并把每一条职业能力作为独立的模块来编写教材。这样，学生在学习完一个模块后，便获得一条职业能力；所有职业能力叠加在一起，便是胜任岗位工作的整体能力。

为了更好地体现教材的“能力本位”设计思路，强调工作技能的训练与职业态度的养成，教材把基础知识压缩到了最为简洁的程度，同时尽可能地细化了活动设计的内容和步骤，并通过图文并茂的方式呈现，以提高直观性。每条职业能力都提示了安全或注意事项，并加强了与企业的沟通交流，总结了职场中最可能遇到的问题，让学生提前进行思考与判断，以培养学生在职场中分析问题、解决问题的能力。通过反复多次的模拟，不仅要让学生记住工作时应该如何做，更要在不断地训练中把这些职业理念内化为日常的职业习惯，帮助学生顺利完成从学生到门店员工的角色转变。

在编写过程中，作者得到了广西白云山盈康药业有限公司、柳州桂中大药房连锁有限责任公司和各兄弟院校的大力支持，在此表示感谢。

由于各种因素的限制，本书的编写难免存在许多不足，敬请广大师生批评指正。

编　者

2023 年 1 月

目录
CONTENTS

A　认识药店

工作任务 A-1　行业认知

职业能力 A-1-1　能正确判断药店的类型

PPT　微课1　微课2

核心概念

药品零售类型：是药品零售企业向确定的顾客提供确定的商品和服务的具体经营形态。

学习目标

1. 能根据经营形态判断药店的类型。
2. 能说出各种类型药店的经营特点。

基本知识

药店的主要类型及其经营特点如下。

1. 标准药店　也可以叫传统药店。这类药店以药品为主，处方药、非处方药（OTC）、保健产品和医疗器械皆有，有些以处方药为主，有些以 OTC 为主，药品占比在 90% 以上，医保目录内品种齐全。大多具有医保刷卡定点资格。药品品种齐全是其特色。

2. 社区便利药店　这类药店所处位置多靠近居民区，以方便附近居民为主，所售商品品种较为齐全，除销售药品外还销售包括居民日常所需的各种非药品，主要以便利品吸引顾客入店，再以药品销售赢利。其中药品销售约占总销售额的 40% 以上。

3. 平价药店　这类药店主要以减少流通环节、降低流通费用，压缩药店经营成本，来实现药品的低价。药店以低利润、关联销售以及消费者健康管理的相关服务赢取顾客。

4. 医疗保险定点药店　这类药店是经统筹地区人力资源和社会保障部审查，并经社会保险经办机构确定的，为城镇职工基本医疗保险参保人员提供处方外配服务的零售药店。（处方外配指的是参保人员持定点医疗机构处方，在定点零售药店购药的行为。）这类药店能为医疗保险参保人员提供刷卡服务。

5. 专科药店　此类药店以慢性疾病的患者为主要销售对象，以销售某类特定疾病的药品为主，如糖尿病专科药店、肿瘤专科药店、肝胆病专科药店等，以专科药齐全，并配以与该类疾病相关的保健品、食品、器械等非药品的销售来吸引顾客的光顾。

6. 超市店中店　此类药店一般开在超市的出口或入口处，利用超市人流量大、聚客能力强的优势，实现产品的销售，这类药店的商品结构主要包括 OTC 药品、化妆品、保健品、各类参茸等滋补品。

7. 药妆店　此类药店主要依托药店的专业背景，为追求美丽时尚的女性提供各种皮肤护理、美容咨询以及化妆品知识的专业服务。主要销售 OTC 药品、各种特殊功能的化妆品、各种个人清洁及护理用品、健美器材等。药品销售占比低于 40%，药妆品最少占到销售 30%，药妆品齐全是其特色。所处位置一般在各种闹市商业区、写字楼、文教区、高档住宅区等地段。

8. 网上药店 这是互联网时代的产物。主要是利用互联网实现信息的发布，并通过互联网实现与顾客之间的信息交流，顾客可以登录感兴趣的网上药店了解药品知识、药店特色服务、查询药品价格、使用方法、注意事项等信息，并可通过网络获得执业药师的在线即时帮助，完成药品的选购和在线支付，最后通过物流配送，实现足不出户就完成购药。

9. 药诊店 这类药店主要以联系和召集各地的退休及民间老中医、通过坐堂看病开方、代客煎药和医学指导服务为特色。主要经营处方药和中药饮片、中成药为主。OTC 药品为辅、配以医疗器械等。中药销售占比高于 50%。其中医馆尤其是以中药、高档滋补类参茸产品、养生类产品为特色。

活动设计

一、活动条件

PPT、投影仪。

二、活动组织

1. 5 人为实训单位进行分组，其中一名学员担任组长，负责组织其余学员在日常生活、网络学习中拍照或截图，收集不同类型药店的照片。

2. 每组按照各自收集到的不同类型药店的照片，讲解其特点或经营品种的区别。

3. 每组完成后，其他组同学对其进行点评和补充。

三、活动实施

序号	步骤	操作说明及操作标准
1	展示	根据每组收集的不同类型药店的照片，解释说明其经营特点     （1）能判断药店的不同类型 （2）能准确说出不同类型药店的经营特点

续表

序号	步骤	操作说明及操作标准
2	交流	其他组进行评价和补充说明 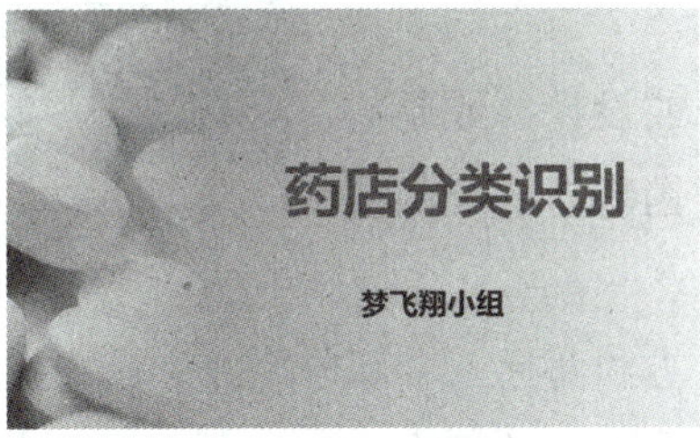 （1）接受其他小组的纠正或补充 （2）听取其他小组的介绍与展示，并能主动提出自己的想法或意见

情景一

如果有朋友要买药，向你咨询去哪买，你该如何推荐最优方案呢？

1. 问清楚要买什么药，主要用途是什么。

2. 问有医保卡吗？

3. 推荐：如果是要方便，就去附近的标准药店；是要价格便宜，就去平价药店；有医保卡，就去医保定点药店；如果是治疗特定疾病的，最好去专科药店；如果不急，也不方便出门去购买，可以考虑网上药店等。

情景二

有亲戚在某高档住宅区想开一家药店，但对经营方式拿不定主意，你能给出什么建议？

1. 药妆店＋医疗保险定点药店，网上药店辅助。

2. 药诊店＋医疗保险定点药店，网上药店辅助。

四、活动评价

评价内容		评价标准	是/否
活动完成情况	活动一	根据经营方式，能正确判断药店的类型	
		能说出该类型药店的经营特点	

课后作业

1. 在现实生活中，药店的类型大多不是单一的，往往是以组合的形式出现，结合你的所见所闻，说说药店的类型有哪些组合形式？

2. 上题中的组合形式，能给企业带来什么样的好处？

职业能力 A-1-2 能正确认识药店的发展趋势

核心概念

PPT 微课 1 微课 2

品牌（brand）：是一种名称、术语、标注、符号或设计，或是它们的组合运用，其目的是借以辨认某个销售者或某群销售者的产品或服务。品牌在日常生活中常被称为“牌子”。

品牌是一个复合概念，主要由品牌名称、品牌标志和商标三个部分组成。其中品牌名称是指品牌中可以用语言称呼的部分，可以是词语、字母、数字或词组等的组合，如“同仁堂”“胡庆余堂”“雷允上”“三精”“江中”等都是品牌名称。

学习目标

1. 能说出品牌对企业发展的意义。
2. 能说出药店的发展趋势。

基本知识

新医改的实施加速了零售药店的业态调整和战略转型。在转型期内零售药店应该如何面对呢？品牌化、差异化、多元化、连锁化无疑成为新医改形势下，药店战略转型的主要方向。

1. 品牌化 药店日趋同质化的竞争迫使有前瞻意识的药店开始注重品牌。品牌化包含两层意思，一是连锁药店的品牌化，一是经营品种的自主品牌化。

（1）药店的品牌化：药店的品牌，是指药店在消费者心目中的地位，也是消费者对药店信誉、产品价格、产品质量、服务水平、购物环境等因素的认知。

（2）经营品种的自主品牌化：由于大型的医药零售连锁的实力越来越强，其依靠自身品牌实力建立起来的自有品牌药品越来越多，这些自有品牌药品是药店利润的主要来源，势必成为药店终端的优势产品。

2. 多元化 当今药店终端的处方难求，所以药妆、大健康等多元化成了非常时髦的业态，多元化成为药店的必由之路。当然，如何走符合中国国情的多元化之路还与国家政策环境等多重因素有很大关系，中国零售药店的多元化之路还在探索中。

3. 差异化 不同规模、不同地区、不同产品的药店会具有不同的目标人群。因此首先要对目标人群进行差异化分析，药店根据其锁定的目标人群，明确自身的经营品种结构，哪些是服务于目标人群的主营品种，哪些是提高盈利的高毛利品种，哪些是吸引更多顾客的大众品种等。同时开展个性化的特色服务，如免费送药上门，代客煎药、提供体贴周到的药学咨询，以获得顾客的长期信任，

4. 连锁化 新医改提出，“发展药品现代物流和连锁经营，促进药品生产、流通企业的整合”。国家鼓励零售药店发展连锁经营。连锁经营能有效解决药店发展规模化与规范化的问题，有效提高盈利能力，这也是连锁药店优于单体药店的重要因素。与发达国家比，我国的连锁经营仍有较大发展空间。

活动设计

一、活动条件

PPT、投影仪。

二、活动组织

1. 5 人为实训单位进行分组，其中一名学员担任组长，负责组织其余学员查阅最新的期刊资料或上网查询我国药店的发展趋势资料。

2. 每组按照各自收集到的资料，就某一点或几点讲解药店终端的发展趋势。

3. 每组完成后，其他组同学对其进行点评和补充。

三、活动实施

序号	步骤	操作说明	操作标准
1	展示	根据每组收集的不同资料情况，解释说明我国药店的发展趋势  	（1）能比较我国药店发展前后或国内外药店发展的情况的对比 （2）能准确说出药店的发展趋势
2	交流	其他组进行评价和补充说明 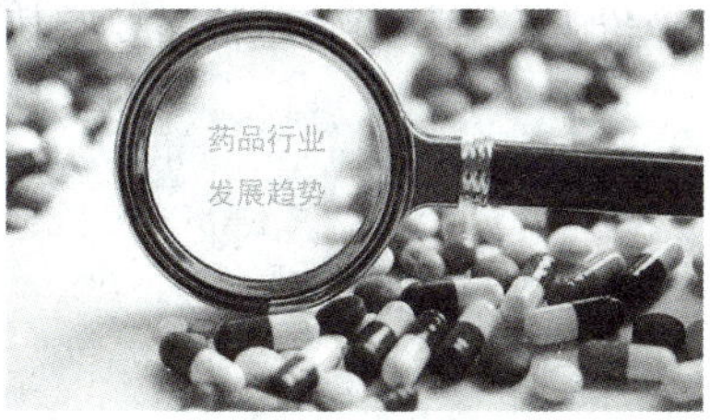 	（1）接受其他小组的纠正或补充 （2）听取其他小组的介绍与展示，并能主动提出自己的想法或意见

情景

如果你是店员，有一天店长叫你做一个药店的品牌化方案，以增加客户，实现业绩的稳定增长，你该从哪方面着手呢？

思路： 药店的品牌建设，必须在追求知名度（媒体宣传、促销活动等）的基础上加大美誉度建设（社区及社会公益活动等），同时着重提升客户满意度与忠诚度建设（诚信经营、质量保障、品类齐全、价格合理、服务热情等）。在满足顾客功能需求的同时，更要满足顾客的情感需求，才可能建立顾客忠诚度的稳定增长。

四、活动评价

评价内容		评价标准	是/否
活动完成情况	活动一	能就药店发展的某一方面作前后对比	
		能说出我国药店的发展趋势	
	活动二	能就药店发展的某一方面作国内外对比	
		能说出药店终端的发展趋势	

课后作业

1. 相比其他行业，医药电商发展相对滞后，你认为最主要的原因是什么？
2. 有人说医、药分离是大势所趋，你认为正确吗？

工作任务 A－2　岗位认知

职业能力 A－2－1　能正确描述药店的组织结构及岗位职责

核心概念

PPT　微课

执业药师是一种从业准入资格，需要通过全国执业药师的资格考试；而药剂师也称药师，属于一种职称。药师专业技术职称有等级之分，分别是初级药师、主管药师、副主任药师、主任药师；而执业药师无等级之分。

药剂师是药学专业技术职称系列中的一种，一般多存在于药品使用单位即医疗机构中。执业药师考试是人事考试中心负责，执业药师也是国家承认证书，药店等药品经营单位需要有执业药师，所以执业药师侧重在药店等药品经营单位工作。

学习目标

1. 能说出药店的组织结构及层级关系。
2. 能正确描述各岗位的工作职责。

基本知识

一、药店组织结构

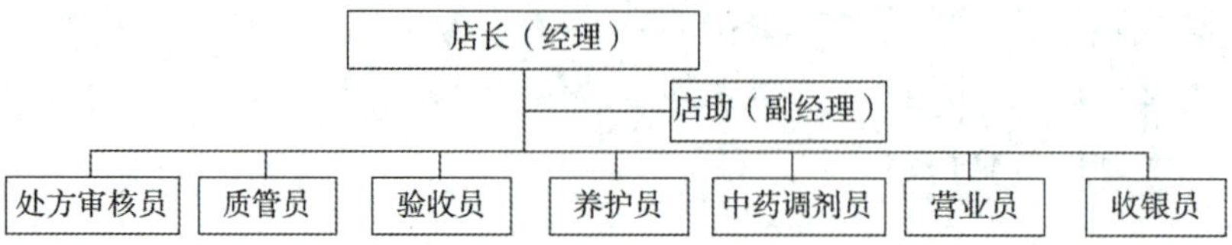

每个药店的情况不太一样，药店总体构架基本如上图所示。但在现实生活中，企业为了更好地控制经营成本，在药店往往看不到这么多工作人员，原因很简单，那是因为有人身兼数职。

需要特别说明的是处方审核员实行资格准入制度，一般是由执业药师或药师担任。

二、岗位职责

药店岗位	兼职情况	岗位职责	药店岗位	兼职情况	岗位职责
店长	可兼职	负责药店经营及质量管理	中药调剂员	可兼职	负责中药饮片调剂工作
店助	可兼职	协助店长负责药店经营及质量管理	营业员	可兼职	负责药品营销和调剂工作
质量负责人	不可兼职	负责药店日常质量管理	收银员	可兼职	负责药品收银工作
处方审核员	不可兼职	负责处方的审核和提供用药咨询指导	防损员	可兼职	负责药店商品的防损管理和日常秩序维护
验收员	可兼职	负责药店药品的收货和验收	服务员	可兼职	负责药店前台接待工作
养护员	可兼职	负责药店药品日常养护工作	见习营业员	可兼职	参与药品销售工作和日常陈列管理

活动设计

一、活动条件

PPT、投影仪。

二、活动组织

1. 5 人为一组，其中一名学员担任组长，负责分工。
2. 活动过程：
（1）每组按照各自分工，观察社会实体药店的工作人员数量、工作的岗位、工作内容等，并记录。
（2）组长组织讨论、汇总材料，并制成 PPT。
3. 每组完成后，各组及时点评，积极补充。

三、活动实施

序号	步骤	操作说明及操作标准
1	展示	1. 根据每组观察和了解的情况，正确描述各门店的工作岗位及相互关系 2. 能简单描述出各岗位的工作内容 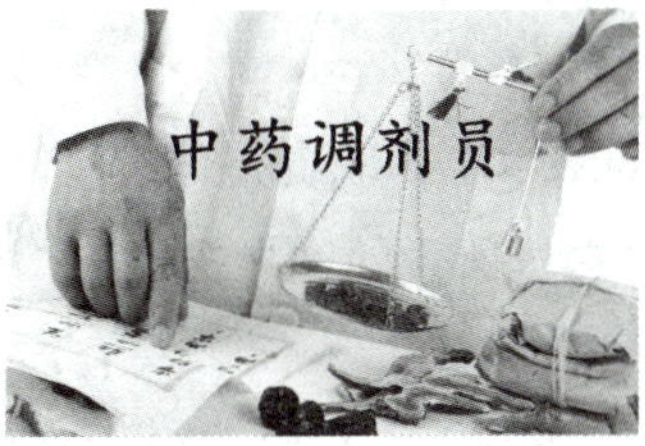 （1）能完整地说出门店的组织结构 （2）能描述各岗位的工作职责

续表

序号	步骤	操作说明及操作标准
2	交流	其他组进行评价和补充说明  (1) 接受其他小组的纠正或补充 (2) 听取其他小组的介绍与展示，并能主动提出自己的想法或意见

情景一

如果你是店员，有一天有顾客来反馈说吃了你们门店购买的药后，皮肤出现红肿、瘙痒，问是否还需继续服用，而你不知道该如何回答时，你该怎么办？

把顾客介绍给门店的执业药师，让执业药师来给予专业的解答。

情景二

如果你是质量管理员，在验收药品时发现疑问的品种，你该如何处理？

对购入的药品进行验收和质量把关，凡不符合质量规定的，有权并有责任提出拒绝收货。在验收时发现疑问的品种，经本人或与店内其他质管员研究仍不能确定其真伪时，负责将其送上级主管质量部门鉴定。对鉴定为伪劣药品种，负责执行停止出售，服从上级部门处理。对已出售的伪劣药，负责采取措施，及时追回。在执行药品质量管理工作中受到阻挠或干扰时，有权并且有责任越级向上级质管部门申诉。

四、活动评价

评价内容		评价标准	是/否
活动完成情况	活动一	能描述门店的组织结构	
		能说出各岗位的工作职责	

课后作业

1. 根据学习与日常生活经验，你认为店员的基本工作职责是什么？
2. 以服务驱动终端“增客、增量、增值”，这里所说的“服务”，你认为指的是什么？

习题

B 药店业务基本技能

工作任务 B－1 药品陈列

职业能力 B－1－1 能按 GSP 要求熟练并有技巧地陈列药品

核心概念

PPT 微课

陈列技术：指的是药店在进行药品陈列时注重运用一定的陈列原则对药品进行有技巧的陈列，通过有技巧的陈列可以提高药品的销售量以及药店的竞争力。

GSP 陈列：指的是根据《药品经营质量管理规范（GSP）》中对药品陈列的相关规定，把药品摆放在合适的位置上进行展示，达到规范药店药品陈列以及方便顾客选购药品的目的。

学习目标

1. 能够运用 GSP 陈列的要求对药品进行陈列。
2. 能够熟练运用药品陈列的基本原则有技巧地陈列药品。

基本知识

一、陈列用具

1. 货架 目前大多数药店中使用的货架至少有五层，每一层分别陈列不同类型的商品。

第一层（最上层）：陈列广告宣传力度大的商品，或有意推荐的新商品；

第二层（黄金货架）：人眼最易看到、最易拿取的位置，这个范围称为黄金位置，一般被认为在 80 ~ 120 厘米这个高度。这一层主要陈列主（首）推药品，还可陈列具有差异化、有特色的药品或高利润的药品、自有品牌药品、独家代理或经销药品、广告药品。

第三层：主要陈列较高周转率、较高毛利率的主力商品。

第四层：陈列价格较便宜、利润较少、销售量稳定的药品。

第五层：陈列为保证品种齐全的补充性药品或准备淘汰的品种或陈列一些体积大、重量重的、易碎商品，或包装不整齐、不规则、较小的商品需要陈列筐陈列的、陈列需求弹性低的药品。

2. 柜台 主要又可以分处方柜、中药柜、阴凉柜、含麻黄碱类复方制剂专柜、拆零专柜、不合格药品专柜等。

3. 端架 指的是货架两端的架子，即顾客流动线转弯处所设置的货架，常被称为最佳陈列位置。端架通常用来陈列一些高毛利商品、新品、促销商品，季节性、广告支持、特价药品或要处理的滞销商品。

4. 堆头 指的是在药店中高度低于货架的各种陈列台，一般将门店中需要重点推介的商品或者主题促销的赠品单独堆放在一起形成堆头陈列。

5. 收银台 把收银台靠近顾客的一面进行设计，主要用于陈列一些顾客易于冲动性购买的商品、季节性商品、价格较低及体积较小且毛利较高的商品或主题促销的赠品。

二、GSP 陈列

药品作为一种特殊商品，关系到顾客的身体健康，必须遵照我国《药品管理法》和《药品经营质量管理规范（GSP）》等相关规定进行陈列，GSP 中对零售药店的药品陈列做出了如下的规定。

（1）按剂型、用途以及储存要求分类陈列，并设置醒目标志，类别标签字迹清晰、放置准确。

（2）药品放置于货架（柜），摆放整齐有序，避免阳光直射。

（3）处方药、非处方药分区陈列，并有处方药、非处方药专用标识。

（4）处方药不得采用开架自选的方式陈列和销售。

（5）外用药与其他药品分开摆放。

（6）拆零销售的药品集中存放于拆零专柜或者专区。

（7）第二类精神药品、毒性中药品种和罂粟壳不得陈列。

（8）冷藏药品放置在冷藏设备中，按规定对温度进行监测和记录，并保证存放温度符合要求。

（9）中药饮片柜斗谱的书写应当正名正字；装斗前应当复核，防止错斗、串斗；应当定期清斗，防止饮片生虫、发霉、变质；不同批号的饮片装斗前应当清斗并记录。

（10）经营非药品应当设置专区，与药品区域明显隔离，并有醒目标志。

GSP 陈列中包含了“五分开”的原则，即药品按照贮藏温度要求分开进行陈列、药品与非药品分开陈列、处方药与非处方药分开陈列、内服药和外用药分开陈列、内服药品按照用途分开陈列。

三、药品陈列的原则

1. 易见易取陈列原则 指的是陈列的药品方便顾客拿取。

2. 丰满陈列原则 是指要通过一些技巧使顾客从视觉上感到货架上陈列的商品很丰富。这样的陈列往往能给顾客带来一种安全感，使顾客能放心地挑选。

3. 先产先出陈列原则 药品是有有效期的，顾客在购买时总是习惯于拿取离手最近的、摆在货架最前面的商品，因此药店在进行陈列时应把旧批号的药品摆放在货架最前面靠近顾客的位置，方便顾客拿取，以此保证旧批号的药品尽快售完。

4. 主辅结合陈列原则 是指陈列时把高周转率低毛利率的品牌商品与低周转率、但毛利相对较高的不知名同类主（首）推商品陈列在一起。品牌药品顾客购买频率高，通过品牌商品吸引客流，带动不知名主（首）推商品的销售来提高药店销售额及利润。

5. 整洁美观陈列原则 同一条货架同一侧面同一类商品，要考虑其体积大小、色彩的相互搭配使陈列做到整洁美观，方便顾客选购药品。

6. 关联性陈列原则 是指把种类不同、但在功效或使用方法上，具有相互补充、相互配合作用的商品集中陈列在邻近的区域，其目的是使顾客在购物时产生联想引起购买冲动。如感冒用药常与止咳化痰用药以及清热解毒用药相邻；妇科内服药常与妇科外用药、儿科用药相邻；儿科用药又常常跟维生素与矿物质类药相邻；心脑血管用药处方柜的对面常常就是补益用药的陈列货架等。既方便顾客购药，又能提高客单价、增加总体销售额。

7. 同类药品垂直陈列原则 垂直陈列指将相同属性或治疗同一类疾病的不同药品，沿上下垂直方向陈列在不同高度的货架层位上。

活动设计

一、活动条件

工作服、笔、纸、药品空包装盒、工作台等道具，在 GSP 模拟药房进行。

二、活动组织

1. 首先根据服务标准和要求按步骤进行训练，4 人一组，组内讨论、相互检查。
2. 每组按照步骤进行情景模拟实训，反复练习。
3. 完成一个操作步骤之后，每组同学及时点评纠错，老师进行总结和纠错，再进行下一步骤的情景训练。

三、活动实施

序号	步骤	操作说明	操作标准
1	GSP 陈列训练	按照 GSP 陈列中“五分开”的要求进行分区分类陈列 	GSP 陈列“五分开”要求为：①药品与非药品分开陈列；②药品按照贮藏温度要求进行分开陈列；③处方药与非处方药分开陈列；④内服药和外用药分开陈列、⑤内服药品按照用途分开陈列
2	药品陈列原则训练	易见易取陈列原则训练 	①商品包装要正面对顾客，每一种商品不能被标签或其他商品挡住视线，价格标签统一放在排面的左下角；②把通用名相同而由生产厂家不同的药品集中陈列在一起；③货架层板高度根据商品的高度，灵活地调整，一般所有货架上的商品与层板之间至少要保持二个手指高的宽度，让顾客的手容易进出货架拿取商品
		丰满陈列原则训练 	①把里层的商品尽量往外靠，使其感觉丰满；②商品陈列无视觉上的缺货，特别是货架的第一层和第二层，并且第一、二层应做到阶梯陈列，并满架；③商品陈列时应看不到货架的背面；④开架商品陈列深度一般占整个货架的 2/3；⑤当某一药品即将销售完毕时，暂未补充新药品，这时就必须将后面的药品移至前面陈列销售，绝不允许出现前面空缺的现象

续表

序号	步骤	操作说明	操作标准
2	药品陈列原则训练	先产先出陈列原则训练 	①开架销售药品的陈列，应把旧批号的商品陈列于离顾客手头最近的位置；②闭架销售的药品的陈列，应该把旧批号的商品放在离营业员手头最近的位置
		主辅结合陈列原则训练 	①把高周转率低毛利率的品牌商品与低周转率、但毛利相对较高的不知名同类主（首）推商品陈列在相邻位置；②主推商品被摆放在货架的黄金陈列位置且至少陈列三个的陈列面；③主推商品陈列面应大于品牌商品的陈列面
		整洁美观陈列原则训练 	①一般情况体积大的或色彩深的一般商品陈列在货架的下面，体积小的或色彩浅的一般商品陈列在货架的上面；②颜色由浅到深、逐步过渡；③色彩鲜艳的一般陈列在货架的两端靠近通道处以引顾客的视线；④同一层面高度相差尽量不超过1cm，且高低有序；⑤陈列深度在同一层面保持一致
		关联性陈列原则训练 	把种类不同，但在功效或使用方法上，具有相互补充、相互配合的商品集中陈列在邻近的区域
		同类药品垂直陈列原则 	①将相同属性或治疗同一类疾病的不同药品，沿上下垂直方向陈列在不同高度的货架层位上。②陈列药品整齐摆放，类别标签应放置准确、字迹清晰

续表

序号	步骤	操作说明	操作标准
3	端架陈列训练	端架陈列训练 	①用于陈列季节性、广告支持、特价药品，利润高的药品、新药及重点促销的药品；②每层端架上所陈列的商品大小、品类与色系相近，大小相差很大的商品不陈列在同一层端架上；③可进行单一大量的药品陈列，也可几种药品组合陈列于端架，但每层陈列的商品品种数不超过5类
4	堆头陈列训练	堆头陈列训练 	可以是一个品牌产品单独堆头，也可以是几个品牌的组合堆头，堆头必须配备相应POP海报，堆头陈列时用于打底的陈列架也应注意保持清洁
5	收银台陈列训练	收银台陈列训练 	选择一些价格较低及体积较小且毛利较高的商品进行陈列，并根据不同季节、不同促销主题灵活增加相应的品种陈列于收银台，以促使顾客冲动性购买

情景一

新店开张需要营业员把药店中的商品陈列到正确的位置，你该如何完成呢？

1. 按照GSP陈列的要求对所需陈列的商品进行分区分类摆放。

2. 在满足GSP陈列的基础上，灵活运用各项陈列原则进行有技巧的陈列，达到通过陈列促销销售的目的。

情景二

春节将至，药店需要进行相应的主题堆头陈列，你应该如何完成呢？

1. 选择好与主题相对应的促销商品，堆头陈列造型应突出促销商品的特点。

2. 陈列于堆头的商品醒目、稳固。

3. 绘制POP海报宣传促销商品。

情景三

药店需要对收银台进行商品陈列，你应该如何完成呢？

选择药店中价格较低及体积较小、毛利较高且在日常销售中顾客容易产生冲动性购买的商品进行收银台的陈列。

四、活动评价

评价内容		评价标准	是/否
活动完成情况	活动一：GSP 陈列训练	能把药品与非药品分开陈列	
		能按照贮藏温度要求对药品进行分开陈列	
		能把处方药与非处方药分开陈列	
		能把外用药和内服药分开陈列	
		能把内服药品按照用途分开陈列	
	活动二：药品陈列原则训练	能把易见易取陈列原则运用到陈列中	
		能把丰满陈列原则运用到陈列中	
		能把先产先出陈列原则运用到陈列中	
		能把主辅结合陈列原则运用到陈列中	
		能把关联性陈列原则运用到陈列中	
		能把同类药品垂直陈列原则运用到陈列中	
	活动三：端架陈列训练	能选择与促销主题密切关联的商品进行端架陈列	
		能做到每层端架上所陈列的商品大小、品类与色系相近	
	活动四：堆头陈列训练	能选择与促销主题密切关联的商品进行堆头陈列	
		陈列商品摆放稳固、不易滑落	
	活动五：收银台陈列训练	能选择一些价格较低及体积较小且毛利较高的顾客常用商品在收银台陈列	

课后作业

1. 简单陈述 GSP 陈列中最常用的“五分开”原则。
2. GSP 中对零售药品的陈列有哪些相应的规定？

职业能力 B-1-2 能正确进行陈列药品的标调价管理

PPT 微课

核心概念

药品调价管理：是指药店在药品销售的过程中，由于成本增加、促销等各种原因而把原有药品价格进行调高或者调低处理的行为。

学习目标

1. 能够正确填写价格标签。
2. 能够根据具体情况进行药品的调价处理。

基本知识

一、药品调价操作注意事项

价格是市场竞争中最为敏感、最为活跃的要素，药店必须根据内外部市场环境的变化来及时调整药品的价格，以应对竞争。

（1）预估调价后药品的销量变化，协助公司做好调价前药品的备货工作。

（2）在未接到正式调价通知之前，店员不得擅自调价。

（3）根据价格调整策略及时做好调价商品陈列位置调整的工作。

（4）做好调价开始前和结束后的药品价签更换工作，须由专人核查，特别是列入 DM 宣传单及 POP 海报药品品种的核查工作，注意核对价格调整是否正确，防止出现错误。

（5）及时监控药品调价后的销售状况，做好调价后相应出现的畅销药品和滞销药品的处理工作。

二、药品价格标签管理

药店要遵循“一药一价签”的原则，所有药品都应明码标价。药品价格标签应与商品一一对应，且统一放置在与商品左对齐的位置；药品价格标签不能遮挡商品正面；标签应干净整洁；店员在做陈列或盘点时也应经常查看是否有价签缺失，如有缺失应立即补充新价签。

活动设计

一、活动条件

工作服、头花、笔、纸、药品的空包装盒、空白药品价格标签，工作台等道具，在 GSP 模拟药房进行。

二、活动组织

1. 首先根据服务标准和要求按步骤进行训练，2 人一组，扮演药店营业员，相互检查。

2. 每组按照步骤进行情景模拟实训，反复练习，每人要求至少完成 3 份价格标签的书写并正确摆放价格标签。

3. 完成一个操作步骤之后，每组同学及时点评纠错，老师进行总结和纠错，再进行下一步骤的情景训练。

三、活动实施

序号	步骤	操作说明	操作标准
1	仔细阅读《药品变价单》	阅读《药品变价单》 	①根据《药品变价单》仔细核对商品调价信息；②能正确理解公司调价的意图
2	填写或打印空白价格标签	根据调价通知填写空白价格标签 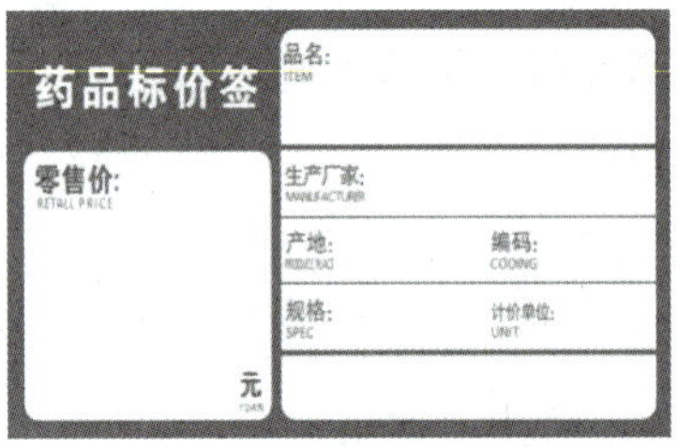	①价格标签填写字迹工整，不能涂改；②价格填写应保留到小数点后两位小数；③药品规格填写规范；④生产厂家、产地、计价单位、编码等信息填写准确
3	核对	核对信息是否准确 	填写完毕后再次核对价格标签与《商品变价单》信息是否一致
4	摆放新价格标签	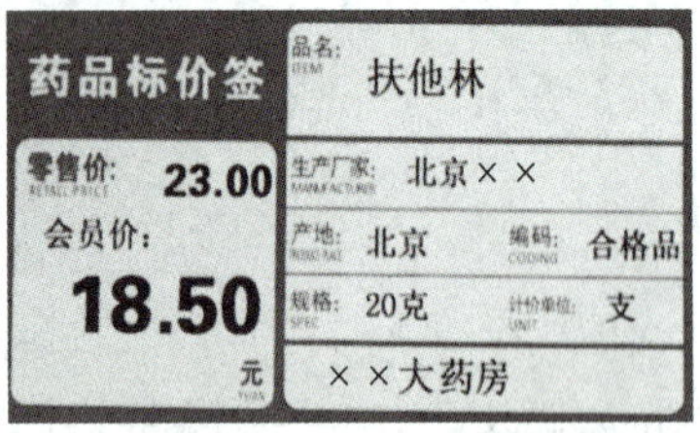	①药品应与价格标签一一对应，不能出现价签缺失的情况；②价格标签统一放置在与商品左对齐的位置；③药品价格标签不能遮挡药品正面
5	回收旧的价格标签	把旧的价格标签收回 	①药品价格调高时，原价格标签必须收回；②药品价格调低时，如果是短期促销活动，原价格标签可以不动，新的价格可以在POP海报上呈现，并放置在一起，如是长期，也必须同步收回旧的标价签

续表

序号	步骤	操作说明	操作标准
6	检查		核对价格标签信息与药品实物信息是否一致

四、活动评价

评价内容		评价标准	是/否
活动完成情况	活动一：填写空白价格标签	仔细阅读《药品变价单》	
		能正确填写或打印空白的价格标签	
		能按照规范填写药品价格	
		能完整填写价格标签的品名、生产厂家、产地等信息	
		能仔细核对相关信息	
	活动二：摆放新价格标签	能做到一药一价签，价格标签与药品统一左对齐	
		药品价格标签不能遮挡药品正面	
	活动三：回收旧价格标签并检查	及时回收旧的价格标签	
		同步检查药品与价格的相关信息，确保正确无误	

课后作业

在摆放药品价格标签时，有哪些注意事项？

工作任务 B-2　药店 POP 海报的制作

职业能力 B-2-1　能根据不同主题进行 POP 海报的创作

PPT　微课

核心概念

POP 广告：英文 point of purchase advertising，简称 POP 广告，意为“卖点广告”。POP 广告的概念有广义的和狭义的两种：广义的 POP 广告的概念，指凡是在商业空间、购买场所、零售商店的周围、内部以及在商品陈设的地方所设置的广告物，都属于 POP 广告。如：商店的牌匾、店面的装潢和橱窗，店外悬挂的充气广告、条幅，商店内部的装饰、陈设、张贴广告、服务指示，店内发放的广告刊物，进行的广告表演，以及广播、录像电子广告牌广告等。狭义的 POP 广告概念，仅指在购买场所和零售店内部设置的展销专柜以及在商品周围悬挂、摆放与陈设的可以促进商品销售的广告媒体。

学习目标

1. 能根据不同的时间节点设计 POP 海报的主题。
2. 能根据海报主题手绘 POP 海报。

基本知识

一、POP 海报的功能

POP 具有如下功能：①在有限的空间引起顾客的注意，可迅速地向消费者提供最新商品信息，制造焦点。②唤起顾客的潜在购买意识。③营造销售氛围。利用 POP 广告强烈的色彩、美丽的图案、突出的造型、幽默的动作、准确而生动的广告语言，可以创造强烈的销售气氛。④树立和提升企业形象。

二、POP 海报制作的基本原则

手绘 POP 的制作基本原则为：容易引人注目；容易阅读；一看便知诉求重点；具有美感；有个性；具有统一感和协调感；有效率。手绘 POP 必须具备以下三个基本点：醒目、简洁、易懂。

三、手绘 POP 的构成

手绘 POP 构成要素包括：主标题、副标题、说明文、指示文、版面装饰。但不是所有的 POP 都要有以上全部要素。主标题是整幅 POP 作品的最重要的设计要素，所以要吸引读者进一步阅读的兴趣。明确的视觉主线应该是从上而下，依次为：主标题—副标题—正文—联系信息。

活动设计

一、活动条件

1. 活动场地——模拟药房或教室。

2. 所需要设备、用品——马克笔：分角头及圆头二种笔头，又分乙醇、水性、油性三种溶液的马克笔。纸张：铜版纸、海报纸、牛皮纸、彩胶纸、有色卡纸等。其他辅助工具：尺子、小刀、剪刀、绘图铅笔、修改液、橡皮、双面胶等。

二、活动组织

1. 模拟药店现场，由 3 ~4 人为实训单位进行分组，并选出组长。

2. 活动过程：

（1）由老师确定活动的主题或由学生自己商量活动主题，参与活动的品种可以由学生自主选择或老师指定。

（2）学生分工合作，人人动手。

（3）海报制作完成后及时张贴，并拍照。

（4）每组实训结束后，各组及时点评，积极改进。

（5）各组长把海报张贴后的照片发老师存档。

三、注意事项

1. 消费者注意力有限。以最简单的标题吸引消费者注意，向下阅读。字数控制在30字左右。

2. 过多的延伸使消费失去焦点。同一POP内陈述内容应控制在三项以内，内容要相互关联。

3. 消费者很易厌烦。①版面整：留天留地、留左留右；遵循“左右无字间，上下有行间”原则。②颜色洁：不要超过4种颜色。

4. 消费者缺乏安全感。备注加以说明，礼品堆头、体验区等物料及营业员话述加以配合。

5. 消费者印象不会轻易改变。最佳视觉高度1.45米、节日消费习惯、品牌忠诚度等。

6. 时间有限。制作时间一般不要超过半小时。

四、活动实施

序号	步骤	操作说明及操作标准
1	准备制作POP海报的材料	1. 调整台面高度，并清洁台面 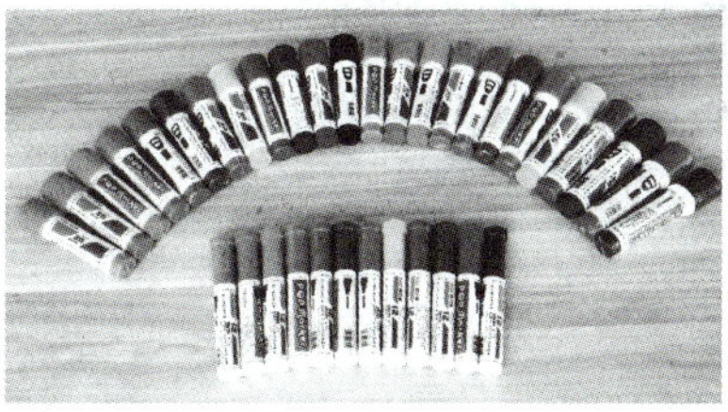 2. 纸张居中或偏左摆放，其他材料靠右整齐摆放于台面 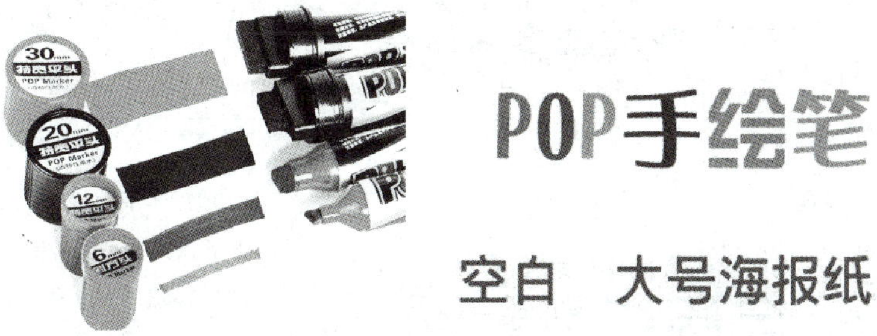 （1）台面高度合适，平整、清洁、无水滴 （2）制作材料齐全、靠右摆放整齐 （3）根据商品大小和内容的多少来选择合适尺寸的纸张，且颜色契合主题

续表

序号	步骤	操作说明及操作标准	
2	确定海报的整体编排	1. 根据内容，从整体考虑，对海报的编排进行大体布局 2. 用铅笔轻描的方式进行分区编排  	（1）设计含量高，有艺术感，有视觉冲击力 （2）注重版式风格，能迅速、准确传达信息 （3）海报设计和谐统一，有体现自己作品主题的风格特色
3	设计POP海报的主标题	1. 确定主标题 2. 对主标题进行适当的装饰  	（1）字体一定要醒目、清晰、容易阅读，形成对消费者最直接的视觉冲击 （2）一般主标题控制在3～5字之间 （3）2～3种装饰方法 （4）位于版面左边靠上的位置
4	设计POP海报的副标题	如果主标题不能充分说明POP内容，则需副标题起补充说明的作用  	（1）副标题要比主标题小，颜色也要比主标题少，不能超出主标题，不能喧宾夺主 （2）字数控制在4～6字以内 （3）装饰方法在1～2种
5	设计POP海报的字体	1. 正字体  	（1）正体字的特点：横平竖直，充满格子，均衡布局；上下顶头，左右碰壁，基本上是直立和扩充的感觉 （2）满格书写：尽量填满整个方格，笔画向四边扩张，注意笔画间的间距 （3）空间分配：上松下紧，左窄右宽 （4）部首变形：是“画”非“写”，不要以惯有的书写习惯去写POP字

续表

序号	步骤	操作说明及操作标准
5	设计 POP 海报的字体	2. 变字体  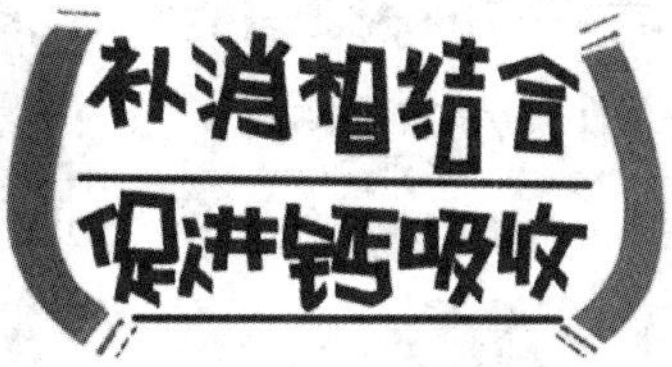 (1) 字体重心下移：字体中的笔画相对地往下落 (2) 见口放大：在字体中如果有“口”字出现，要把“口”字扩大、放大，这样更能体现变体字的特点 (3) 字体梯形化：书写的时候，相对把字体下部放宽一点，形成一个梯形，这样字体更具稳定性 (4) 字体扩充：在虚拟的框架方格中，让字体占满整个方格 (5) 横笔画书写变化：如第一笔是横，则向右下倾斜书写。如果有两笔或三笔是横，相对把下面的横拉直或者反方向倾斜，这样字体更具有稳定性，更具活力
6	设计 POP 海报的说明文	确定说明文，即正文，将内容、目的说明的文案 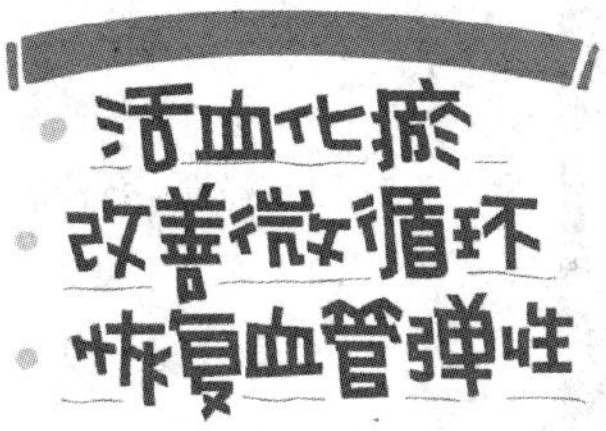 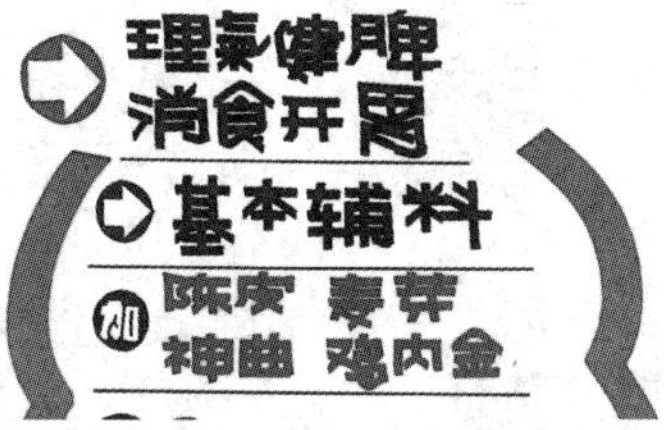 (1) 陈述内容应控制在三项以内，最具魅力的信息应写在前面，吸引读者往下阅读 (2) 正文字不须装饰，但要和主标题和副标题区分颜色和字号，特殊重点要变换色彩和字号，比如数字、称呼、价位、打折、赠品等 (3) 对 POP 的内容及诉求目的进行详细说明 (4) 手绘 POP 广告的说明文如为横式排列，通常以“左右无字间，上下有行间”的原则来描绘
7	设计 POP 海报的指示文	指示文在 POP 中占据位置不是很大，一般在内容最上和最下端，一般以记号笔书写为主。它是提示和声明 POP 海报的具体商家业户，如：出品名称，联系电话，联系地址等重要信息。 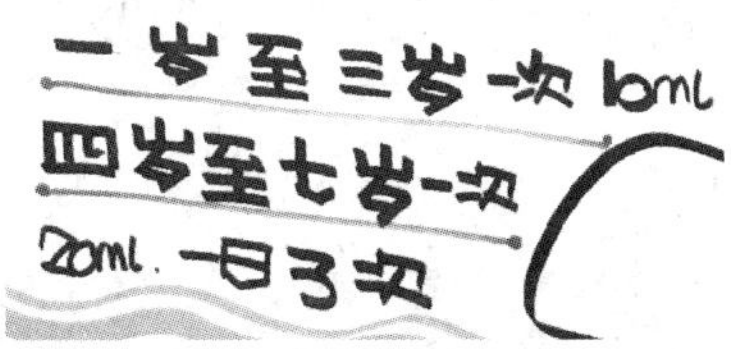 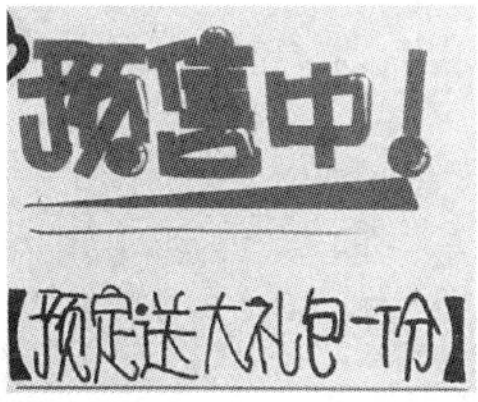 (1) 文字大小不要超过上面的说明文，但是电话等数字信息可以强调地加大 (2) 出品名称如没有确定的颜色或字体，一般采用黑色
8	设计 POP 海报的配色与装饰	对版面进行装饰。包括字形装饰、指示图案、辅助线、饰框等 字体装饰 

续表

序号	步骤	操作说明及操作标准
8	设计POP海报的配色与装饰	饰框装饰　　插图装饰  （1）文字修饰可使字体更美观 （2）饰框可加强版面整体感 （3）插图可美化画面，让POP更加生动，进一步吸引消费者注意力。插图在海报中不是主体，但它可以调节画面的色彩，调节画面的平衡，解释说明主标题，活跃广告氛围
9	张贴POP海报	用合适的方法张贴POP海报  （1）POP张贴要离产品近，与商品相随。或挂在重点商品上 （2）不可遮挡住商品、视线 （3）经常保持清洁干净 （4）在尺寸和颜色上应与商品保持平衡 （5）一般长形垂直张贴，横形张贴可右边倾高

情景一

药店常用的促销标牌有哪些？各有什么功能？

1. 药店常用的促销标牌：“药师推荐、店长推荐、特惠商品、会员专享、爆炸花”等。
2. “药师推荐、店长推荐”等提示牌主要用于高毛利商品的促销。
3. “特惠商品”提示牌主要用于价格形象宣传，用在具有价格优势、进行特价促销以及赠品附送促销的商品。
4. “会员专享”提示牌主要用在只有会员才可以以会员特价购买的商品。
5. “爆炸花”用于商品促销，体现商品的不同卖点及价格。

情景二

POP字体装饰中，字体的变形装饰有哪些注意事项？

1. 字体基本笔画变形：把字体本身的一些笔画进行变形。最常用的就是把笔画当中的“点”“撇”“捺”等进行变化或者是换成另外一种颜色。
2. 字体笔画象形装饰：把字体本身有的某个笔画省去，用具体的图形来代之。但代替笔画的图形一定要和字面本身的意思相近，否则容易让人误解。
3. 在书写的时候要进行好规划，哪一部分笔画是省略的，用什么图案来代替，要提前规划好。

五、活动评价

评价内容		评价标准	是/否
活动完成情况	活动一：海报整体印象	海报主题：主题明确，内容充实，有吸引力	
		海报内容：健康向上，有时代感、有创意、有特色	
	活动二：海报艺术设计	视觉效果：视觉效果好，海报设计统一和谐，有体现自己作品主题的风格特色	
		美工设计：设计含量高，注意色彩搭配，有视觉冲击力，注重版式风格，能迅速、准确地传达信息	
	活动三：海报技术运用	技术含量：海报整体的技术水平高，体现一定量知识积累和运用	
		内容可扩充性：方便添加一些字体或更新内容	

课后作业

1. POP 正字体书写的原则有哪些？
2. POP 变字体书写原则有哪些？

工作任务 B－3　盘点补货

职业能力 B－3－1　能做好盘点前的准备工作

PPT　微课

核心概念

盘点准备：是药店在盘点前开展人员组织、工具、通告、环境整理、工作分配、商品准备、各种资料整理等，以保障后续盘点工作的顺利进行。

学习目标

1. 能够做好盘点前的环境准备工作并制作盘点通告。
2. 能够做好盘点前的商品准备工作。

基本知识

一、药店盘点的主要方式

药店盘点方式依据不同的标准有不同的分类，例如：按盘点的时间分为营业前盘点、营业中盘点和营业后盘点；依据是否定期分为定期盘点和不定期盘点；依据企业考核方式分为突击盘点和通知盘点等，以下依据盘点时商品是否全面分为全盘和局盘。

1. 全盘 是对药店内部所有的库存商品进行盘点，其总原则是见物盘物。这种盘点比较耗时耗力，但是能够全面地掌握药店库存商品的实际状况，主要是在季度末、主要管理者的异动和破产清算时进行的盘点。

2. 局盘 是对特定部分的库存商品进行盘点的操作，这种盘点比较简单方便，但是只能知晓部分医药商品的实际状况，主要是在交接班或营业后的贵重、易盗商品的盘点和次要管理人员异动时等进行的盘点。

二、药店盘点前的准备工作

药店盘点关系到与供应商或者总部仓库之间的业务往来，所以在确定进行盘点之前，有一系列的准备工作需要完成。

1. 盘点通告 包括对仓库或供应商和顾客的告知工作，以免出现供应商或仓库在盘点时送货，或者在停业盘点时顾客前来购物而徒劳往返。

2. 环境准备 药店一般应该在盘点前一日做好环境整理工作，主要包括检查各个区位货架的商品陈列、商品货架的位置和编号是否与盘点表一致；清楚卖场和仓库的各个死角并清理货架的底层；将各项设施设备、备品存放整齐。

3. 商品准备 在进行正式盘点开始前两天，企业的门店和仓库应该对商品进行整理，这样会使盘点工作有序、有效地进行。主要对商品进行以下几个方面的重点整理。

①促销商品的整理：在企业进行促销的商品因为促销的原因在原本属地有陈列，在促销的展台、陈列架、花车等上面也有陈列，因此对于这类商品，在盘点前应该做到集中存放，并让盘点人知道其固定的位置。还有一些促销商品是组合式的，要分清每一种商品的类别和品名，进行分类整理，不能混同于一种商品。

②库存商品的整理：要注意：一方面是容易被大箱子挡住的小箱子，应该将小箱子放在大箱子的前面，否则容易造成实际库存的遗漏；另一方面是注意避免把非满箱的箱子当作整箱计算，所以要在箱子上面标明内在商品的确切数量，否则容易造成计算上的库存偏多。

③窄缝和随机陈列商品的整理：采用这两种方式陈列的商品需要有专人进行整理，最好由商品上架的人员进行清点。

④正常陈列的商品的整理：正常陈列的商品一般容易整理，主要是注意每一种商品是否混杂了其他的商品，注意同一种包装类似、厂家一样，品名相同、规格不同的商品清点；还要注意后面的商品是否被前面商品挡住了而没有计数。

⑤盘点前商品的最后整理：一般在盘点前两小时对商品进行最后的整理，这时要特别注意陈列在货架上的商品，其顺序不能改变，即盘点清单上的商品顺序与货架上的商品顺序是一致，否则，在盘点时会造成商品的张冠李戴。

活动设计

一、活动条件

工作服、头花、笔、纸、固定电话、编号货架、编号货位、药品标价签、花车、堆头、药品仓库、整箱药品和非整箱药品空盒包装、药品的空包装盒、药品盘点表、收银台、工作台、药店库存系统软件等道具，在 GSP 模拟药房进行。

二、活动组织

1. 首先根据操作标准和要求按步骤进行训练，2 人一组，其中 1 人扮演药店营业员、1 人作为评价员，相互检查各种盘点的准备工作。

2. 每组按照步骤进行情景模拟实训，2 人进行角色轮换操作，反复练习，每组动作要求至少 5 遍。

3. 完成一个操作步骤之后，每组同学及时点评纠错，老师进行总结和纠错，再进行下一步骤的情景训练。

三、活动实施

<table>
<tr><th>序号</th><th>步骤</th><th>操作说明</th><th>操作标准</th></tr>
<tr><td>1</td><td>盘点通告</td><td>制作盘点通告，并在门店显著位置贴出盘点通告，或利用互联网技术在网站、公众号、微信或 QQ 群发布盘点通告
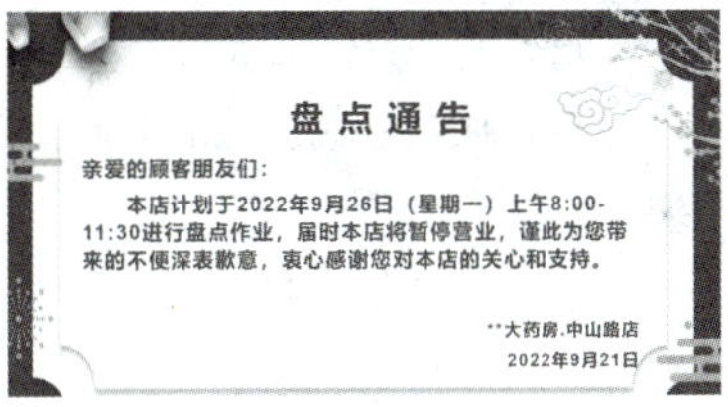
</td><td>①盘点通告规范。写清盘点的时间，具体到时间点
②通知及时。通过多渠道发布，以便知晓
③注重礼节。写清盘点操作给顾客带来的不便请求原谅等</td></tr>
<tr><td>2</td><td>环境准备</td><td>环境准备的操作
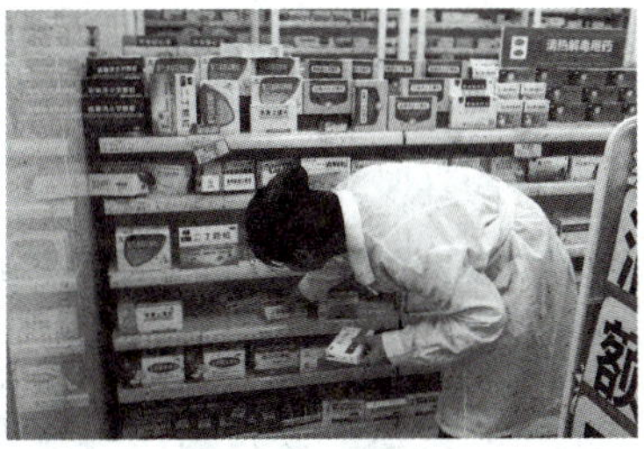</td><td>①清理货架保证商品和货架无灰尘
②认真检查每一个货架位置的商品与盘点表上的品名规格的一致性
③准备盘点用具，并摆放整齐</td></tr>
<tr><td rowspan="2">3</td><td rowspan="2">商品准备</td><td>促销商品的整理

</td><td>①清理花车、堆头上和货架上的品种至对应货架上面
②清理花车和堆头上剩有的品种按照顺序整理整齐并进行分类</td></tr>
<tr><td>库存商品的整理
</td><td>①清理整箱和非整箱商品的数量
②清理仓库中的商品整理整齐并在对应盘点表上的数量做好记号</td></tr>
</table>

续表

序号	步骤	操作说明	操作标准
3	商品准备	窄缝和随机陈列商品的整理 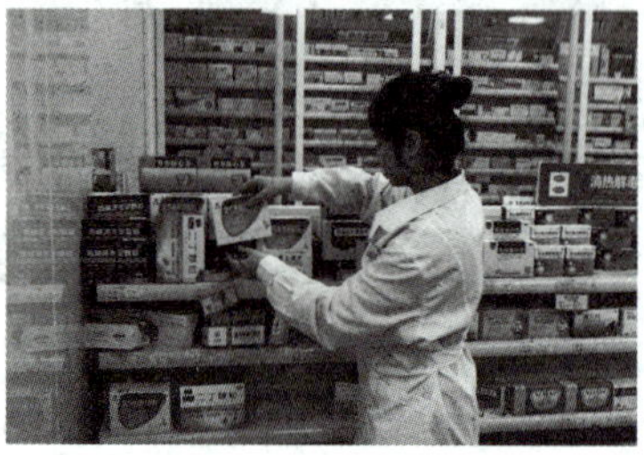	①清理窄缝处陈列的药品 ②将商品清点出，摆放到较为明显的位置 ③将已有货位号的商品归位并查看批号有效期
		正常陈列的商品的整理 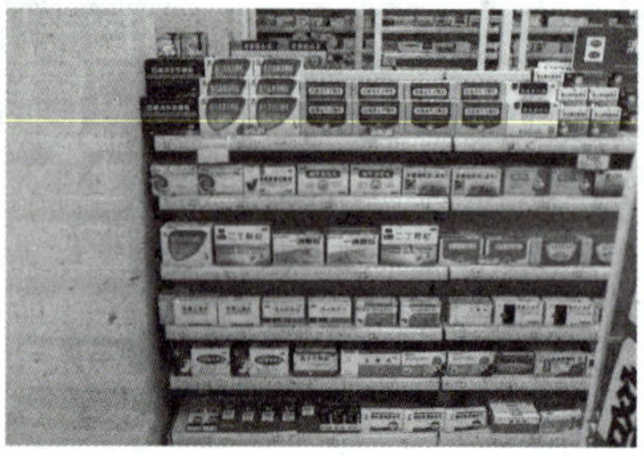	①检查货架盘点表和实际货物商品的一致性 ②将不一致的商品进行整理归类 ③将商品按照先进先出的原则进行摆放

情景一

当货架和商品上有灰尘的时候，你该怎么进行盘点前的环境准备？

标准操作：首先进行货架灰尘的清理，然后进行商品灰尘的清理，再依据进行商品的陈列摆放，最后核对商品和盘点表的一致性。

操作要领：货架灰尘清理时可以采用湿抹布，但是用完之后必须使用干抹布擦干货架，商品灰尘禁止使用湿抹布，药品陈列摆放时要符合GSP先进先出的原则。

情景二

当花车、堆头上的商品和货架上的商品品种一致时你该怎样做好盘点准备工作？

标准操作：将品种一致的商品放到一个货架位置上，并将花车、堆头上的陈列的各种形状的花式陈列按照正常陈列，并严格区分出装饰空盒和实物。

操作要领：将品种放在位置比较宽阔的地方，并在盘点表上进行记号标明，不将陈列空盒与实物放在一起。

四、活动评价

评价内容		评价标准	是/否
活动完成情况	活动一：盘点通告的发布	盘点通告书写规范，时间明确，注重礼节	
		盘点通告发布及时，多渠道发布	
	活动二：环境准备	能做到用于湿抹布进行货架卫生的清理	
		能做到用干抹布进行商品卫生的清理	
		能准备盘点用具，并摆放整齐	
		能核对商品和盘点表位置一致性	
		能写出时间点明确、态度诚恳的盘点通告	
	活动三：促销商品的整理	能清理花车、堆头上和货架上的品种至对应货架上面	
		能按照顺序整理整齐并进行分类	
	活动四：库存商品的整理	能清理整箱和非整箱商品的数量	
		能清理仓库中的商品整理整齐并在对应盘点表上的数量做好记号	
	活动五：窄缝和随机陈列商品的整理	能清理窄缝处陈列的药品	
		能对窄缝处的卫生进行清理	
		能将商品清点出，摆放到较为明显的位置	
		将已有货位号的商品归位并查看批号、有效期	
	活动六：正常陈列的商品的整理	能检查货架盘点表和实际货物商品的一致性	
		将不一致的商品进行整理归类	
		将商品按照先进先出的原则进行摆放	

课后作业

在做盘点准备工作时，发现货架底层有几盒从上层货架掉落的软膏，你该如何处理？

职业能力 B－3－2　能按规定进行盘点操作

PPT　微课

核心概念

药店盘点：是指定期或不定期地对药店内商品进行全部或部分的清点，以确定该期间实际库存和差异，从而掌握该期间内的实际损耗。

学习目标

1. 能够按照规定进行药店商品的盘点工作。
2. 能够进行药品盘点后的结算工作。

基本知识

一、药店盘点的一般操作流程

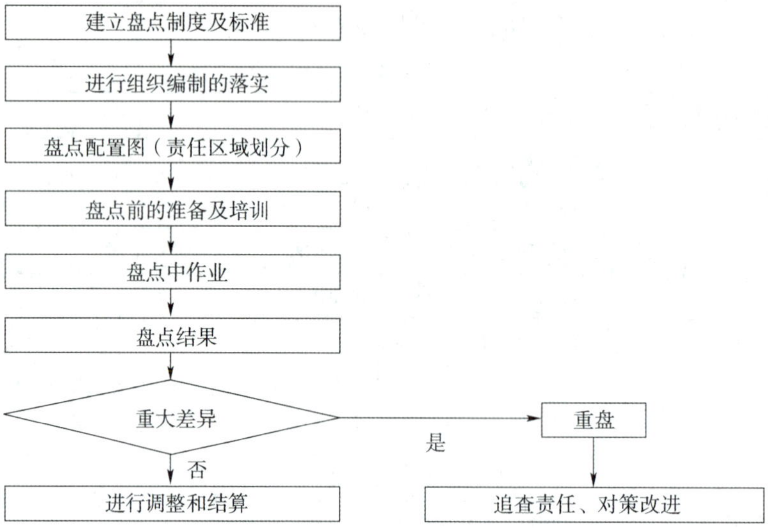

二、盘点的具体操作方法

盘点作业可分为 3 种：初点作业、复点作业及抽点作业。盘点作业最好是 2 人 1 组，1 人负责清点，1 人负责记录，由初点人和复点人配合完成。实施盘点时，应按照负责的区域，按照商品货架顺序，逐架逐排依序由前至后，由上至下，由左至右进行盘点。

1. 初点作业（初盘） 由初点人对货架商品展开盘点，按盘点表顺序先读货架编号，然后读货号、品名、规格、单位、数量、零售价等，依次进行，而复点人此时作为填表者，如实根据初点人的读数进行记录或核对。初点作业须用蓝色圆珠笔来记录，并由初点人在初点处签名，以示负责。盘存者在盘点中，咬字要清楚，音量适中，以让填表者听清楚为原则。盘点时应顺便检查药品的有效期。

2. 复点作业（复盘） 由复点人对货架商品展开盘点，手持另一份盘点表，依序检查，先读货架编号，然后读货号、品名、规格、单位、数量、零售价等，依次进行，而初点人此时作为填表者，应如实根据复点人的读数进行记录或核对。复盘完之后对单，由初盘人员与复盘人员一起逐项核对两次的盘点数量是否一致，如不一致，两人再次核实盘点数量，确定盘点数量后，对差异进行修改，并签名确认。

3. 抽点作业（抽盘） 在初盘和复盘结束后，由门店店长或盘点负责人对盘点结果进行抽盘。抽盘时应重点抽查：盘点表的书写是否符合规范；容易漏盘的药品；对门店影响较大的、单价高的药品；有异议的药品；复查劣质和破损的药品情况。

三、盘点中的注意事项

（1）已完成货架编号定位的药品不可再随便移动。

（2）盘点时应顺便检查药品的有效期，过期、破损等药品应立即做记录并下架，统一处理。

（3）应注意不同药品的计量单位。

（4）每一货架盘点后在合计与单位的空白栏间，从右上至左下划斜线，并在抽点栏签名。

（5）盘点表上的数据应填写工整和清楚，以免出现难以辨认情况。

（6）盘点时写错的数字，不能在盘点表上用涂改液等涂抹，可将原数据划掉，重新书写并在修改处签名确认。

（7）对大件药品、堆头盘点时要注意安全，以防掉落造成伤害。

（8）盘点中应注意不要高声喧哗或阻碍顾客通行等，遇到突发状况应及时向负责人汇报。

活动设计

一、活动条件

工作服、头花、笔、纸、固定电话、夹板、编号货架、编号货位药品标价签、花车、堆头、药品仓库、整箱药品和非整箱药品空盒包装、药品的空包装盒、药品盘点表、收银台、工作台、药店库存系统软件等道具，在 GSP 模拟药房进行。

二、活动组织

1. 首先根据操作标准和要求按步骤进行训练，3 人一组，其中 1 人扮演初点人、1 人作为复点人，1 人作为相互检查各种盘点的准备工作。

2. 每组按照步骤进行情景模拟实训，3 人进行角色轮换操作，反复练习，每组动作要求至少 5 遍。

3. 完成一个操作步骤之后，每组同学及时点评纠错，老师进行总结和纠错，再进行下一步骤的情景训练。

三、活动实施

序号	步骤	操作说明	操作标准
1	盘点培训	由店长或经理对参加盘点的员工进行分工与培训 	①责任区域划分清楚，责任到人 ②盘点流程交待清楚 ③容易出错的地方要反复强调，并交待注意事项
2	盘点操作	初点：商品盘点表 	①初点人对货架商品展开盘点，按照盘点表顺序先读货架编号，然后读货号、品名、规格、单位、零售价，最后报数量 ②复点人填表，要求字迹清晰 ③初点人检查药品的有效期，近效期药品提示复点人在盘点表备注栏上标明 ④初点人和复点人在盘点表上签名确认

续表

序号	步骤	操作说明	操作标准
2	盘点操作	复点 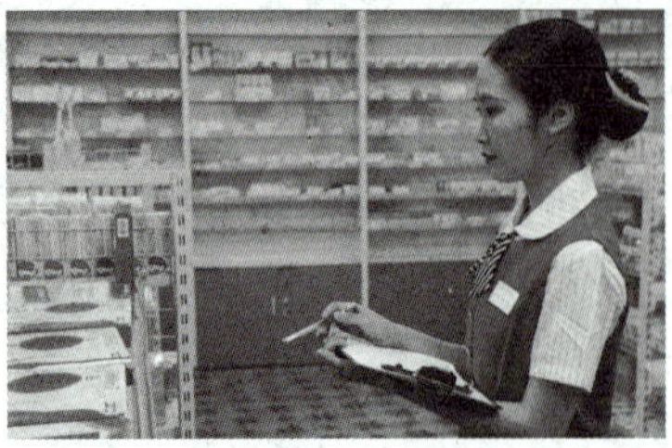	①复点人另外手持一份盘点表，依序检查，先读货架编号，然后读货号、品名、规格、单位、零售价，最后报数量 ②初点人填表，要求字迹清晰 ③复点人检查药品的有效期，近效期药品提示初点人在盘点表备注栏上标明 ④初点人和复点人在盘点表上签名确认
		抽点 	①抽点人根据初点人和复点人核对后的盘点表进行抽点：抽点的品种为重点品种包括：容易漏盘的、单价高的、初点和复点有异议的、近效期商品、破损有疑问的商品 ②抽点人在盘点表上签名确认
3	盘点结算	盘点结算 	①初点人和复点人相互核对初点和复点的数量 ②对核对数量不一致的，两人再次核实盘点数量，确认盘点数量后，对差异进行修改，并签名确认 ③初、复、抽点人将盘点数量与电脑库存记录进行核对，对实际盘点数与账面数不符的调整账面库存数 ④将近效期备注商品录入电脑中并打印盘点结算差异表 ⑤进一步调查盘点差异的原因

情景一

当初点人发现货架商品的货位号与实际盘点表不相符时，该怎么办？

标准操作： 首先将货架商品调整到盘点表对应的货位号上，并在盘点表上做好标记，然后再开展商品的计数盘点工作。

操作要领： 原则是根据商品实物找单，在货位号与实际盘点表差异不大的时候可以调整商品的货位号，保证实际商品与盘点表一致，但要在盘点表的备注栏注明，以方便查找原因。

情景二

当初点人或复点人碰到近效期或者过期商品，该怎么办？

标准操作： 对近效期商品在盘点表的备注栏中进行日期的标注，对于过期商品则应该全部做下架处理，同时也必须在备注栏中标明过期。

操作要领： 对于近效期商品盘点计数之后要按照先进先出的原则将效期近的商品放在货架的外面，并标注近效期商品的个数。对于过期商品应该按照不合格药品进行报损。

四、活动评价

评价内容		评价标准	是/否
活动完成情况	活动一：盘点培训	培训组织认真细致	
		培训内容具体，可操作性强	
		注意事项交待清楚	
	活动二：初点	初点人能按照盘点表顺序先读货架编号，然后读货号、品名、规格、单位、零售价，最后报数量	
		复点人填表，做到字迹清晰	
		能准备盘点用具，并摆放整齐	
		初点人检查药品的有效期，近效期药品提示复点人在盘点表备注栏上标明	
		初点人和复点人在盘点表上签名确认	
	活动三：复点	复点人能另外手持一份盘点表开展盘点	
		初点人填表，要求字迹清晰	
		复点人检查药品的有效期，近效期药品提示初点人在盘点表备注栏上标明	
		初点人和复点人在盘点表上签名确认	
	活动四：抽点	抽点人能够对重点品种进行抽点	
		抽点人在盘点表上签字	
	活动五：盘点结算	初点人和复点人能相互核对初点和复点的数量	
		对核对数量不一致的，两人再次核实盘点数量，确实盘点数量后，对差异进行修改，并签名确认	
		能将盘点数量与电脑库存记录进行核对，对实际盘点数与账面数不符的调整账面库存数	
		进一步调查盘点差异的原因	
		形成盘点差异报告	

课后作业

1. 初点和复点结束后，你该怎样进行抽点？
2. 盘点结束后，开展盘点结算时，发现盘点数与账面库存数不一致时，你该怎么办？

职业能力 B－3－3　能按规定处理近效期药品

PPT

核心概念

近效期药品：指临近有效期不足六个月的药品称为近效期药品。

学习目标

能够按照规定处理近效期药品。

基本知识

一、近效期药品的处理措施

1. 检查和记录 效期在1～6个月药品称为近效期药品。对于近效期药品，门店每月填报效期预警表。药师（店经理、医师）指导员工，根据商品分区管理，检查效期药品。检查、记录重点药品名、编码、批号、效期、数量、进销退存变化。每月盘点时对该表内容进行核对。该表每季度更新一次。

2. 近效期药品的销售和处理 销售人员应对近效期药品予以特别关注，积极销售。对近效期药品进行有效的陈列，如使用特殊的色标标识等在标价签上作出员工周知的特别标记。销售人员应熟练掌握有关药品知识。在驻店药师（店经理、医师）的指导下及时进行广告宣传以促进销售。与此同时，也可以积极争取采购部和供应商的支持，争取退货。

近效期药品处理流程图如下所示。

填报近效期预警催销表，并在计算机系统中进行黄色预警

↓

对近效期药品做好内部标记

↓

针对近效期为1个月的药品做下架处理

↓

分析近效期药品的销售情况和近效期药品产生的原因并做好知识学习和培训准备

↓

对近效期药品开展知识学习和培训，挖掘近效期药品的卖点，并制定一定的销售激励措施

↓

对销售完毕的近效期药品进行总结分析，兑现激励政策

二、预防措施

为了减少店面近效期药品的损失，需进行店面之间的调拨，如药品过期，不计入调入店面的损失，损失由调出店面承担。各门店的销售实行先产先出、近期先出的原则，即先销售老批号药品，后销售新批号药品。

三．准过效药品的处理

效期在1个月以内的药品为准过效期药品，准过效期药品门店一律下架。按企业有关制度进行处理。

活动设计

一、活动条件

工作服、头花、笔、纸、椅子、药品的空包装盒、药店信息软件系统、近效期药品催销表、近效期药品、工作台、POP 等道具，在 GSP 模拟药房进行。

二、活动组织

1. 首先根据操作标准和要求按步骤进行训练，2 人一组，其中 1 人扮演药店营业员、1 人作为评价员，开展近效期药品处理操作情景模拟。

2. 每组按照步骤进行情景模拟实训，2 人进行角色轮换操作，反复练习，每组动作要求至少 5 遍。

3. 完成一个操作步骤之后，每组同学及时点评纠错，老师进行总结和纠错，再进行下一步骤的情景训练。

三、活动实施

<table>
<tr><th>序号</th><th>步骤</th><th>操作说明</th><th>操作标准</th></tr>
<tr><td>1</td><td>填写预警催销表</td><td>近效期预警催销表
近效期预警及超效期停滞（登记 6 个月内过期的产品–每月检查一次）
部门：海甸三西路超市　　2013 年 6 月 1 日
<table>
<tr><th>药品编码</th><th>品名</th><th>规格剂型</th><th>单位</th><th>库存数量</th><th>存放地点</th><th>生产日期</th><th>有效期</th><th>产品批号</th><th>生产企业</th></tr>
<tr><td>202018</td><td>瑞普乐（尼美舒利分散片）</td><td>0.1G*10S</td><td>盒</td><td>2</td><td>处方柜</td><td>20101231</td><td>20131231</td><td>20101231</td><td>海南中瑞康芝制药有限公司</td></tr>
</table>
质管部：陈超英　业务部：刘文鑫　仓管员：陈河</td><td>填报近效期预警催销表
并在计算机系统中进行黄色预警
针对近效期为 1 个月的药品做下架处理</td></tr>
<tr><td>2</td><td>标记近效期药品</td><td>近效期药品的内部标记示例图
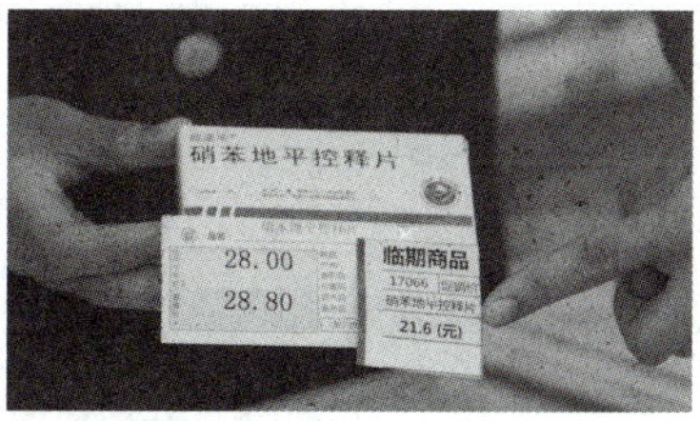
</td><td>对近效期药品做好内部标记</td></tr>
<tr><td>3</td><td>分析原因</td><td>分析近效期药品的原因
</td><td>分析近效期药品的销售情况和近效期药品产生的原因并做好知识学习和培训准备</td></tr>
</table>

续表

序号	步骤	操作说明	操作标准
4	催销	近效期药品催销管理 	对近效期药品开展知识学习和培训，挖掘近效期药品的卖点，写好促销 POP，并制定一定的销售激励措施
5	总结分析	近效期药品总结分享 	对销售完毕的近效期药品进行总结分析，兑现激励政策

情景一

当一个货架商品中有十个品种的近效期药品，你该怎么办？

标准操作：首先应该填写近效期预警催销表，然后调整其陈列位置，并做好标记，采取一系列催销的措施。

操作要领：填写近效期预警催销表中，能够在计算机库存系统进行黄色预警，在标价签上进行内部标记，然后将近效期药品进行黄金位置的陈列，有可能的情况下写一个小型的 POP 等促销广告，并制定每个品种的销售激励政策。

情景二

当一个货架发现近效期仅为一个月的商品品种一个，你该怎么办？

标准操作：下架处理。

操作要领：移出营业卖场，放至仓库的退货药品区，看计算机系统是否已经预警，查看效期预警催销表中商品的剩余个数，并认真核对，联系仓库或供应商尽可能地减少损失。

四、活动评价

评价内容		评价标准	是/否
活动完成情况	活动一：填写近效期预警催销表	能填报效期预警表	
		能在计算机系统中进行黄色预警	
		针对近效期为 1 个月的药品做下架处理	

续表

评价内容		评价标准	是/否
活动完成情况	活动二：标记近效期药品	能对近效期药品做好内部标记	
	活动三：分析原因	能分析近效期药品的销售情况和近效期药品产生的原因并做好知识学习和培训准备	
	活动四：催销	能对近效期药品开展知识学习和培训，挖掘近效期药品的卖点，并制定一定的销售激励措施	
	活动五：总结分析	能对销售完毕的近效期药品进行总结分析，兑现激励政策	

课后作业

针对近效期药品，常用的处理方法有哪些？

职业能力 B－3－4　能按规定处理过期药品

PPT

核心概念

过期药品：有效期内未被使用，超过药品的有效期，存在潜在质量问题的药品。

学习目标

能够按照规定处理过期药品。

基本知识

过期药品的处理措施如下所述。

对已过期的药品应该确认为不合格药品，并放入不合格药品库区，计算机系统进行锁定，然后填写药品报损审批表，审批表通过之后除应按药品的报损处理方法处理外，还应该注意将废品敲碎深埋，不可随便抛弃，防止混用或引起人畜接触过敏事故的发生。过期药品处理流程图如下所示。

将过期药品进行下架，放入仓库的红色不合格品库区

↓

填报过期药品报损审批表，并在计算机系统中进行红色锁定，不得出库

↓

提交药品报损审批表，并等待质量管理人员和经理的审批

↓

根据经过审批后的药品报损审批表做下账处理

↓

对经过审批的过期药品进行无公害化处理

活动设计

一、活动条件

工作服、头花、笔、纸、椅子、药品的空包装盒、药店信息软件系统、过期药品目录和过期药品、工作台等道具，在 GSP 模拟药房进行。

二、活动组织

1. 首先根据操作标准和要求按步骤进行训练，2 人一组，其中 1 人扮演药店营业员、1 人作为评价员，开展过期药品的处理操作情景模拟。

2. 每组按照步骤进行情景模拟实训，2 人进行角色轮换操作，反复练习，每组动作要求至少 5 遍。

3. 完成一个操作步骤之后，每组同学及时点评纠错，老师进行总结和纠错，再进行下一步骤的情景训练。

三、活动实施

序号	步骤	操作说明	操作标准
1	不合格药品处理	不合格品库标牌  	将过期药品进行下架，放入仓库的红色不合格品库区（药品区）

续表

序号	步骤	操作说明	操作标准
2	填写和审批报损审批单	药品报损审批表  药品报损审批表 填报部门：______ 填报日期 年 月 日 部门负责人： 填表人： No： 药品编码 / 药品通用名称剂型 / 规格 / 单位 / 生产企业 / 供货企业 / 生产批号 / 有效期至 / 报损原因 / 报损数量 / 进价 / 金额 业务部意见： 时间： / 质管部意见： 时间： / 主管经理意见： 时间： / 金额合计 / 备注：	填报过期药品报损审批表，并在计算机系统中进行红色锁定，不得出库，提交药品报损审批表，并等待质量管理人员和经理的审批
3	下账处理	软件系统处理 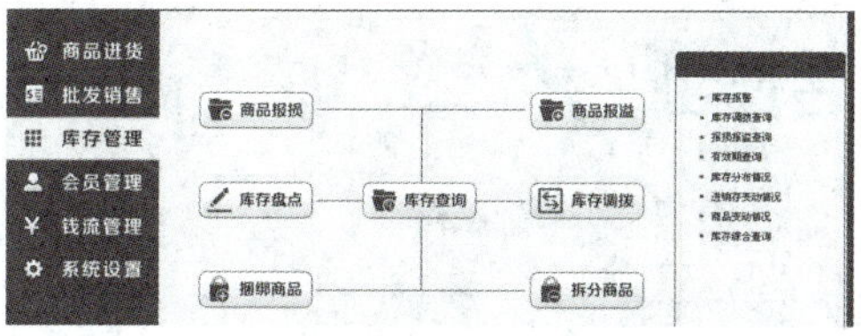	根据经过审批后的药品报损审批表做下账处理
4	无公害化处理		对经过审批的过期药品进行无公害化处理或者根据审批意见退回连锁总部统一处理

情景一

当仓库的药品已经过期，你该怎么办？

标准操作：针对仓库过期的药品，将药品放入红色不合格药品库区，然后在计算机系统中用红色锁定该药品，填写药品报损审批表，根据审批意见然后按照公司规定进行销毁。

操作要领：放入不合格药品区，填写药品报损审批表，在通过审批后，根据审批的意见，首先进行库存的销账处理，然后进行销毁，销毁的时候要坚持无公害化处理的原则。

情景二

当门店卖场货架上出现过期药品，你该怎么办？

标准操作：立即下架，将该药品放入红色不合格药品库区，并在计算机系统中用红色锁定该药品，追查责任货架区域人员的责任，填写药品报损审批表，根据审批意见按照公司规定进行销毁。

操作要领：确定为不合格药品，对责任货架区域人员进行批评教育，锁定计算机，并进行警示教育，避免下次货架卖场出现过期药品。

四、活动评价

评价内容		评价标准	是/否
活动完成情况	活动一：不合格药品处理	能将过期药品进行下架	
		能将过期药品放入仓库的红色不合格品库区	
	活动二：填写和审批报损审批单	能填报过期药品报损审批表	
		能在计算机系统中进行红色锁定	
		能提交药品报损审批表，并等待质量管理人员和经理的审批	
	活动三：下账处理	能对过期药品根据药品报损审批单在计算机系统做下账处理	
	活动四：无公害化处理	能对经过审批的过期药品进行无公害化处理	

课后作业

在门店或仓库对过期失效药品该如何处理？

职业能力 B－3－5　能按规定处理滞销药品

PPT

核心概念

滞销药品：一般情况下，指零售药店三个月不动销的药品称为滞销药品。

学习目标

能够按照规定处理门店滞销药品。

基本知识

在零售店的经营过程中，滞销药品的存在是不可避免的问题。如果对滞销药品置之不理，那么将大大影响卖场的经营效率，同时也会使卖场失去原有的魅力。而且，滞销药品积压在仓库中或者摆放在货架上，资金难以周转，无法采购新药品，最终可能使卖场出现混乱。因此将滞销药品进行早期处理是卖场的一个重要职责。通过对滞销药品的早期处理，换回现金可以采购畅销药品摆上货架，能促进了卖场商品的良性循环，是提高销售额的一个重要措施。滞销药品处理流程图如下所示。

一、滞销药品处理流程

关注新品的销售情况，做到预防为主

↓

针对滞销药品目录单找出所有的滞销药品

↓

积极寻找滞销药品滞销的可能原因

↓

对滞销药品给予黄金陈列位

↓

针对滞销的原因采取有效的措施

↓

对滞销药品采取可能的调拨措施

二、滞销药品处理方法

（1）经常检查，发现滞销及时处理。

（2）发现滞销首先采取更换展示位置，把滞销药品摆放到门店的黄金位置，或 POP 加大宣传力度，以提高药品销量。实践证明，采用此方法一般可以处理 1/3 的滞销药品。

（3）若是代销药品，在结账前如发现滞销，应快速退货。所以门店与采购应及时做好沟通，特别是在引进新品时，必须随时注意销售状况。

（4）如已经付款而仍产生滞销，可采取以下方式处理：一是想办法退给供应商；二与供应商交涉，换其他新产品；三是要求供应商降价出清（补价差）；四是要求供应商提供赠品出清；五是门店自行降价出清；六是门店作一个专题性的促销，争取出清。

活动设计

一、活动条件

工作服、头花、笔、纸、椅子、药品的空包装盒、药店信息软件系统、滞销药品目录、工作台、POP 等道具，在 GSP 模拟药房进行。

二、活动组织

1. 首先根据操作标准和要求按步骤进行训练，2 人一组，其中 1 人扮演药店营业员、1 人作为评价员，开展滞销药品的处理操作情景模拟。

2. 每组按照步骤进行情景模拟实训，2 人进行角色轮换操作，反复练习，每组动作要求至少 5 遍。

3. 完成一个操作步骤之后，每组同学及时点评纠错，老师进行总结和纠错，再进行下一步骤的情景训练。

三、活动实施

序号	步骤	操作说明	操作标准
1	关注滞销药品	滞销药品目录单 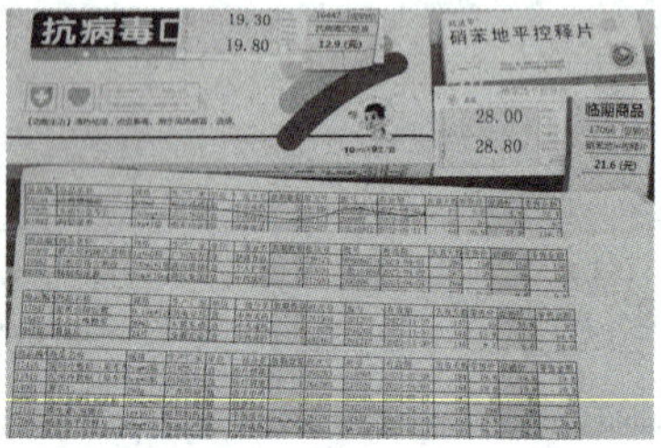	关注新品的销售情况，做到预防为主 针对滞销药品目录单找出所有的滞销药品
2	滞销原因调查	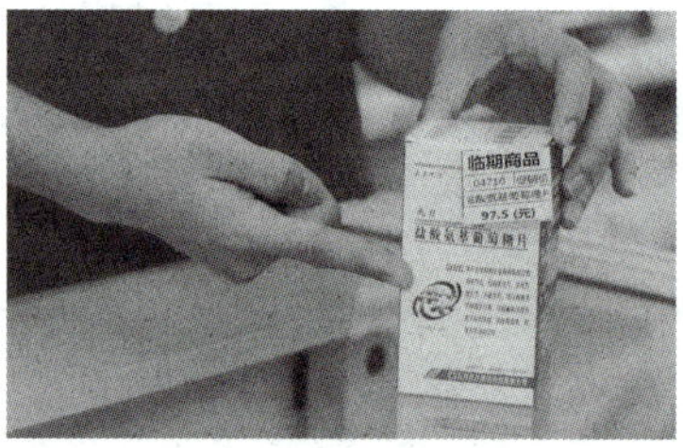	积极寻找滞销药品滞销的可能原因：①市场需求少；②促销力度不够；③营业员不会卖
3	陈列滞销药品		对滞销药品给予黄金陈列位：黄金陈列位一般为端架、堆头，货架 80～120cm 等
4	动销措施	滞销药品的系统调拨单 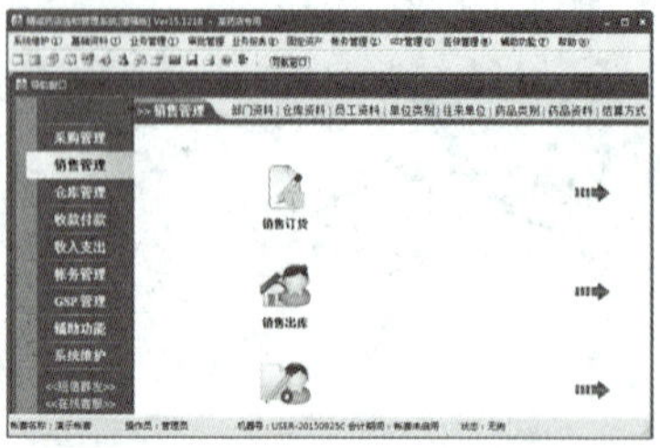	针对滞销的原因采取有效的措施： ①加大药品促销；②培训营业员抓住滞销药品卖点；③快速退货；④对滞销药品采取可能的调拨措施

情景

店长给予你从计算机软件系统导出来的三个月不动销的药品目录，你该怎么办？

标准操作：首先在货架上找到所有不动销的药品，查询电脑中不动销药品的具体销售情况，找到可能的不动销原因，并采取可能的措施增加药品的销售。

操作要领：对于不适合本商圈的滞销药品应该申请退回连锁公司总部或者联系供应商。对于因为销售陈列位置不好，以及营业员不习惯推荐的药品，建议开展销售培训会做好滞销药品的陈列以及销售培训，提高营业员的推荐率。

四、活动评价

评价内容		评价标准	是/否
活动完成情况	活动一：关注滞销药品	能关注新品的销售情况，做到预防为主	
		能针对滞销药品目录单找出所有的滞销药品	
	活动二：陈列滞销药品	能对滞销药品给予黄金陈列位	
	活动三：滞销原因调查	能罗列出药品滞销的可能原因	
	活动四：动销措施	能针对滞销的原因采取有效的措施	

课后作业

滞销药品的处理方法有哪些？

职业能力 B－3－6　能按要求完成补货作业

PPT　微课

核心概念

药店补货：药店的营业员依照药品各自既定的陈列位置，定时或不定时地将药品补充到货架上的作业。

学习目标

1. 能运用补货方式、方法完成药店药品的补货、上货和理货。
2. 能正确填写补货申请和验收记录。

基本知识

补货是库存管理中的一个重要环节，补货时机的好坏，对药店保持一定库存水平和保证库存的连续性有着至关重要的作用，而补货数量的大小，更是直接影响着药店库存水平，进而影响药店的成本和利润。

一、药品补货管理

1. 补货点　补货点是指药品的采购需求，可直接由库存货量来判定。当库存量小于补货点，就必须发出请购或采购行为。补货点会告知何时下订单可以避免缺货同时又保证库存最小。

2. 药店补货流程　门店药品的来源主要有中心配送和外购两种方式，采用哪种方式补货，依据门店的性质而有所不同。目前业内主要采用总部集中采购、中心配送的补货方式，因此，中心配送是主流补货方式。那么，以中心配送方式为例，门店通过对药品销售情况的管理，产生补货需求，整理补货单，并上报配送中心。配送中心制单员根据当日送货路线对相应门店做备货。配送中心制单员生成拣货单，打印并登记单号，理货员按单拣货。配送中心制单员根据复核人员提供的复核完毕的拣货单修改其中的差异数量，出库记账并打印门店送货单。物流送货并由门店收货确认。

3. 药品补货方法

（1）周期补货法包括三种方法。①按周期固定补货时间，不考虑补货点；②补货量不固定（补货量 = 最大陈列量 − 现有可销量 + 日均销量 × 货到时间）；③到了紧急补货点，不管是否到补货时间，即日补货（紧急补货量 = 最大陈列量 − 现有可销量 + 日均销量 × 货到时间）。

（2）补货点补货法包括三种方法。①补货量固定（补货量 = 最大陈列量 − 补货点存量 + 日均销量 × 到货所需时间）；②补货时间不固定；③到了紧急补货点即时补货。

二、药品的上货与理货

1. 力争做到当日来货当日上架和理货，促进销售流转。
2. 药品的位置要与其价格标签对应，并确认价格标签的准确、清晰，以免消费者辨识不清或产生误解。
3. 药品的陈列应保持正面向外，并位置整齐统一，激发消费者的信任感和购买欲。
4. 药品陈列应符合先进先出的原则，确保其有效期。
5. 药品的标签、包装和有效期应予以检查。
6. 零星散货放置在正确位置。
7. 陈列位置要符合门店陈列图的要求。
8. 药品的陈列要符合安全原则。
9. 最好在每日销售高峰前后进行，以免影响销售最佳时期。

活动设计

一、活动条件

工作服、头花、笔、纸、固定电话、椅子、药品的空包装盒、收银台、工作台等道具，在 GSP 模拟药房进行。

二、活动组织

1. 首先根据服务标准和要求按步骤进行训练，4 人一组，其中 2 人扮演药店营业员、2 人扮演药店收银员。

2. 每组按照步骤进行情景模拟实训，4 人进行角色轮换操作，反复练习，每组动作要求至少 4 遍。

3. 完成一个操作步骤之后，每组同学及时点评纠错，老师进行总结和纠错，再进行下一步骤的情景训练。

三、活动实施

序号	步骤	操作说明	操作标准
1	补货下单	店员应该实时关注药品的缺货情况，进行统计之后立刻进行补货 	门店各柜组营业员要实时掌握缺货情况 ①门店各柜组营业员应根据销货及库存情况，确定补货品种，填写补货单，列明补货商品的货号以及补货的要求；②门店店长负责/采购员负责汇总补货单，在电脑系统中录入补货信息
2	验收与入库	药品到货后，开始进行入库验收 	药品入库验收是药品进入经营环节的第 1 道程序，要保证入库药品数量准确，质量完好
		验收员按照规定进行抽样 	①按批号原包装中抽取样品；②每批 50 件（含 50 件）抽取 2 件；③50 件以上每增加 50 件多抽 1 件；④在每件中从上、中、下不同部位抽 3 个以上包装进行检查；⑤如发现外观有异常情况需要复检时，加倍抽查
		验收员按规定验收药品 	验收员检查药品的数量、包装、标签和说明书、注册商标、批准文号、生产批号、质量保证期限、出厂检验报告或产品合格证、外观形状等
		验收员验收中药材或中药饮片 	①中药材或中药饮片由双人同时逐一验收；②检查品名、产地、供货单位、生产企业、生产日期和批号等信息；③注意是否有发霉、虫蛀等不符合标准的情况

续上表

序号	步骤	操作说明	操作标准
2	验收与入库	验收人员发现药品存在问题的处理 	①对存在问题的药品（受损、破包、受污染、过期、条形码错误）门店拒收，填写相关表单；②向配送中心退货
		验收员完成药品验收 	①完成检查，门店收货人员在凭证上签字确认；②验收员填写验收记录
3	上货与理货	按照顺序进行上货和理货 	①按照端架－堆头－货架的先后顺序进行上货；②在货架上按照从前到后、从上到下、从左到右的顺序进行上货；③将货品摆放在合适的位置
		逐个检查缺货商品，近效期药品往前放 	①要补货的商品到了之后，要对药店货架上留有的少数药品进行检查；②如果有比较靠近有效期的药品要放在药品货架最前端；③新上的药品可以放在靠后位置
		补货药品陈列 	将不同货号的药品分开，并与其价格标签的位置一一对应 补货的药品陈列要正面朝外，整洁有序，方便顾客看清药品的相关信息 补货时，药品要轻拿轻放，避免对药品造成损害及危害他人安全 ①叠放的货品，将重量和体积大的放在下层；②体积小和易坏的放在上层；③摆放整齐
		上货和理货完成后 	①及时清理多余的纸箱及包装袋，确保通道畅通、卫生和安全；②对完成后的货架进行检查，发现问题及时解决

情景一

总部配送到了一批补货药品，已验收入库，药店营业员要进行上货与理货，具体的操作流程是什么？（角色扮演）

上货与理货的操作流程是：按照顺序进行上货和理货→逐个检查缺货商品，近效期药品往前放→补货药品陈列→上货和理货完成后，清理多余的纸箱和包装。

情景二

某药店补货藿香正气口服液，公司配送周期为 7 天，该店平均销售 2 件/天，最大的陈列量是 18 盒，现有可销量是 6 盒，营业员申请补货藿香正气口服液多少盒？（角色扮演）

补货量的计算公式：补货量 = 最大陈列量 - 现有可销量 + 日均销量 × 货到时间，根据公式计算，藿香正气口服液的补货量是 26 盒。

四、活动评价

评价内容		评价标准	是/否
活动完成情况	活动一：补货下单	能做到实时掌握药品缺货情况	
		能做到熟知药品补货的基本流程	
		能做到按规定完成药品补货申请任务	
		能做到正确填写补货单	
	活动二：验收与入库	能做到熟知药品验收和入库的基本流程	
		能做到按规定完成各项药品验收任务	
		能做到正确填写验收记录	
	活动三：上货与理货	能做到熟知药品上货与理货的基本流程	
		能做到按规定完成药品上货与理货的各项任务	
		能做到正确检查补货商品，近效期药品	

课后作业

用图表的方式画出药店药品的补货流程图。

职业能力 B－3－7 能进行药品的退库管理

PPT

核心概念

药品退库：指由于药店存在药品不动销、药品损耗、总部召回等原因需要退回总部仓库。

学习目标

能够做好药店药品的退库管理。

基本知识

一、药店药品退库的原因

1. 滞销药品 零售药店由于初期经营判断失误，导致存在的不动销药品，尤其是三个月均不动销的药品，但是药品效期还很好，为了促进零售连锁药店之间药品的周转，经总部同意，允许其退回公司总部仓库，然后协调至销售较好的其他连锁门店。

2. 药品损耗 药店药品损耗允许退库的原因有二：第一，零售药店由于在来货验收时发现药品有破损或者污染，出现不合格药品时，联系总部送货仓库非药店自身责任的药品损耗；第二，零售药店在经营过程中出现的药品破损或者污染，经总部同意后允许其退回公司仓库。

3. 总部召回 由于总部下发通知，要求某些批号的药品或者品种退回总部仓库。一般情况下，该类召回涉及的原因可能有生产企业由于药品质量问题要求召回；经营企业因为市场考虑要求召回；零售总部对于药品的淘汰要求召回等。

二、药店药品退库流程

药品退库审批表包括药品编号、品名、规格、生产企业、单位、售价、退货原因、退货数量等内容。

药店药品退库流程图如下所示。

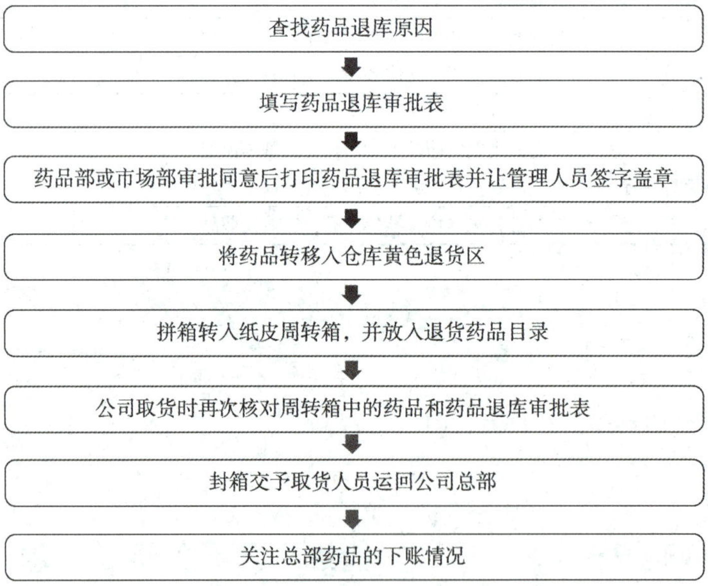

活动设计

一、活动条件

工作服、头花、笔、纸、需要退货的药品、药品仓库、药品空包装箱、工作台、药店零售系统软件等道具，在 GSP 模拟药房进行。

二、活动组织

1. 首先根据操作标准和要求按步骤进行训练，2 人一组，其中 1 人扮演药店商品管理人员、1 人作为评价员，相互检查药店商品的退库工作。

2. 每组按照步骤进行情景模拟实训，2 人进行角色轮换操作，反复练习，每组动作要求至少 5 遍。

3. 完成一个操作步骤之后，每组同学及时点评纠错，老师进行总结和纠错，再进行下一步骤的情景训练。

三、活动实施

<table>
<tr><th>序号</th><th>步骤</th><th>操作说明及操作标准</th></tr>
<tr><td>1</td><td>原因调查</td><td>退库的药品

药品退库的原因分析主要有三个
①不动销药品
②有质量问题的药品
③总部召回的药品</td></tr>
<tr><td>2</td><td>填写药品退库审批表</td><td>药品退库审批表
<table><tr><th colspan="17">药品退库审批表</th></tr><tr><td>商品编码</td><td>品名</td><td>剂型</td><td>规格</td><td>单位</td><td>单价</td><td>生产企业</td><td>批号</td><td>有效期至</td><td>退货日期</td><td>供货单位</td><td>退货原因</td><td>退货方式</td><td>退货数量</td><td>经办人</td><td>复核人</td><td>备注</td></tr><tr><td></td><td></td><td></td><td></td><td></td><td></td><td></td><td></td><td></td><td></td><td></td><td></td><td></td><td></td><td></td><td></td><td></td></tr><tr><td></td><td></td><td></td><td></td><td></td><td></td><td></td><td></td><td></td><td></td><td></td><td></td><td></td><td></td><td></td><td></td><td></td></tr><tr><td></td><td></td><td></td><td></td><td></td><td></td><td></td><td></td><td></td><td></td><td></td><td></td><td></td><td></td><td></td><td></td><td></td></tr><tr><td></td><td></td><td></td><td></td><td></td><td></td><td></td><td></td><td></td><td></td><td></td><td></td><td></td><td></td><td></td><td></td><td></td></tr><tr><td></td><td></td><td></td><td></td><td></td><td></td><td></td><td></td><td></td><td></td><td></td><td></td><td></td><td></td><td></td><td></td><td></td></tr></table>
①根据分析的原因填写药品退库审批表
②填写的内容包括药品编号、品名、规格、生产企业、单位、售价、退货原因、退货数量等</td></tr>
<tr><td>3</td><td>处理退库药品</td><td>

①将药品放入仓库退货药品区
②将经审批后的药品退库审批表打印出放到退货药品区
③将药品用药品空包装箱拼箱打包
④来货时将退库药品交予来货车辆和人员并签字确认</td></tr>
<tr><td>4</td><td>关注退库药品后续情况</td><td>
关注药店零售库存系统中药品的下账后的库存情况</td></tr>
</table>

情景一

当出现三个月不动销药品可以进行退库时，你该怎么做？

标准操作：确定为滞销药品，联系总部是否可以退回，如果可以，则填写药品退库审批单，然后进行药品的退库工作，具体包括放入退货药品库区，拼箱打包，打印审批后的药品退库审批表并放至拼箱中，来货时交予来货人员并签字，关注退货药品的下账情况。

操作要领：退货药品库区为黄色标识，拼箱发货时要注意按照品种的性能进行，药品退库审批表应该是审批同意后的；来货人员的签字不可少。

情景二

当总部药品部已在公司系统软件上发布某药品的召回要求，你该怎么做？

标准操作：根据公司通知，清点需要退回的实物与库存数，并进行核对，并填写药品退库审批单，然后进行药品的退库工作，具体包括放入退货药品库区，拼箱打包，打印药品退库审批表并放置拼箱中，来货时交予来货人员并签字。关注退货药品的下账情况。

操作要领：由于是公司总部召回的，所以无需审批即可以最快的速度退回公司总部仓库中，其他的操作流程与其他原因的退库药品的处理一致。

四、活动评价

评价内容		评价标准	是/否
活动完成情况	活动一：原因调查	能做到确定不动销药品的品类	
		能做到验收时确定不合格药品	
		能确定公司总部召回的品种和批号	
	活动二：药品退库审批表的填写	能填写药品退库审批表，并附上退库药品的目录	
		能核对药品退库审批表上的药品品种和批号与退回药品的实际数以及库存数	
	活动三：退库药品的处理	能将退库的药品放入有黄色标识的退货药品库区	
		能进行退库药品的拼箱工作	
		能对审批后的药品退库审批表的打印，并放入拼箱内	
		能及时交予来货人员将退库药品带回总部仓库	
		能要求来货人员进行签字确认退回药品数目	
	活动四：后期退库药品的关注	能持续关注药店软件系统中的退库药品的下账情况	

课后作业

当到货药品验收时发现破损，影响销售，你该如何处理？

工作任务 B－4　药店防损

职业能力 B－4－1　会实施防盗管理

PPT　微课

核心概念

药店防盗管理：系指为了预防各种药品、商品被他人恶意地拿、偷、扒、盗，制定的各种管理措施。

学习目标

1. 能够分析门店中遇到的各种偷盗形式。
2. 能运用适当的方法和措施防止药品被盗。

基本知识

药店内发生的偷盗形式主要分为药店内盗和药店外盗两种。

一、药店防止内盗的措施

1. 药店内盗常见形式　员工内部盗窃主要有收银员作弊和员工偷盗两种，具体包括：员工直接偷盗药店的商品；员工直接偷盗同事的私人财物；员工与员工或外人进行勾结、策划、协助进行盗窃；员工利用改换标签或包装，将贵重的商品以便宜的商品价格结账；员工未经过正常程序，故意将价格标低，使自己的朋友、亲属受惠；员工未经许可，私自使用供应商提供的赠品；收银员贪污公款，携款潜逃；收银员从收银机中盗窃钱款；收银员为亲属、朋友等少结账或不结账等。

2. 药店防止内部偷盗的方法和技巧

（1）要挑选诚实的员工，对员工的身份信息全方位进行核实及评估，以此来判断员工的忠实度。

（2）经常开展员工教育，对员工从入职就开始进行不间断教育工作，教育分正面、反面，采用开会、板报、活动等多种形式。

（3）设置监控系统，时时监控药店营业区内活动。

（4）健全内部职责考核制度，实行商品包干责任制，药品丢失时相应负责员工要承担一定的责任，并让所有员工齐抓共管，相互监督。

（5）经常性盘点，每天都对药品进行盘点，做到当天丢失药品，当天查处，不给偷窃行为留下时间空隙。

二、药店防止外盗的措施

药店外盗主要是指顾客或假装成顾客的人偷窃药店里的商品。

1. 顾客偷盗常见形式

（1）直接盗取：偷盗者直接将药品带走，或直接装入兜中或装入手中拎的口袋背包中，然后故意在店内闲逛一会儿再出去。一般比较小的药品或者临门货架的药品容易被直接盗取。

（2）调换外包装：将两种类似的药品进行调换，把贵重的药品放在便宜的药品包装盒里。或者干脆带走里面的药品，留下外包装盒子。

（3）用假药调换真药：往往是几个人同时进店，其中1～2个人会主动找营业员点名要1种药品看一下，当营业员把药品递到该顾客手中的时候，其余的几个人也会喊营业员过去帮忙，当营业员分散注意力的时候，药品就被调包了。

2. 顾客偷盗的处理 顾客偷盗药品事件的处理一般分为发现可疑对象、秘密跟踪、是否结账、是否出店、抓住偷窃者、谈话对证和偷窃处理等几个程序。对于情节较轻者，要求偷盗者主动将未付款的药品放在收银台或者将未付款的药品进行付款。对于情节严重、金额大、惯偷等情况可移交公安部门处理，并建立偷盗者档案，提高警惕。

3. 药店防止顾客偷盗的方法和技巧

（1）经常对店员进行有关防盗知识的培训，让其提高注意力，增强责任心。店员之间要互相交流经验，使新员工能尽快熟悉偷窃人的特点，能敏捷地察觉。

（2）制造舆论导向，在卖场处贴上警示标语。

（3）亲切地向每位顾客问好，打招呼，主动适时地给予帮助，对可疑人员要多加注意。

（4）营业员经常整理并检查商品的排面，避免因为排面凌乱让人有机可乘。

（5）尽量将单价高或体积小的商品陈列在柜台附近，以利收银员就近管理。

（6）在药店内外配备防盗设施，尤其是卖场死角地带，增设辅助设施，如：反射镜、摄像装置、监视系统等，建立电子防盗系统。

（7）注重药店内店员分布，比如一人看管一排货架，在药品销售较多的货架多安排一个人看管。

（8）加强对贵重药品的保管，在柜台陈列时减少数量。

（9）开架自选药店营业员应经常走动，严禁旁若无人地聊天。

活动设计

一、活动条件

工作服、头花、笔、纸、固定电话、椅子、药品的空包装盒、收银台、工作台等道具，在GSP模拟药房进行。

二、活动组织

1. 首先根据防盗管理要求按步骤进行训练，4 人一组，其中 1 人扮演药店营业员、2 人扮演顾客、1 人作为评价员，相互自查仪容仪表。

2. 每组按照步骤进行情景模拟实训，4 人进行角色轮换操作，反复练习，每组动作要求至少 5 遍。

3. 完成一个操作步骤之后，每组同学及时点评纠错，老师进行总结和纠错，再进行下一步骤的情景训练。

三、活动实施

序号	步骤	操作说明	操作标准
1	仪容仪表相互自查	仪容仪表自查并相互整理 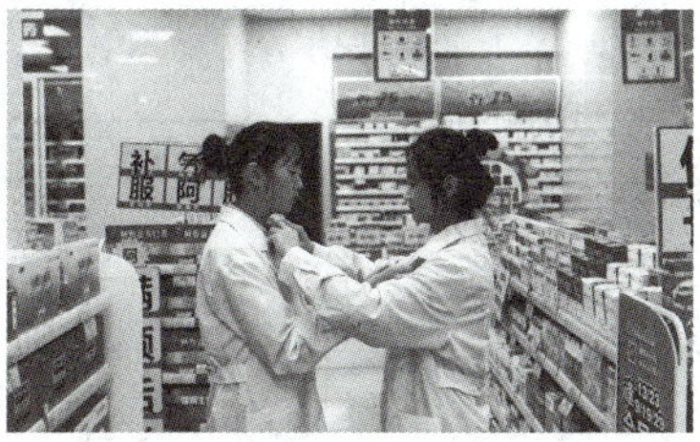	店员的仪容仪表要求为：①精神饱满，精力充足；②着装规范，统一工作服，服装干净、整洁；③保持个人清洁卫生，面容干净
2	顾客进入店中	主动和顾客打招呼 	①亲切地向顾客问好，打招呼，声音要洪亮；②提醒其他店员有顾客进入；③对用心不良的顾客有旁敲侧击的震慑效果：我们知道你进来了，会随时“关注”你
3	眼光或身体跟随顾客	通过眼光、身体、监控系统等方法和手段跟随顾客 	①身体保持距离；②眼光要一路随行，不论顾客走到哪里，都不要让他离开自己的视线
4	引起顾客注意	根据询问适当推荐药品，引起可疑顾客的注意 	①根据询问适当推荐药品，并主动适时地给予帮助；②引起可疑顾客的注意，使他意识到已被关注

续表

序号	步骤	操作说明	操作标准
5	及时收回药品	贵重药品、处方药品及时放回原处 	①当顾客需要浏览贵重药品、处方药品时，将药品拿给顾客，交到顾客手上；②要做到眼睛不离开药品，直到顾客浏览结束；③及时收回药品，然后将其放回原处；④同时适当进行药品推介，并询问顾客是否购买；⑤如果购买，为顾客开票，待顾客付款后，交付药品
6	提醒顾客付款	友好地询问顾客是否忘记交款 	在收银台处，友好地询问顾客是否忘记交款

情景一

当遇到“父子”或“母子”型可疑顾客进店，大人“缠”住店员，要了解药品的相关知识，而小朋友进行偷盗药品时，你该如何接待和防盗？（角色扮演）

眼神或身体等跟随顾客。面带笑容，积极主动打招呼，主动询问适当推荐药品。身体保持距离，眼光要一路随行，不论顾客走到哪里，都不要让他离开自己的视线。

情景二

当遇到三四个顾客一起进来，或者是店里顾客比较多的时候，有人要浑水摸鱼，怎么办？（角色扮演）

分身有术做到“接一顾二招呼三”。当店里顾客比较多的时候，除了注意自己正在接待的顾客，同时也要注意到其他的顾客，防止“声东击西”及“浑水摸鱼”的事情发生。

四、活动评价

评价内容		评价标准	是/否
活动完成情况	活动一：仪容仪表自查	能做到着装整洁，干净	
		能做到发型大方利落、颜面干净、手指甲短于指尖	
		能做到精神面貌饱满热情，乐观向上	
	活动二：顾客进入店中	能做到三米内亲切地向顾客问好，打招呼	
		能做到接待言语亲切礼貌，声音、语速、语气适中	
		能做到引起顾客和其他店员的注意	
	活动三：眼光或身体跟随顾客	能做到在身体上和顾客保持合理距离	
		能做到眼光一路随行	
		能做到让顾客始终保持在自己的视线内	
	活动四：引起顾客注意	能做到根据顾客的询问适当推荐药品	
		能做到主动适时地给予帮助	
		能做到引起可疑顾客的注意，使他意识到已被关注	
	活动五：及时收回药品	能做到正确将药品递到顾客手上	
		能做到眼睛不离开药品	
		能及时收回药品，并放回货架原处	
		能适时向顾客推介药品	
		能根据判断询问顾客是否购买药品	
		能正确地为顾客开具小票	
		能在顾客付款后，凭付款收据，将药品付给顾客	
	活动六：提醒顾客付款	能做到准确判断顾客有无偷盗药品的行为	
		能做到在收银台处，友好地提醒顾客所有商品需要开票付款	

课后作业

药店防止外盗常见的措施有哪些？

PPT　微课

职业能力 B-4-2　会实施防抢管理

核心概念

药店防抢管理：贯彻预防为主、综合治理的方针，实行群防群治的安全防范责任制，提高药店员工防范意识，加强门店防抢的管理。

学习目标

1. 能够分辨药店中行为异常的顾客。

2. 能运用适当的方法和措施防止药店被抢。

基本知识

一、识别可疑顾客

通过观察顾客的行为举止，可以判断有无可疑之处。一般顾客买药，神态自然，眼光盯着药品看；而当顾客不是看药品，而是频频地四处环顾，并且表现出紧张不安、心怀鬼胎的样子时，店员往往要留神了。另外，现在合伙协作作案的情况越来越多。有时，药店会同时来几个人，同时要多种商品。这时营业员要特别留意那些没明确购买意见、却又问这问那的"顾客"，在人数较多的情况下，务必要做到忙而不乱，防止有人浑水摸鱼。

二、药店预防抢劫措施

抢劫的对象，除了药店本身以外，也会发生歹徒在卖场抢劫其他顾客的事件，这会对药店的形象和声誉造成极坏的影响。在药店营业时间逐渐延长的趋势下，有必要对抢劫的情形加以防范。

1. 要注意药店的内部布局和商品陈列方法，陈列要整齐，留有一定的过道空间。卖场灯光明亮，使用白炽灯，便于观察店内情况。

2. 时刻保持药店玻璃的通透性，店内的广告不要悬挂和张贴太低，以免妨碍视线。

3. 在顾客稀少时要十分警惕，如有保安员，保安员不要随便离场。

4. 店门设计应尽量朝着大马路，不要朝向小岔路，店门不要开口太多。

5. 规定收银机内的现金不能超过一定的金额。在收银机下设置保险柜，收入大钞应直接投入保险柜，如无保险柜可将大钞及时存入附近银行。

6. 收银员在交接班时点钱动作要快，尽量避免在顾客面前长时间数钱。

7. 平时药店对员工要进行防抢培训，以便意外发生时能正确应付。

活动设计

一、活动条件

工作服、头花、笔、纸、收银台等道具，在 GSP 模拟药房进行。

二、活动组织

1. 首先根据防抢管理要求按步骤进行训练，4 人一组，其中 1 人扮演药店营业员、1 人扮演药店收银员，2 人扮演顾客。

2. 每组按照步骤进行情景模拟实训，4 人进行角色轮换操作，反复练习，每组动作要求至少 5 遍。

3. 完成一个操作步骤之后，每组同学及时点评纠错，老师进行总结和纠错，再进行下一步骤的情景训练。

三、活动实施

序号	步骤	操作说明	操作标准
1	识别可疑顾客	通过顾客行为举止，判断有无可疑之处 	注意可疑顾客：①频频地四处环顾，表现出紧张不安样子的顾客；②那些没明确购买意见、却又问这问那的顾客；③在门外逗留观察商场内部的可疑人员；④在商场内长时间逗留，假装购物或寻找商品的顾客；⑤未熄火且停在大门外的车辆；⑥2～3人结伴进店，服装、仪容不整的顾客
2	应对抢劫处理训练	不与歹徒发生争执，避免伤害 	①店内人员的人身安全第一；②保持冷静、灵活应对；③双手动作应让歹徒看得清楚；④在不影响人身安全的情况下，尽可能拖延时间，假装合作；⑤详细记下歹徒的特征：性别、身高、脸型、身材、口音、年龄、发型、服装款式颜色等
		乘歹徒不备时，报警 	乘歹徒不备时，迅速按下报警器或拨打110
3	抢劫后处理训练	抢劫后按一定程序进行处理 	抢劫后的处理程序：①立即通知警方；②关闭店面，让所有目击人员都留在店内，直到警察调查结束为止；③保护犯罪现场，不要让任何人接触留有指纹、血迹、毛发的物品（歹徒接触过的）；④待公安人员查看完毕后，清点损失情况

情景一

在晚上8点30分，药店收银员田某，发现两名抢劫犯手持匕首，要抢劫店内收银现金，这时药店收银员田某该怎么办？（角色扮演）

不与歹徒发生争执，保证店内人员的安全；双手的动作应让歹徒看得清楚；在不影响人身安全的情况下，尽可能拖延时间，假装配合；记住歹徒的主要特征；乘歹徒不备，报警。

情景二

在晚上8点，药店营业员王某发现，有2名顾客在店内逗留了很长时间，没有购物意向，这时营业员王某该怎么办？（角色扮演）

将此事迅速告诉店内其他工作人员，提醒大家小心；向店长报告情况；进一步确认可疑人员，待确认后马上报警。

四、活动评价

评价内容		评价标准	是/否
活动完成情况	活动一：识别可疑顾客	能做到通过顾客的行为举止，判断有无可疑之处	
		能做到熟知可疑顾客的典型特征	
	活动二：应对抢劫处理训练	能做到保持冷静、灵活应对抢劫	
		能做到采用正确的方法保护好自己及店内所有人员	
		能做到记住歹徒的特征	
	活动三：抢劫后处理训练	能做到按正确的程序对抢劫后进行处理	

课后作业

1. 药店预防抢劫的措施有哪些？
2. 当抢劫发生时，作为店员，你该如何应对？

职业能力 B－4－3　能实施防火管理

PPT　微课1　微课2

核心概念

药店消防安全管理：系指药店预防和解决（扑灭）火灾等采取的安全措施。

学习目标

1. 能够熟练操作灭火器。
2. 能运用正确方式处理轻度火灾和重度火灾。

基本知识

一、药店发生火灾的原因

1. 违章用电　药店内电器设备超负荷、线路接头接触不良、线路短路、设备故障或者电器使用不当引起火灾。

2. 违章用火 在药店内或库房内吸烟、做饭、使用电焊等明火引起火灾。

3. 商品堆放、自燃 药店的商品堆放不留灯距，堆垛过大、没有间距、堆放时间过长或遇高温、通风不良。药品储存过程中遇热或蓄热引起燃烧或自燃。

4. 设备故障 药店常用设施设备疏于维护保养，导致在使用过程中无法正常运行，因摩擦、过载、短路等原因造成局部过热，从而引发火灾。

5. 放火 外人蓄意纵火。

6. 雷击或静电 缺乏防雷及除静电措施。

二、药店内常见的消防设施

1. 灭火器的使用方法 发生火灾，用单手提住灭火器提把，跑动中先把灭火器上下颠倒几次，使筒的干粉松动，右手迅速拔出保险销，迅速将灭火器提到着火点，在距火点2～3米处一手握住喷嘴前端，另一手紧握提把用力下压，呈弓步姿势对准火焰根部，左右摆动喷射。平时要注意检查灭火器是否正常。(红色代表无压力或压力不足，不能使用，绿色代表是正常，黄色代表压力偏高，可以喷出，但存在爆炸的风险。)

2. 消火栓的使用方法 火灾时，打开箱门，一人按动消火栓手提，将消火栓出水口与水带连接，然后展开水带（不能打结），在途中连接水枪（水带不够长可以连接），快速到达着火点后，一人缓开阀门，另一人双手握住水枪，水带夹在腋下，成弓步姿势对准火焰斜上方45度雨淋状喷射。

3. 灭火毯的使用方法 将灭火毯从袋子里取出，平整展开直接盖到起火物上面（同时切断电源、气源），注意保护手，小心被烧伤，灭火毯还能用作逃生工具，当发生火灾需要逃生时，可将灭火毯裹在身上进行逃生。

三、药店常见防火措施

1. 药店预防火灾措施

(1) 药店内应具有消防标志，如禁止吸烟、危险品、紧急出口、消防设备等。设置消防通道、紧急出口、疏散图、消防设施、火警广播等。

(2) 药店除了应具备各项符合国家规定，或经消防主管机关审核认可的各项消防设施及设备外，应拟定一套完善的消防作业应急程序，以便在火警发生时，能确保财产、人员的安全。

(3) 各项消防安全设备、消防水源要定期检查和管理。

(4) 定期对员工进行培训，讲解灭火设备的功能、使用方法以及防火注意事项和逃生的基本常识。

(5) 所有员工应随时注意有无火种，电器插座附近应经常清扫，并要经常检查有无松动或损坏，如有应及时进行修理。

(6) 下班前要检查和关闭各种电器设备。

2. 火灾发生时的处理方法

(1) 轻度火灾：发现人员应利用就近的消防设施迅速扑灭火势。

（2）重大火灾：①应在第一时间拨打火警电话，并告知药店经理。②除电灯外，及时关掉所有电器设备。③通过店内广播通知全体员工保持镇定，按平时消防演习的程序行动，打开疏散通道，指挥店内顾客迅速离开现场。④在保证人身安全的前提下，安全管理组长或负责人应指挥店员将现金及贵重物品移到安全位置。⑤如果有人员受伤，应立即进行临时抢救并送医院治疗。

活动设计

一、活动条件

工作服、头花、笔、纸、收银台、固定电话、灭火器等道具，在 GSP 模拟药房进行。

二、活动组织

1. 首先根据防火管理要求按步骤进行训练，4 人一组，其中 2 人扮演药店营业员、1 人扮演顾客，1 人作为评价员。

2. 每组按照步骤进行情景模拟实训，4 人进行角色轮换操作，反复练习，每组动作要求至少 5 遍。

3. 完成一个操作步骤之后，每组同学及时点评纠错，老师进行总结和纠错，再进行下一步骤的情景训练。

三、活动实施

序号	步骤	操作说明	操作标准
1	防火检查训练	进行药店内消防标志检查训练  	检查药店内消防标志，填写巡查记录，巡查员在巡查记录上签名
		进行药店内用电、用水、安全出口等检查训练 	检查用电、用水、安全出口等违章、畅通、完好等情况，填写巡查记录，巡查员在巡查记录上签名

续表

序号	步骤	操作说明	操作标准
1	防火检查训练	进行各项消防安全设备、消防水源检查和管理 	检查消防安全设备、消防水源，填写巡查记录，巡查员在巡查记录上签名
2	火灾隐患排除训练	进行店内火灾隐患排除训练 	①检查药房和库房内禁止明火 ②检查药品包装不乱堆乱放 ③检查配电箱周围无杂物、无危险化学品 ④检查电源、电线是否老化有异味 ⑤电器插座附近无杂物，检查松动或损坏
3	发生火灾处理训练	根据火灾大小判定轻度火灾和重度火灾 	根据火情现场情况，判断及决定是否疏散顾客或需要消防队援助
		发生轻度火灾处理训练 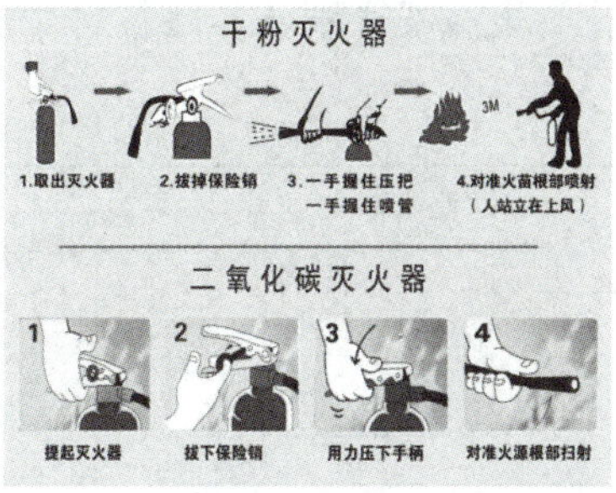	熟知灭火器的操作步骤：一提、二拉、三压、四射 ①提起灭火器 ②拔掉保险销 ③握住喷管最前端，另一手用力压下压把 ④对准火焰根部喷射，并由近及远，左右扫射

续表

序号	步骤	操作说明	操作标准
3	发生火灾处理训练	发生重大火灾处理训练 	熟知重大火灾的处理过程 ①第一时间拨打火警电话并告知经理 ②关掉除电灯外所有电器设备 ③通过店内广播通知全体员工保持镇定，店员在不同的位置打开疏散通道，指挥店内顾客迅速离开现场 ④在保证人身安全的前提下，指挥店员将现金及贵重物品转移到安全位置 ⑤向消防人员介绍店内情况； ⑥在消防人员许可下协助灭火、救人、救物
		火灾后处理 	①及时在指定地点清点人数 ②如果有人员受伤，应立即进行临时抢救并送医院治疗 ③对于火灾中导致的损失认真做好火场情况记录，及时向上级报告

情景一

药店收银员王某，遇到店内电源插座老化，发生短路，引发着火，药店营业员王某该怎么办？（角色扮演）

迅速切断除电灯以外所有电源，利用就近的消防设施迅速扑灭火势，同时向店长报告。

情景二

药店营业员田某、孙某、刘某，遇到因天气炎热，药店内的配电箱温度过高着火，这三位营业员该怎么办？（角色扮演）

根据火灾情况，马上拨打火警电话，并告知上级部门；通过喇叭向店员发送通知并组织所有店内人员从疏散通道撤离；在保证人身安全的前提下，将现金及贵重物品转移到安全位置；向来灭火的消防人员介绍店内情况。

四、活动评价

评价内容		评价标准	是/否
活动完成情况	活动一：防火检查训练	能做到对药店内电、水、安全出口、消防标志等进行检查，并填写检查记录	
		能做到对消防安全设备、消防水源进行检查，并填写检查记录	
	活动二：火灾隐患排除训练	能做到对药品包装堆放、有无明火等进行检查，并记录	
		能做到对电源、电线老化，电源插座损坏等进行检查，并记录	
		能做到对配电箱及其周围进行检查，并记录	
	活动三：发生火灾训练	能做到正确分析重度火灾和轻度火灾	
		能做到熟知轻度火灾的处理过程	
		能做到熟知灭火器等消防设施的使用方法	
		能做到熟知重度火灾的处理过程	
		能做到按分工做好重度火灾的处理	
		能做到熟知火灾后的处理	

课后作业

1. 药店发生火灾的原因有哪些？
2. 药品预防火灾措施及火灾发生时的处理方法。

工作任务 B－5　药店交接班

职业能力 B－5－1　能独立完成营业工作的交接

PPT　　微课

核心概念

药店营业工作交接：药店内早班和晚班工作人员进行的各项工作交接。

学习目标

1. 能运用营业工作交接方法完成早晚班营业工作交接。
2. 能如实、正确地填写营业工作交接记录。

基本知识

大部分的药店采取的是早班和晚班交替制，早班一般从 8∶00 到 15∶00，晚班一般从 15∶00 到 22∶00，南北方或不同药店会有一定的差异，每班的班次是采取“晚班＋早班”的形式。药店内早班和晚班的工作人员需要进行各项工作的交接，主要有收银交接和营业员交接。交接班人员必须提前 15 分钟到岗，到岗后穿好工作服，化好妆，佩戴好工牌。

一、收银交接

药店内的收银交接系指早班收银员和晚班收银员进行收银工作交接。

1. 早晚班收银交接 早晚班收银交接班人员在当班负责人的监督下打印解款小票和收银交接表，当面交接清点备用金、营业款、发票、银联单据、医保单据等相关票据和收银物品等，核对无误后，如实填写收银交班记录。早班营业款立即由早班收银员存到公司指定银行账户后拿回银行存款回执单，把银行存款回执单、电脑解款小票和其他收银相关票据对应粘贴，完成早班收银交接工作。

2. 收银交接特殊情况的处理

（1）如果在清点收银款项和票据过程中出现与解款小票内容不符的情况，收银员应再次清点核对，查找原因。

（2）如果出现长款应按公司规定上缴公司存入公司银行账户。

（3）如果出现短款，应当由当班收银员自己负责补足。

（4）无论是长款或者短款都属于收银差错行为，都要填写收银长（短）款报告单，并如实登记在收银交接班记录的备注栏目处。

（5）店长必须每天监督、检查存款情况，核对银行存款回执单金额是否与电脑解款小票相符，否则由此引发的责任由店长及相关人员共同承担。

二、营业员交接

营业员交接主要包括销售任务完成情况交接，贵重药品的交接、药品动盘交接，营业中待解决的问题交接以及其他工作交接。交接工作应在各自柜台内进行，不得影响正常的营业秩序。交接完毕后，上班次的人员应立即离开柜台，严禁场内聊天现象，任何情况不得影响下班次人员的工作。

1. 销售任务完成情况交接 主要指上一班的营业情况，具体包括销售额、毛利额、毛利率、客单量、公司任务品等完成情况。

2. 贵重药品的交接 交接班的时候，针对一些单价较高的药品进行盘点交接，做到账、物相符。贵重商品包括单价高、易丢失、易调包、畅销的药品。交接内容包括：交接日期、货号、品名、规格、生产企业、单位、数量、批号、外观质量、交接人签字等。

3. 药品动态盘点交接 门店每日动态盘点（动盘）商品数量不得少于门店总商品数量的3%，门店各柜组应建立动态盘点记录本，记录内容包括：货号、品名、规格、生产企业、实盘数、差异等，动态盘点后立即与电脑实时库存进行核对。目前，很多大型连锁药店已采用手机软件进行每天的盘点交接。

4. 其他工作交接 需要继续跟进或需传达的工作交接，如顾客订货、单据跟踪等。

活动设计

一、活动条件

工作服、头花、笔、纸、固定电话、椅子、药品的空包装盒、收银台、工作台等道具，在GSP模拟药房进行。

二、活动组织

1. 首先根据服务标准和要求按步骤进行训练，4 人一组，其中 2 人扮演药店营业员、2 人扮演药店收银员。

2. 每组按照步骤进行情景模拟实训，4 人进行角色轮换操作，反复练习，每组动作要求至少 4 遍。

3. 完成一个操作步骤之后，每组同学及时点评纠错，老师进行总结和纠错，再进行下一步骤的情景训练。

三、活动实施

序号	步骤	操作说明	操作标准
1	下班次工作人员到岗	下班次营业员换着装、到岗 	①交接班前，穿好工装、化好妆、戴好工牌；②进入柜台
2	收银工作交接训练	两班收银员清点钱款、票据，如实填写收银交接记录 	①早晚班收银交接班人员在当班负责人的监督下打印解款小票和收银交接记录；②当面清点交接备用金、营业款、发票、银联单据、医保单据等相关票据和收银物品等；③销售小票装订成册，附汇总表（表内必须分清现金、医保）；④核对无误后，如实填写收银交班记录；⑤交接收银钥匙等收银物品
		填写缴款单，将现金存入指定银行，按要求粘贴收银相关票据	①早班营业款立即由早班收银员存到公司指定银行账户，拿回银行存款回执单；②把银行存款回执单、电脑解款小票和其他收银相关票据对应粘贴
		两班收银员交接完成 	①交接工作确认无误后，两班次人员都在《交接班记录表》上进行签字确认；②《交接班记录表》上交当班店长或柜组长签字；③早班人员完成交接后，离岗，更换工装后下班

续表

序号	步骤	操作说明	操作标准
3	营业员交接训练	两班人员交接销售任务完成情况 	上一班的营业情况销售额完成情况； 上一班的毛利额、毛利率完成情况；上一班的客单量； 上一班的公司任务品完成情况
		两班人员对药店内药品进行交接 	①打印贵重药品动盘表；②两班人员共同盘点、记录，盘点无误后，双方在贵重药品动盘表上签字确认；③各柜组进行药品动盘；④盘点无误后，双方在药品动盘表上签字确认
		两班人员对营业中待处理问题进行交接 	①对上班未解决的问题（顾客待提、待退换等）进行记录；②双方签名后，交由下班次营业员处理
		两班人员交接完成 	①交接工作确认无误后，两班次人员都在《交接班记录表》上进行签字确认；②《交接班记录表》上交当班店长或柜组长签字；③早班人员完成交接后，离岗，更换工装后下班

情景一

药店早班营业员孙某和晚班营业员闫某，在贵重药品交接过程中，发现丢失或者破损、调包等情况，该怎么办？（角色扮演）

在交接时发现丢失或者破损、调包等情况需第一时间上报当班店长，并进行原因核查；经核查确属丢失、破损、调包的由当班责任人承担相应赔偿责任。

情景二

药店早班营业员孙某和晚班营业员闫某，在交接过程中，出现品种账差，该怎么办？（角色扮演）有账差的品种，及时分析，找出导致差异的原因，并进行库存修正工作和赔偿。

四、活动评价

评价内容		评价标准	是/否
活动完成情况	活动一：下班次工作人员到岗	能做到着装整洁，戴好工牌	
		能做到发型大方利落、颜面干净、手指甲短于指尖	
		能做到精神面貌饱满热情，乐观向上	
	活动二：收银交接训练	能做到熟知收银交接的基本流程	
		能做到按规定完成各项收银交接任务	
		能做到正确填写收银交接记录	
	活动三：营业员交接训练	能做到熟知营业员交接的基本流程	
		能做到按规定完成各项营业交接任务	
		能做到正确填写营业交接记录	

课后作业

1. 收银交接的流程有哪些？
2. 药店工作人员在交接过程中应注意什么？

工作任务 B－6　质量报表的填报

职业能力 B－6－1　能进行收货和验收操作，会填制收货和验收记录

核心概念

药品的收货和验收：系指对到店药品采取有效的质量控制措施，确保药品质量，以保障药品销售流通质量，更好地为人民用药服务。

PPT

学习目标

1. 能进行收货和验收操作。
2. 会填制收货和验收记录。

基本知识

药店应当按照规定的程序和要求对到货药品逐批进行收货和验收，防止不合格药品入库、上架。收货和验收人员应当在药店专用的验收场所对到店药品进行验收。对药品收货与验收过程中出现的不符合质量标准或疑似假、劣药的情况，应当交由质量管理部门按照有关规定进行处理，必要时上报药品监督管理部门。

一、药店收货和验收

（一）药店收货

1. 药品到货时，收货人员要逐一核对承运方式、承运单位、起运时间等信息。应当核实运输方式是否符合要求，检查运输工具是否密闭，如发现运输工具内有被雨淋、腐蚀、污染等可能影响药品质量的现象，应当通知采购部门并报质量管理部门处理。供货方委托运输药品的，企业采购部门应当提前向供货单位索要委托的承运方式、承运单位、起运时间等信息，并将上述情况提前告知收货人员。根据运输单据所载明的起运日期，检查是否符合协议约定的在途时限，对不符合约定时限的，应当报质量管理部门处理。收货人员还应当拆除药品的运输防护包装，检查药品外包装是否完好，对出现破损、污染、标识不清等情况的药品，应当拒收。

2. 应当查验随货同行单（票）以及相关的药品采购记录，并对照随货同行单（票）和采购记录核对药品实物，做到票、账、货相符。随货同行单（票）应当包括供货单位、生产厂商、药品的通用名称、剂型、规格、批号、数量、收货单位、收货地址、发货日期等内容，并加盖有供货单位药品出库专用章原印章。

3. 冷藏、冷冻药品到货时，应当对其运输方式及运输过程的温度记录、运输时间等质量控制状况进行重点检查并记录。不符合温度要求的应当拒收。

4. 收货人员对符合收货要求、核对无误的药品，应当按品种特性要求放于相应待验区域，或者设置状态标志，通知验收，并在随货同行单（票）上签字后移交验收人员。冷藏、冷冻药品应当在冷库内待验。

（二）药店验收

验收药品应当按照药品批号查验同批号的检验报告书。供货单位为批发企业的，检验报告书应当加盖其质量管理专用章原印章。检验报告书的传递和保存可以采用电子数据形式，但应当保证其合法性和有效性。

验收人员应当对药品的外观、包装、标签、说明书以及相关的证明文件等逐一进行检查、核对。验收药品的通用名称、剂型、规格、批准文号、批号、生产日期、有效期、生产厂商、供货单位、到货数量、到货日期、验收合格数量、验收结果等。如出现问题的，报质量管理部门处理。

二、填制收货和验收记录

药品收货验收记录

编号： 检查日期：

收货日期	药品通用名	生产厂商	规格	单价	批号	有效期	数量	供货单位	外观检查	验收结论	验收人	备注

活动设计

一、活动条件

工作服、笔、纸、固定电话、椅子、收银台、工作台等道具，在 GSP 模拟药房进行。

二、活动组织

1. 首先根据收货、验收管理要求按步骤进行训练，4 人一组，其中 1 人扮演药店收货人员、2 人扮演验收人员、1 人作为评价员，相互自查。

2. 每组按照步骤进行情景模拟实训，4 人进行角色轮换操作，反复练习，每组动作要求至少 5 遍。

3. 完成一个操作步骤之后，每组同学及时点评纠错，老师进行总结和纠错，再进行下一步骤的情景训练。

三、活动实施

序号	步骤	操作说明	操作标准
1	核实运输方式、承运单位、起运时间等	检查运输工具、承运单位、在途时限；拆除药品的运输防护包装 	要求为：①密闭；②无雨淋、腐蚀、污染等；③承运单位正确；④符合约定的在途时限。⑤药品外包装完好，有破损、污染。标识不清等情况的药品，应当拒收

续表

序号	步骤	操作说明	操作标准
2	查验随货同行单（票）与相关的药品采购记录	对照随货同行单（票）、采购记录，核对药品实物 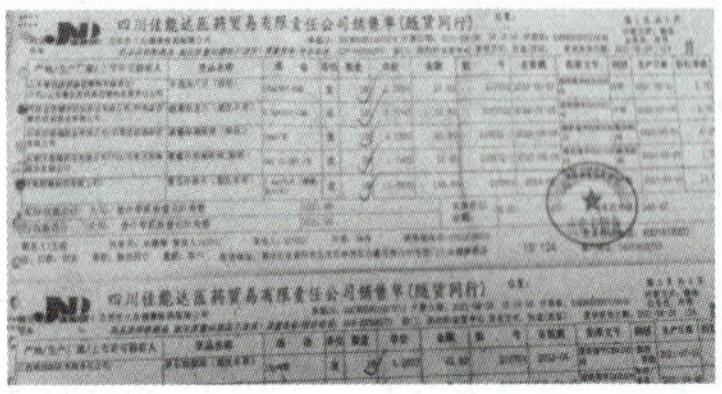	①做到票、账、货相符；②随货同行单（票）包括供货单位、生产厂商、药品的通用名、剂型、规格、批号、数量、收货单位、收货地址、发货日期等内容，并加盖有供货单位药品出库专用章原印章
3	冷藏、冷冻药品查验	对其运输方式、运输过程的温度记录、运输时间等进行检查并记录 	①冷藏车或冷藏箱、保温箱应符合规定；②起运日期，应符合协议约定的在途时限；③全过程温度状况应符合规定
4	对符合收货要求、核对无误的药品，通知验收	按品种特性要求放于相应待验区域，或者设置状态标志；冷藏、冷冻药品应当在冷库内待验 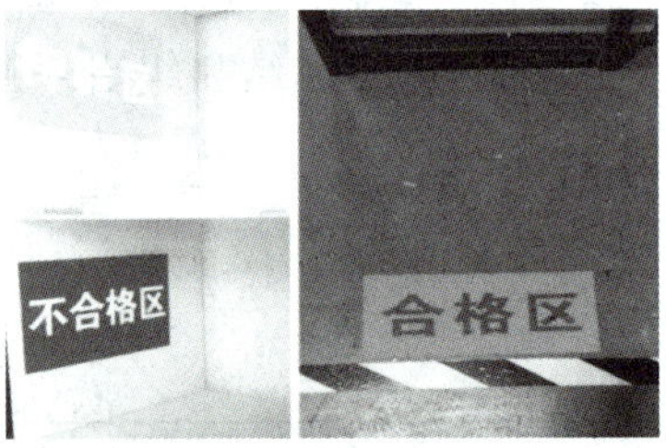	在随货同行单（票）上签字后移交验收人员
5	查验检验报告书	按照药品批号查验同批号的检验报告书 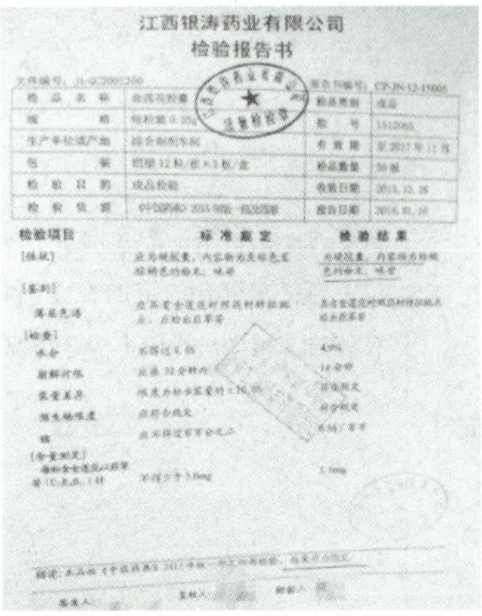江西银涛药业有限公司 检验报告书	①供货单位为批发企业的，检验报告书应当加盖其质量管理专用章原印章；②检验报告书的传递和保存可以采用电子数据形式，但应当保证其合法性和有效性

续表

序号	步骤	操作说明	操作标准
6	查验药品	对药品的外观、包装、标签、说明书以及相关的证明文件等逐一进行检查、核对 	与采购记录相符
		验收药品的通用名、剂型、规格、批准文号、批号、生产日期、有效期、生产厂商、供货单位、到货数量、到货日期、验收合格数量、验收结果等 	与采购记录相符
7	填写收货验收记录表	按规范填写收货验收记录 	①字迹工整清楚 ②书写正确规范 ③实事求是填写

情景

一家大型医药集团连锁药店在对退货药品的收货、验收管理，做哪些操作能保证退货环节药品的质量和安全，防止混入假冒药品？（角色扮演）

1. 收货人员要依据销售部门确认的退货凭证或通知对销后退回药品进行核对，确认为本企业销售的药品后，方可收货并放置于符合药品储存条件的专用待验场所。

2. 对销后退回的冷藏、冷冻药品，根据退货方提供的温度控制说明文件和售出期间温度控制的相关数据，确认符合规定条件的，方可收货；对于不能提供文件、数据，或温度控制不符合规定的，给予拒收，做好记录并报质量管理部门处理。

3. 验收人员对销后退回的药品进行逐批检查验收，并开箱抽样检查。整件包装完好的，数量在 2 件及以下的应当全部抽样检查；数量在 2 件以上至 50 件以下的至少抽样检查 6 件；整件数量在 50 件以上的每增加 50 件，至少增加抽样检查 2 件，不足 50 件的按 50 件计。抽样检查应当从每整件的上、中、下不同位置随机抽取 6 个最小包装进行检查，对存在封口不牢、标签污损、有明显重量差异或外观异常等情况的，至少再加一倍抽样数量进行检查。

4. 无完好外包装的，每件需抽样检查至最小包装，必要时送药品检验机构检验。

5. 销后退回药品经验收合格后，方可入库销售，不合格药品按 GSP 有关规定处理。

四、活动评价

评价内容		评价标准	是/否
活动完成情况	活动一：核实运输方式、承运单位、起运时间等	能进行运输工具、承运单位、在途时限的检查操作	
		能进行运输防护包装检查是否密闭；有无雨淋、腐蚀、污染等情况；能核实承运单位是否正确；是否符合约定的在途时限	
		能检查药品外包装是否完好，有无破损、污染、标识不清等情况的药品	
	活动二：查验随货同行单（票）与相关的药品采购记录	能做到对照随货同行单（票）、采购记录，核对药品实物	
		能做到票、账、货相符	
		能核实随货同行单（票），包括供货单位、生产厂商、药品通用名、剂型、规格、批号、数量、收货单位、收货地址、发货日期等内容，并加盖有供货单位药品出库专用章原印章	
	活动三：对符合收货要求、核对无误的药品，通知验收	能按品种特性要求放于相应待验区域，或者设置状态标志	
		能将冷藏、冷冻药品放在冷库内待验	
		能在随货同行单（票）上签字后移交验收人员	
	活动四：查验检验报告书	能按照药品批号查验同批号的检验报告书供货单位为批发企业的，检验报告书应当加盖其质量管理专用章原印章	
		检验报告书如为电子数据形式，应保证其合法性和有效性	
	活动五：查验药品	能对药品的外观、包装、标签、说明书以及相关的证明文件等逐一进行检查、核对	
		能对药品通用名、剂型、规格、批准文号、批号、生产日期、有效期、生产厂商、供货单位、到货数量、到货日期、验收合格数量、验收结果等检查并记录，并与采购记录相符	
	活动六：冷藏、冷冻药品查验	能对其运输方式、运输过程的温度记录、运输时间等检查	
		①冷藏车或冷藏箱、保温箱应符合规定；②起运日期，应符合协议约定的在途时限；③全过程温度状况应符合规定	

课后作业

1. 药品到货时，收货人员应该做哪些操作保证药品质量？
2. 自己找药品练习填写收货验收记录表。

职业能力 B－6－2　会储存和养护

PPT　微课

核心概念

药品的储存和养护是运用现代科学技术与方法，研究药品储存养护技术和储存药品质量变化的规律，有效防止药品变质，保证药品质量，确保用药安全、有效的一门实用技术科学。

学习目标

1. 能进行储存和养护操作。
2. 会填制储存和养护记录。

基本知识

药店应当根据药品的质量特性对药品进行合理储存和养护，并符合以下要求：按包装标示的温度要求储存养护药品，包装上没有标示具体温度的，按照《中华人民共和国药典》（2020 年版）规定的贮藏要求进行储存。

一、药品储存和养护

（一）药品储存

1. 储存和陈列药品的货柜，橱窗必须保持清洁卫生。

2. 药品与非药品，处方药与非处方药分区陈列，外用药与内服药分柜陈列，非串味与易串味分开陈列，并按药品的品种用途分类摆放，标签使用恰当，摆放准确，字迹清晰并明码标价。

3. 药品摆放应美观大方，按照远效期在里近效期在外的原则依次整齐摆放。对要求冷藏的药品必须存放于 2～10℃冰箱里。

4. 处方药严禁开架自选。

5. 拆零药品存放于拆零药品专柜，并保留原包装的标签。

6. 单轨制管理的处方药要专柜陈列。

（二）药品养护

养护人员应当根据库房条件、外部环境、药品质量特性等对药品进行养护。

1. 每月应定时对店堂陈列药品进行养护检查。普通品种的一般养护原则是“三三四”，小型药店可每月对陈列药品全部进行养护检查。如实做好养护检查记录。

2. 被列为重点品种的药品，如首次经营的药品、质量不稳定的药品，近效期药品、拆零药品等，需要每个月养护一次。对药品品名、规格、数量、批号、效期、厂家、养护结论等情况如实记录。

3. 养护员应每日巡回检查店内药品储存条件与保存环境是否符合规定要求。

养护员每天上午 8：30－9：30 下午 2：30－3：30 两次对店堂的温湿度进行检测，并做好完整记录。发现不符合药品规定陈列储存要求时，应采取调控措施并记录。

4. 药品到货质量验收合格即视为第一次养护检查合格，每月对陈放店内一个月以上的药品进行养护和质量检查，做好“养护检查记录"。养护记录内容要完整、真实并保存至少五年。

5. 中药饮片按其特性，采取翻晒、筛选等方法进行养护。做好“养护检查记录”。

6. 对易潮湿、霉变、变质、虫蛀、裂片的药品要增加检查次数。

7. 检查中有质量疑问的中药饮片，按“门店质量查询管理制度”执行。

8. 检查中发现不合格药品，应立即报告门店质量管理人员。按“门店不合格药品管理制度”执行。

9. 对近效期（距药品有效期截止日期不足6个月）药品，门店养护员每月底填写“近效期药品催销表”，交门店负责人实施催销。

10. 不同剂型的药品要有针对性地运用不同的养护检查方法：片剂应重点检查有无裂片、霉变；胶囊剂，应重点检查有无漏粉、囊壳破碎等；颗粒剂，应重点检查有无潮解、结块等；糖浆剂，应重点检查有无霉变沉淀物析出，是否浑浊。中药饮片，应重点检查饮片有无受潮、霉变、虫蛀，发现受潮、霉变现象，应立即采取翻晒、挑选等措施，确保中药饮片的质量。

二、填制药品储存和养护记录

药品储存养护检查记录

编号：　　　　　　　　　　　　　　　　　　　　　　检查日期：

序号	药品通用名	商品名	规格	生产企业	批号	有效期至	数量	外观包装	其他质量问题	处理结果	检查人	备注

冷藏柜温湿度记录表

（　　　　年　　月）

编号：

冷藏柜：　　　　　　表号：　　　　　　适宜温度范围0～8℃　　适宜相对湿度35%～75%

日期	上午					下午					记录员
	冷藏柜温度（℃）	相对湿度（%）	调控措施	采取措施后		冷藏柜温度（℃）	相对湿度（%）	调控措施	采取措施后		
				温度（℃）	湿度（%）				温度（℃）	湿度（%）	
1											
2											
3											
⋮											
平均值											

活动设计

一、活动条件

工作服、笔、纸、固定电话、椅子、收银台、工作台、温湿度计、温湿度记录表等道具，在 GSP 模拟药房进行。

二、活动组织

1. 首先根据药品储存、养护管理要求按步骤进行训练，4 人一组，其中 1 人扮演药店储存人员、2 人扮演养护人员、1 人作为评价员，相互自查。

2. 每组按照步骤进行情景模拟实训，4 人进行角色轮换操作，反复练习，每组动作要求至少 5 遍。

3. 完成一个操作步骤之后，每组同学及时点评纠错，老师进行总结和纠错，再进行下一步骤的情景训练。

三、活动实施

序号	步骤	操作说明及操作标准	
1	温度和湿度的测定和记录	温度和湿度的测定和记录 	能测定会记录
2	温湿度管理	储存药品相对温湿度达到要求；冷藏、冷冻药品储存管理； 	①湿度为 35% ~75%；②经营冷藏、冷冻药品的，应当配备与其经营规模和品种相适应的冷库、冷藏车、车载冷藏箱或者保温箱等设备并定期对其进行检查、维护并记录；③温湿度变化对应措施及处置
3	药品的重点养护	重点药品保管养护 	储存条件 受潮变异现象

续表

<table>
<tr><th>序号</th><th>步骤</th><th>操作说明及操作标准</th></tr>
<tr><td rowspan="2">4</td><td rowspan="2">养护</td><td>对药品定期盘点，做到账、货相符

①采用计算机系统对库存药品的有效期进行自动跟踪和控制，采取近效期预警及超过有效期自动锁定等措施，防止过期药品销售。②药品因破损而导致液体、气体、粉末泄漏时，应当迅速采取安全处理措施，防止对储存环境和其他药品造成污染。③对质量可疑的药品应当立即采取停售措施，并在计算机系统中锁定，同时报告质量管理部门确认</td></tr>
<tr><td>对存在质量问题的药品应当采取一定措施

①将问题药品存放于标志明显的专用场所，并有效隔离，不得销售；②怀疑为假药的，及时报告药品监督管理部门；③属于特殊管理的药品，按照国家有关规定处理；④不合格药品应查明并分析原因，及时采取预防措施，处理过程应当有完整的手续和记录</td></tr>
</table>

情景

一家大型连锁药店在对药品进行储存养护管理，养护人员做哪些操作能保证药品的质量和安全？（角色扮演）

养护人员应当根据药店条件、外部环境、药品质量特性等对药品进行养护，主要内容有：

1. 指导和督促店员对药品进行合理储存与作业。

2. 检查并改善储存条件、防护措施、卫生环境。

3. 对药店温湿度进行有效监测、调控。药品储存环境温湿度超出规定范围时，应当及时采取有效措施进行调控，防止温湿度超标对药品质量造成影响。

4. 养护人员应当每天上下午分别对药店温湿度进行监测、记录、调控。

5. 按照养护计划对药品的外观、包装等质量状况进行检查，并建立养护记录；对储存条件有特殊要求的或者有效期较短的品种应当进行重点养护。药店应当由专人负责对在库储存的冷藏、冷冻药品进行重点养护检查。

6. 发现有问题的药品应当及时在计算机系统中锁定和记录，并通知质量管理部门处理。

7. 对中药材和中药饮片应当按其特性采取有效方法进行养护并记录，所采取的养护方法不得对药品造成污染。

8. 定期汇总、分析养护信息。

四、活动评价

评价内容		评价标准	是/否
活动完成情况	活动一：温湿度测定和记录	能测定会记录	
	活动二：温湿度管理	①湿度为35%～75%；②经营冷藏、冷冻药品的，应当配备与其经营规模和品种相适应的冷库、冷藏车、车载冷藏箱或者保温箱等设备并定期对其进行检查、维护并记录；③温湿度变化对应措施及处置	
	活动三：重点品种的养护	阿司匹林片的保管与养护；防潮防水解	
	活动四：养护	能对库存药品定期盘点，做到账、货相符 采用计算机系统对库存药品的有效期进行自动跟踪和控制，采取近效期预警及超过有效期自动锁定等措施，防止过期药品销售	
		药品因破损而导致液体、气体、粉末泄漏时，应当迅速采取安全处理措施，防止对储存环境和其他药品造成污染	
		对质量可疑的药品应当立即采取停售措施，并在计算机系统中锁定，同时报告质量管理部门确认	

课后作业

1. 药品养护中的“三三四”原则指的是什么？
2. 重点养护品种包括哪些？

工作任务 B－7　经营报表填报

职业能力 B－7－1　会计算药店毛利率、费用率、环比和同比增长率、营业利润率

PPT　微课

核心概念

药店的经营指标：药店的经营指标一般指毛利率、费用率、环比和同比增长率、营业利润率。

学习目标

1. 学会计算药店的各项经营指标。
2. 学会填写药店经营报表。

基本知识

一、药店毛利率

1. 销售额 = 来客数 × 客单价

2. 药店毛利率的计算方法：

毛利率 =（销售收入 – 销售成本）/ 销售收入 ×100% =（含税售价 – 含税进价）/ 含税售价 ×100%

一般来说，药品零售企业的毛利率在 40% 左右属中等正常水平。如果低于 40%，就需要进一步分析原因，看商品结构是否合理，员工专业水平和考核是否合理等。

二、药店费用率

费用率可分为固定费用率和变动费用率。固定费用率指固定费用占总销售的比重。固定费用一般指折旧、摊销以及租金等这些在当下基本不可控的费用，也称“不可控费用”。变动费用率指变动费用占总销售的比重。变动费用一般包括工资、办公、差旅等可以控制的费用，也称“可控费用率”。

固定费用率偏高反映企业可以改进的空间有限，而变动费用率偏高，则表示企业存在较大的费用浪费，有通过管理来改善的空间。当然，如果固定费用的主要构成中“房租”的费用明显高于周边房租，也表明有通过谈判降低的可能，还可以考虑是否需要压缩经营面积降低租金等。而变动费用的主要构成中的“工资”，可以通过人效来分析，人效即人均销售收入。税赋率，是企业所缴纳的各项税费占总销售的比重，属于国家法律强制性要求。

三、药店环比和同比增长率

1. 环比增长率 =（本期数据 – 上期数据）/ 上期数据 ×100%

2. 同比增长率 =（本期数据 – 同期数据）/ 同期数据 ×100%

与历史同期比较，例如 2022 年 6 月数销售额与 2021 年 6 月数销售额比较，叫同比；与上期数据比较，例如 2022 年 9 月数销售额与 2022 年 8 月数销售额比较，叫环比。这里的时期可按年、月、周计算等。

可与门店上期数据或往年同期数据进行比较，看药店的经营管理是否在正确的方向上。同时对销售收入进行分析，了解销售增减的主要原因是客单价的下降还是客流量的下降引起的。

四、药店营业利润率

利润率 = 净利润 / 销售额 ×100% = 毛利率 – 费用率 – 税赋率

净利润率反映的是零售药店销售收入中有多少是企业的净利润。一般来说。药店的净利润率在 15% 以上的药店，在药品零售药店中处于优秀水平，净利润率在 10% ~15% 的属于中等水平，10% 以下的属于一般水平。当然，不同地域还会有所差别。其次要与药店往期的水平进行对比分析，药店的净利润率是不断变动的，药店的每一项经营管理举措，最终都会体现净利润率的变动。有时，这些举措并不马上产生效果，因此，我们需要用动态的角度来进行对比分析，如果药店的净利润率很低，但能保持稳定的增长，说明药店的经营管理措施得当，反之，则需要做出调整。

活动设计

一、活动条件

教师给出两组药店的经营数据，药店经营报表，在教室中进行。

二、活动组织

1. 首先 4 人一组，分成两队。给出 A、B 两个药店的经营数据。两队同学各选一组药店经营数据进行相关经营指标计算，计算完后两队同学进行交叉验算。老师最后公布正确结果和计算过程。

2. 根据之前的计算结果，每组同学借助 EXCEL 表进行经营报表的制作。并通过对比两家药店的经营指标和报表来选出经营状况更好的药店，制作 PPT 并选派一名代表汇报。组间同学互相点评，老师进行总结和点评。

三、活动实施

序号	步骤	操作说明	操作标准
1	药店经营指标的计算	药店毛利率的计算 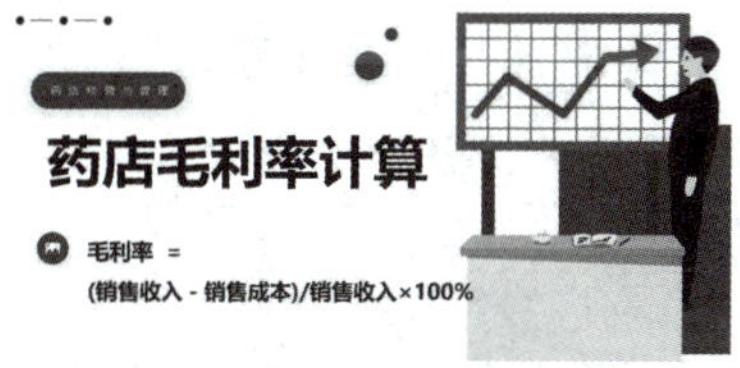 	毛利率 = (销售收入 – 销售成本)/销售收入 × 100%
		药店费用率的计算 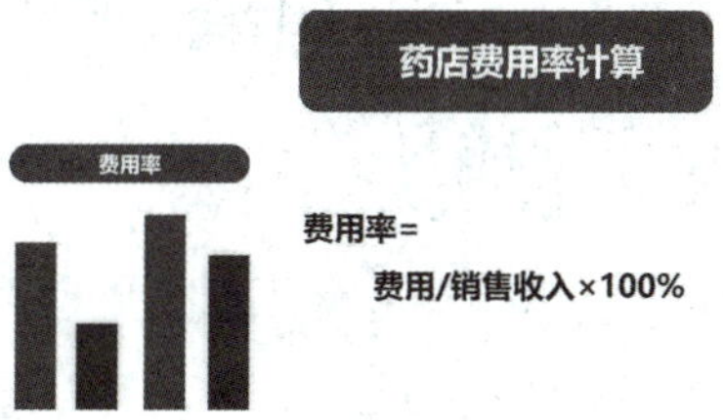 	费用率 = 费用/销售收入 × 100%
		药店利润率计算 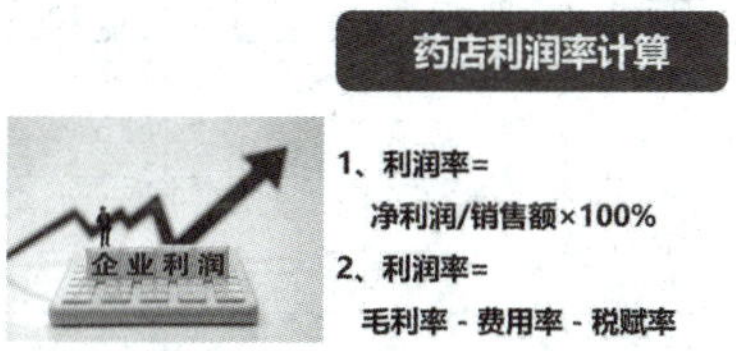 	利润率 = 净利润/销售额 × 100% = 毛利率 – 费用率 – 税赋率
		药店环比、同比增长率的计算 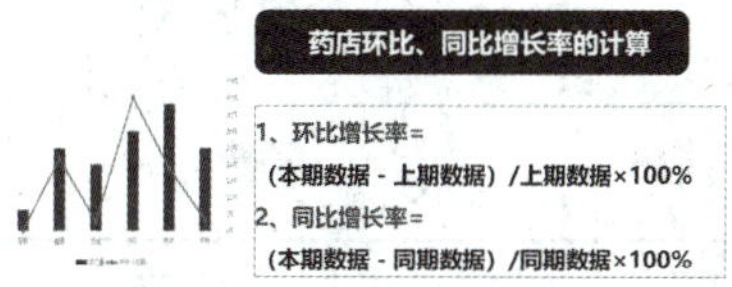 	环比增长率 = (本期数据 – 上期数据)/上期数据 × 100% 同比增长率 = (本期数据 – 同期数据)/同期数据 × 100%

续表

序号	步骤	操作说明	操作标准
2	药店经营报表的制作	标准药店经营报表的模板（图片） 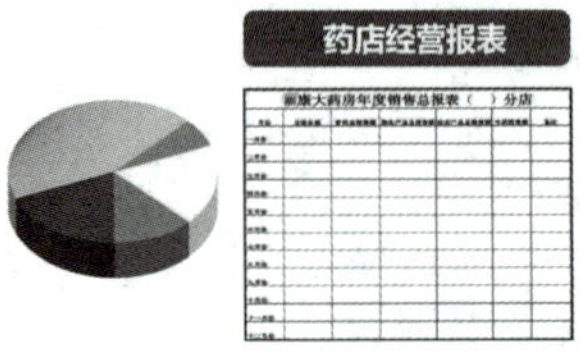 	药店经营报表的制作，根据计算出的指标借助 EXCEL 表进行经营报表的制作
		通过对比两家药店的经营指标和报表来选出经营状况更好的药店，制作 PPT 并选派一名代表汇报两家药店的经营报表图片 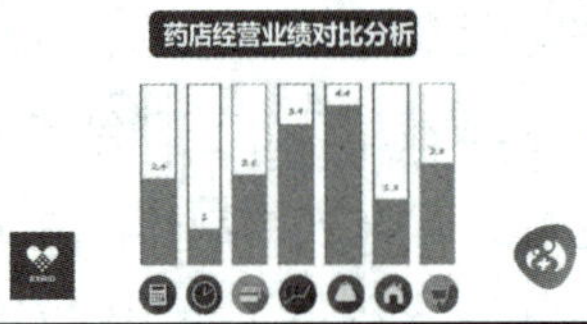 	对比分析两家药店经营状况，综合比较药店毛利率、费用率、环比和同比增长率、营业利润率等各项指标

情景一

某药店第一季度的销售额为 150 万，销售商品的进价总额为 105 万，按销售额的一定比例财务摊给的间接费用为 7 万，合计的包装费、促销费、保管费、商品损耗费、运杂费等共计 8 万，税率为 3%，计算该药店第一季度费用率、毛利、毛利率、营业利润。

标准操作： 计算时列举出费用率、毛利、毛利率和营业利润的公式，并计算正确。

操作要领： 可以利用办公软件 EXCEL 表格设置，并能进行自动计算。

情景二

根据下面表格数据计算该药店在第一季度的商品流通费用、费用率、毛利、毛利率、营业利润等。

标准操作： 先计算出流通费用、平均客单价、费用率、毛利、毛利率、营业利润，再计算出同比和环比增长。

操作要领： 环比增长率 =（本期数据 – 上期数据）/上期数据 ×100%

同比增长率 =（本期数据 – 同期数据）/同期数据 ×100%

某药店季度经营报表

	销售总额（万元）	进价总额（万元）	间接费用（万元）	直接费用（万元）	顾客购买总人次	流通费用（万元）	平均客单价（元）	费用率（%）	毛利（万元）	毛利率（%）	营业利润（万元）
2018 年第一季度	130	95	6.9	8.2	28000						
2018 年第四季度	145	104	7.0	8.4	29000						
2019 年第一季度	150	105	7.2	8.5	30000						
同比增长（%）											
环比增长（%）											

四、活动评价

评价内容		评价标准	是/否
活动完成情况	活动一：药店经营指标计算	药店毛利率正确计算	
		药店费用率正确计算	
		药店营业利润率正确计算	
		药店环比和同比增长率正确计算	
	活动二：药店经营报表制作	能借助 EXCEL 完成经营报表的制作	
		能通过指标数据和报表对两家门店经营状况进行对比分析	
		能制作 PPT 进行汇报	

课后作业

1. 某药店本月销售额为 33 万元，环比增长 1%，求该药店上个月的销售额。

2. 某药店 2022 年 1～12 月的销售额分别为：48 万元、52 万元、40 万元、45 万元、42 万元、38 万元、40 万元、46 万元、50 万元、48 万元、55 万元、60 万元，为方便比较，请借助 EXCEL 公式，把以上数据制成柱状图。

职业能力 B-7-2　会计算药品的毛利率、周转率，能进行初步的品类分析

核心概念

PPT　微课

品类管理：指的是依据零售药店目标、不断变化的环境和消费者行为，对商品品类中零售组合的价格、货架区商品战略、促销力量以及其他组成部分的同时管理。

学习目标

1. 学会计算药品的毛利率、周转率。
2. 对药店药品能进行初步的品类分析。

基本知识

一、药品毛利率和周转率

药品毛利率 =（药品售价 - 药品进价）/药品售价 ×100%

药品周转率 = 销售成本/[（期初库存 + 期末库存）/2]

二、药店商品的品类分析

进行品类销售分析，需要了解计算品类销售的公式，其公式为：某品类销售额/整体销售额 × 100%，这两个销售额均指药店某个时间段的销售额。了解了公式后，再来看下商品品类划分，一般药店商品品类的划分可以根据商品的功能属性进行划分或根据商品的毛利率、周转率进行划分。

1. 按药品功能属性进行分类

大类：处方药、非处方药、医疗器械、中药饮片、非药品；

中类：抗感染药、感冒咳嗽药、胃肠药、心血管用药、外用药、计生用品、保健食品、皮肤保养品等；

胃肠药小类：制酸剂、助消化剂、消胀剂、抗胃痉挛药、缓泻剂、止泻剂等。

2. 按周转率和毛利率进行分类

（1）高周转率、高毛利率的商品　一般是药店的主力商品。在药店的显眼位置陈列，以此来吸引顾客的注意力。比如常用的慢性病用药等。

（2）高周转率、低毛利率的商品　一些品牌的常见用药，周转快但是因为价格相对透明利率不高，如感冒用药等。药店也进行大面积陈列展示来吸引顾客。

（3）低周转率、高毛利率的商品　利率高，但是购买顾客少，周转率低。这样的商品可能是一些罕见疾病药品或者药店自有品牌药品等。药店可以通过主辅陈列的技巧将此类商品放在高周转率的明星产品边上，用高周转率商品带动低周转率商品的销售。

另外，低周转率、低毛利率的商品，在药店基本都被淘汰。

活动设计

一、活动条件

不同品类药品的销售数据、库存数据、进价成本数据；零售系统软件需要有库存系统、销售系统数据；纸、笔、电脑、办公软件。在电子商务实训室中进行。

二、活动组织

将同学分成 3 人一组，根据系统中的品类销售数据和成本数据进行各品类相关指标的核算，1 人核算操作，1 人监督。1 人根据零售系统软件中的各类数据选择与 1 ~ 2 个品类进行品类分析，制作分析的 PPT，3 人协作完成数据指标的核算和品类分析 PPT，抽取各组同学进行汇报和讲解。

三、活动实施

序号	步骤	操作说明	操作标准
1	药品毛利率的计算	截选毛利计算的 EXCEL 表格 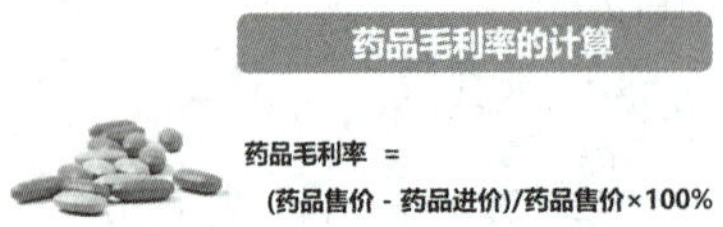	根据零售系统中的数据进行药品毛利率的计算：药品毛利率 =（药品售价 – 药品进价）/药品售价 ×100%

续表

序号	步骤	操作说明	操作标准
2	药品周转率的计算	截选周转率计算的 EXCEL 表格 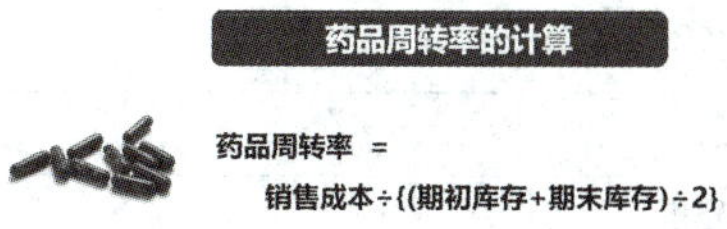	根据零售系统中的数据进行周转率的计算：药品周转率 = 销售成本/［（期初库存 + 期末库存）/2］
3	药品初步品类分析	比较药店各品类药品的毛利率 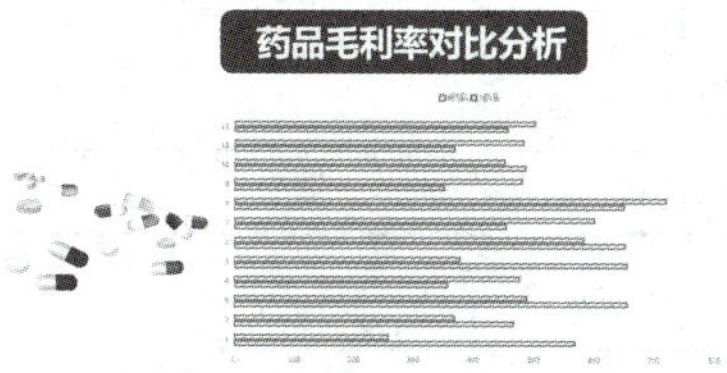	选择对毛利贡献大的品类进行分析药店商品按照功能属性、毛利率、周转率进行的分类
		比较药店各品类的销售占比情况 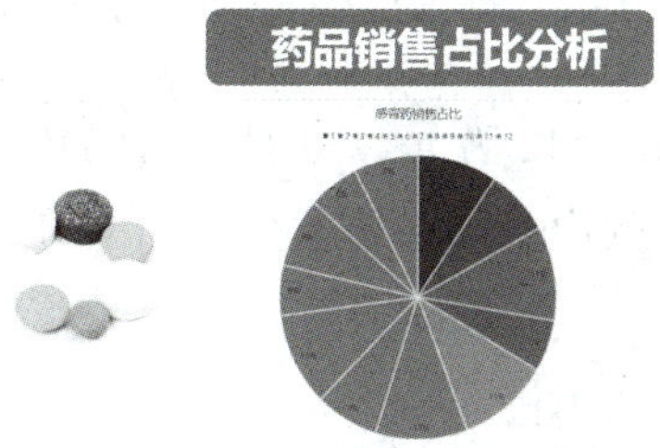	选择对销售贡献大的品类进行分析，分析其功能属性、毛利率、周转率等

情景一

一种药店主推药品单品的进价为 10 元，需要达到 60% 的毛利率，请问该药品的售价是多少？

操作标准：按照毛利率的公式进行等式计算。

操作要领：可以按照最简单的数学方式列等式，比如设售价为 X，则列等式为 X = 10 + X × 60%，求出 X 即可，在办公软件 EXCEL 中则需要计算一系列主推药品的售价。

情景二

一家药店的抗感染药的品种数有 20 个，该品类当日销售有 8 个品种，总销售额为 458 元，当日的成本进价额为 319 元，请分析抗感染类药品的平均毛利率。

操作标准：某一品类的毛利率，则需要从品类个数和品类的总体进价以及售价来判断。

操作要领：将当日的（总销售额即售价 – 成本进价额即进价）/总销售额即售价 ×100%

四、活动评价

评价内容		评价标准	是/否
活动完成情况	活动一：药品指标计算	能灵活运用毛利率计算单个商品售价	
		能灵活计算药品的周转率	
	活动二：药品初步品类分析	能对品类的毛利率进行分析	
		能对品类的周转率进行分析	
		能判断药店商品毛利率贡献品类	
		能判断药店商品销售贡献品类	
		能对药品销售给出定位和建议	

课后作业

1. 一家药店内分泌系统类药物10月1日的库存额为12万元，10月31日的库存额为16万元，当月该品类的销售额为7万元，请问该药店的内分泌系统类药物的10月份的周转率是多少？

习题

2. 在门店，该如何促进低周转率、高毛利率药品的销售？

C 门店日常工作

工作任务 C－1 营业准备

职业能力 C－1－1 能按行为规范正确着装

PPT 微课

核心概念

药店职业着装：是指药店营业人员工作时，穿着企业统一配备的职业服装。药店的职业着装要整洁平整，不能有污渍，避免穿着破损的职业装。

学习目标

1. 能够按照药店行为规范要求，正确穿戴药店职业工装。
2. 能够正确搭配职业工装的配饰。

基本知识

一、着装原则

现代商业社会中，企业形象识别系统（即 CIS）在促成双方交易、提升品牌价值等方面都发挥着重要作用。企业形象识别系统基本上包括视觉识别、行为识别和理念识别三种类别，视觉识别是其中最为基础、也是最为常见的一种。而在企业的视觉识别系统中，规范着装是呈现给顾客的首要因素，也是较为重要的因素。

药店工作人员的正确着装应该遵循以下原则。

1. 整洁卫生 保持衣着的整洁卫生是现代社会人类文明的外在表征之一，对于药店来说，这一点更为重要。作为特殊商品的消费者，如果顾客看到药店工作人员的着装上沾有明显的污渍，那么对药品的有效性也会存疑，进而影响到其购买行为的发生。因此，保持着装的整洁卫生是十分必要的。

2. 简洁大方 与诸如航空、奢侈品等行业或者大型高档卖场等处的销售人员不同，药店工作人员的着装不需要太过复杂或者给消费者留下奢华昂贵的感觉。从消费心理学的角度，顾客在购买药品与购买普通消费品时存在着较大的心理差异，因此，药店工作人员的着装只需要给人以简洁大方的印象即可。

3. 专业信任 规范的着装会给消费者带来一种这名工作人员很专业、值得信任的感觉。因此，务必要按照药店的整体规定，正确穿着工装、佩戴胸卡，做好其他着装方面的配合，这样就会使顾客在征询选购意见或者向顾客推销商品时，有效降低交易难度，促进购买行为的发生。

二、正确着装的三个主要方面

规范着装主要包括了工装、胸卡、配饰等三个方面。

1. 按照规定穿着工装 目前，绝大多数连锁药店企业都有自己设计的工装体系，作为药店工作人员，在营业前就必须要正确进行工装的穿着。作为整个医药行业的一个环节，大部分药店在委托设计工装时，都借鉴了医院的工服，即白大褂这种工作装。所以，药店的工装也主要表现为一件套（当然也有少部分药店会有两件套等），且以白色、蓝色或者相近颜色为主。

因此，药店员工在穿着工装时，必须要考虑款式和颜色，进行自身衣物的相应搭配。

2. 正确佩戴胸卡工牌 胸卡或者工牌是员工必须随身佩戴的产品形象标志物，是向顾客展示自身专业形象以及企业品牌的重要手段，也是员工正确着装的主要内容。药店工作人员必须要在工装左上角位置，鲜明地将自己的胸卡或者工牌展示给顾客，一方面是通过胸卡工牌上的信息来展示自己的专业形象，另一方面也能够方便顾客与自己的交流沟通。

3. 合理搭配相关配饰 工装是工作人员呈现给顾客视觉的主要部分，除了工装以外，工作人员也有自己其他的服装及配饰等，特别是以女性员工居多的药店，她们往往会穿戴相关的配饰，诸如衬衣、鞋袜、帽子、首饰等。药店工作人员的配饰，必须要按照简洁大方的原则进行合理搭配，从而符合药店的工作环境要求。

活动设计

一、活动条件

普通衣服、个性突出的奇装异服、设计夸张的一些配饰、干净工装、有污痕的脏工装、信息正确的胸卡工牌、信息错误的胸卡工牌以及指甲油、耳环、项链等着装道具，在 GSP 模拟药房进行。

二、活动组织

1. 挑选 3～5 名同学，进行着装及配饰自主的选择。
2. 其他同学作为评价员，发放评价表，对五位同学的着装情况进行评价、打分。教师负责纠错及点评。
3. 五人一组，进行正确的着装演示。

三、活动实施

序号	步骤	操作说明及操作标准
1	工装选择	学生从教师提供的着装中进行选择，并穿着妥当  ①干净整洁；②无破损、无修剪；③适合自己身材的尺码

续表

序号	步骤	操作说明及操作标准
2	工牌或胸卡的选择	学生从教师提供的工牌胸卡中进行选择，并佩戴妥当 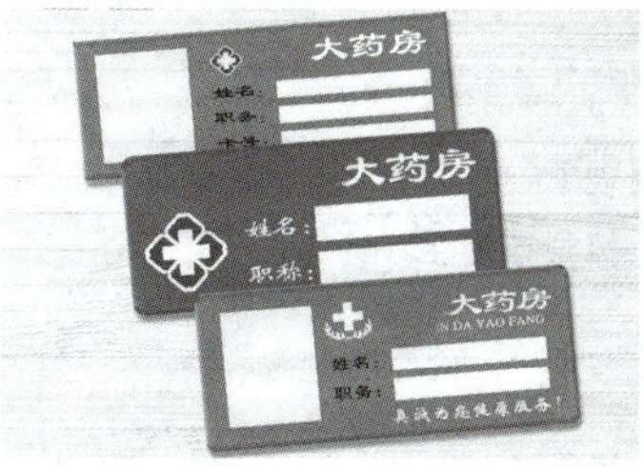 ①工牌或胸卡内容完整，准确，统一；不要出现错误；②工牌或胸卡佩戴位置统一
3	配饰的选择	学生从教师提供的配饰中进行选择，并佩戴妥当 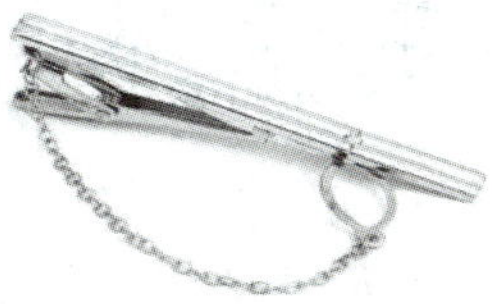 ①工装里面的衣着得体，能够起到美化工装的效果；②由于职业关系，不能披散头发，长发必须用有网兜的头花束起，不能涂抹指甲油；③不要佩戴夸张的装饰品；④工作期间，尽量不要佩戴耳环、项链、戒指

情景一

药店导购员小王前一天搬运药物时不小心弄脏了工装，由于晚上有事，她没有按照要求清洗工装，第二天，就继续穿着被弄脏的工装到药店上班。这样做合适吗？如果是你，你该怎样处理？

不合适，影响自己在顾客心目中的形象，容易造成信任危机；继而对药店产生不好认知。

应立即更换工装。

情景二

模拟几种常见的错误的着装，请同学们找出着装中的错误，修改错误。

常见的错误着装：工装不整洁，有破损；工装里面搭配的衣服颜色过于艳丽；工牌或胸卡忘记佩戴；工牌或胸卡破损，不完整没有及时更换；工牌或胸卡佩戴位置不规范；工装配饰过于夸张；佩戴不适宜的首饰等。

四、活动评价

评价内容		评价标准	是/否
活动完成情况	活动一：工装的选择	穿着工装	
		工装无褶皱	
		工装无污渍	
		工装不存在不合身现象	
		工装不存在脱线、掉扣等现象	
	活动二：工牌或胸卡的选择	佩戴胸卡工牌	
		胸卡工牌清洁光亮	
		胸卡工牌信息填写准确	
		胸卡工牌上的照片是公司统一标准照	
	活动三：配饰的选择	穿着与工装搭配得当的衬衣、鞋袜	
		衬衣、鞋袜等保持干净整洁	
		佩戴适宜首饰，保持手指、头发的干净整洁	
		不涂抹指甲油、香水等	

课后作业

1. 在门店正确着装的要求有哪些？
2. 在日常生活中，你见过哪些不合理的着装？

职业能力 C-1-2　能组织晨会

PPT

核心概念

晨会：是指在正式开店营业前，利用 5～15 分钟时间，召集全体员工，交流相关信息、布置落实计划、激发工作效能的一种管理方式和活动。

学习目标

1. 能够顺利组织和开展药店晨会。
2. 能通过晨会调动员工积极性，提升工作效率和服务质量。

基本知识

一、晨会的意义和原则

1. 组织晨会的意义　晨会不是一种随机或者偶尔行为，虽然仅仅是企业管理终端的一种短时管理活动，但在一定程度上，它是企业文化得以有效贯彻的主阵地，是企业经营目标得以顺利实现的冲锋号，是全体工作人员凝心聚力的黏合剂。日积月累的、行之有效的晨会，是一种至关重要的管理行为，必须要予以全面掌握。

2. 组织晨会的主要原则 晨会意义重大但时间较短，因此，要取得实际效果，必须按照以下原则有效开展晨会。

促进参与：晨会不仅仅要求全体员工参加，而且要想方设法促进他们的主动参与，如每日一个销售成功经验的分享、每天一个医药专业知识的科普等，使员工不仅在听从店长的安排，而且能切实参与到药店的经营之中，那么员工的积极主动性就会大大提高。

鼓舞士气：一日之计在于晨，销售是一种高难度的行为，对工作人员的压力大、要求高，营造积极向上的氛围、产生奋斗拼搏的精神是非常重要的，可以使全体员工能够鼓足干劲，迎接新一天的挑战。

注重实效：要注意从员工的心理出发，使晨会活动开展具有多样性，而不是单一的、空洞的喊口号或者尬舞等。要按照晨会开展的流程，在各环节进行不同的活动设计，激发员工的全面成长和主动认同。

简洁明快：晨会一般只有 5 ~ 15 分钟时间，掌控时间对晨会主持人来说是一项基本技能，要在短时间内完成多个目标，就必须以制度化的形式来组织晨会的召开，简洁明了，快速高效。

二、晨会组织形式和内容

晨会的召开时间是在正式营业前，地点一般是在药店门前的空地上，如因天气因素等可以转至店内开展。

召开晨会时，所有员工必须按照要求规范着装、排成一列、统一站姿，主持人根据环节推进，在队列的正前方或者侧前方站立及讲评。

主持人一般为药店店长、店长助理或者轮流主持。

晨会的主要内容包括以下几个方面，当然，根据实际需求，主持人可以对某些环节进行适当的增减。

1. 考勤点到 主持人按照员工花名册，依次点名，被点到者应大声回答："到"。点名过程中，主持人根据回答情况记录考勤；点名完成后，主持人可带领全体到岗员工集体大声朗诵企业口号等，初步激发员工的斗志。

2. 仪容仪表 主持人应从着装、仪容等方面，对员工进行快速检查，或者安排员工两人一组进行互查，确保这些方面没有出现问题。

3. 工作总结 主持人应主要对前一天的销售、卫生、收银、商品等情况进行点评，注意不要事无巨细都讲，应抓住关键点和出问题的环节进行点评，落实到人，该表扬的要予以赞扬，该批评的要明确指出，以达到促进共同成长的目标。

4. 布置任务 主持人应根据本店的业绩考核要求，按照员工情况，进行合理的工作安排，特别是在门店促销、会员日活动等重要活动及日期方面，能够顺利完成方案的高效执行。

5. 传达意见 当公司总部或者政府相关管理部门等有指令信息时，要及时跟员工进行通报传达，确保员工在工作中落实要求，不至于违反了相关规定，如疫情期间关于顾客进店消费的流程和药品管理等。

6. 知识培训 主持人可以邀请有关工作人员介绍自己的销售心得体会，进行经验分享；也可以每天安排三到五个药品小知识，进行知识抢答和竞赛，提升工作人员的业务能力；甚至收银、盘点、陈列、促销等方面，都可以请员工简短发表意见和建议。

7. 激发活力

除了集体朗诵企业口号外，还可以安排早操、拍手舞等多种形式的简短活动，来激发员工的活力，凝聚人心，激发斗志。

活动设计

一、活动条件

晨会表、考勤表、相关资料卡、音响等，资料卡内容可以依照药店经营管理中的实际情况进行设计，如销售中遇到的困难、某个特殊的顾客、企业总部的通知、有关部门政策的调整等。

二、活动组织

1. 将学生进行分组。按照3～5人一组，选出主持人一名，其他同学按照收银、营业员等岗位进行安排，并发放前期准备的资料卡。

2. 主持人开始主持晨会并按照要求完成整个流程。

3. 各小组内部进行主持人的轮换，确保训练到位。

三、活动实施

序号	步骤	操作说明	操作标准
1	考勤点到	员工到岗情况统计 记录缺勤人员及情况 	①记录及时准确；②简单说明缺勤员工请假缘由
2	仪容仪表	检查规范着装、仪容仪表等 对不规范着装当场整理 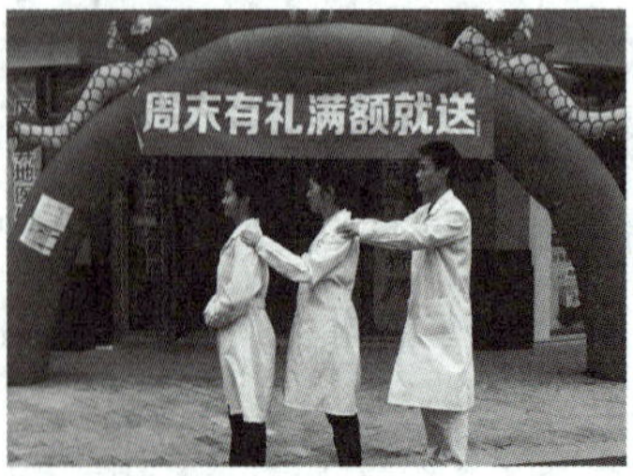	①精神饱满，精力充足；②着装规范，统一工作服，服装干净、整洁；③保持个人清洁卫生，面容干净

续表

序号	步骤	操作说明	操作标准
3	工作总结	总结前一天或更长周期情况 介绍经验，说明情况  	①简单总结上一工作日的经营状况。②指出近期工作中存在的问题；③提出工作意见
4	布置任务	对当天的工作进行安排 注意重点环节及活动的落实 	①任务分配合理；②任务明确，责任到人；③着重强调近期重点任务
5	传达意见	传达总部及其他职能部门指示 按照要求安排人员落实  	①传达具体详实；②注意不要随意增减内容；③传达中不要妄加评论
6	知识培训	对员工进行知识小考查 根据不同情况准备相关材料 	①培训内容贴合实际，解决工作中的问题；②培训时可以准备辅助材料；③培训不宜过长，不能影响正常营业活动；④如若培训内容多，可调整培训时间，进行专门培训，不可占据晨会太长时间
7	激发活力	凝聚精神，激发活力；准备形式多样的激励活动，可以通过击掌、喊口号、做操等方式进行  	①激励要有效；②时间不宜过长；③适度为好

情景一

今日有新入职员工，怎样召开晨会？

(1) 签到后，先进行新入职员工介绍。

(2) 进行正常晨会程序，做到全面而有重点。

(3) 分配今日任务，明确目标。

(4) 喊口号，散会。

情景二

今天是药店"双十一"促销活动第一天，经过药店全员两天的精心准备，一切就绪，就等开店促销了。你如何来主持今天的晨会？

(1) 签到，感谢大家两日来的辛苦。

(2) 强调促销的注意事项。

(3) 鼓舞士气，预祝促销成功。

四、活动评价

评价内容		评价标准	是/否
活动完成情况	活动一：考勤点到	记录及时	
		记录准确	
	活动二：仪容仪表	能做到着装整洁，干净	
		能做到发型大方利落、颜面干净、手指甲短于指尖	
		能做到精神面貌饱满热情，乐观向上	
	活动三：工作总结	能做到总结清楚准确	
		能总结经验教训，提出整改意见	
	活动四：布置任务	任务分配合理	
		任务明确，责任到人	
	活动五：传达意见	传达准确完整	
		做到不妄加评论	
	活动六：知识培训	培训内容适宜	
		能把握好培训时间	
		进行培训考核	
	活动七：激发活力	能做到有效激励	
		能带动大家的工作积极性	

课后作业

1. 晨会中，有哪些激发活力的方法？
2. 利用业余时间去学校附近的门店观摩晨会的开展情况，并记录开展的步骤与内容。

职业能力 C-1-3　能按要求准备卖场环境

PPT

核心概念

卖场环境：是指商品销售所需要的场所空间以及配套设施设备和附属场所。对于顾客来说，卖场环境虽然是外在的，但却可以直接影响消费者的购买心理和消费认知。因此，正式营业前也必须做好卖场环境的准备工作。

学习目标

1. 能够按照要求，整理、美化卖场环境。
2. 卖场环境布置要突出营销重点，提升顾客身心体验。

基本知识

药店卖场环境的准备工作，主要体现在以下七个方面。

1. 卫生管理　干净、舒适的购物环境能够有效地激发顾客的购买欲望，促成交易的完成。因此，卫生管理是卖场环境准备工作中最为基础也是最为重要的一环。正式营业前，要将药店从内到外进行全面的日常卫生巡查清理。

从店内方面，要求天花板、墙壁、地面等平整干净，没有暴露在外的水渍、污垢等；储藏室、办公室、卫生间等及时清理，确保整洁卫生，没有异味；货架柜台以及上面陈列的商品及各类用品都及时擦拭，确保没有灰尘等。在店铺外部，除了按照一定时间周期清洁的门头招牌以及外墙面等，窗户玻璃、门框门扇、卷帘门帘等都要每日擦拭，确保顾客视觉和触觉上的干净清洁。对于“门前三包”，即环境卫生、绿化、秩序等更要积极主动落实，清扫地面、整理各类车辆等要有人轮班负责。

2. 照明管理　药店经营必须保持明亮的光线，特别是在光线相对较暗的早晨。所以营业开始前，也要做好照明系统的管理工作。首先，要打开店内的基础照明灯具，确保顾客能够从较远的地方就看到明亮的灯光；其次，要打开店内陈列和设计灯光，确保药店照明设计的整体美感和特殊商品能够得到凸显；最后，要打开店外的照明系统，包括门前的灯具、招牌上的背景灯和顶灯等，起到环境装饰和品牌传播的作用。对于出现问题的灯具，要及时上报店长，安排专人进行维修。

3. 通风管理　药品的保存对空气的温度、湿度等有着相对严格的标准，顾客对购物环境中的空气质量也有着较高的要求。在一夜封闭之后，药店也必须做好通风管理，保持空气的清新通畅、冷热适宜。除了利用自然风进行通风外，也可以利用空气净化器进行通风。另外，在夏天和冬天，也要提前做好顾客进店前的温度管理，确保提供一个舒适的空气和温度环境。

4. 音响管理　利用音响促进销售是药店经营的重要方法，包括商品介绍、促销宣传以及背景音乐等，都离不开音响的有效使用。要及时检查存有各类音响资料的电脑、位于不同位置的音响，进行试播，确保正式使用的顺利进行。

5. 通道管理　在前一天晚上结束营业后或者当天早晨开始营业前，由于盘点补货所导致的药品以及纸箱等物品堆积，可能造成店内部分通道不畅，导致顾客流动线受阻，或者储物间、办公室等拥堵。

所以，必须及时对通道进行清理，务必确保顾客流动线的顺畅。

6. 设施设备管理 清扫收银台电脑设备，保持电脑设备的干净整洁；打开电脑，开启销售、收银软件，进行微机系统的调试。

同时，还要检查阴凉柜、通风设备、温湿度检测设备是否运行正常；药店还有一些附属的便民设施，如体重秤、轮椅、饮水机、便民箱等。工作人员也需要对这些设施进行检查，确保顾客的正常使用。

7. 其他管理 目前，会员日、各类促销日等活动频繁举办，已经成为所有商业机构的普遍选择，药店也不例外。所以，如果当日有促销活动要开展，工作人员也需要做好促销的各项准备工作，如各种物料的放置、人员的分工、促销药品的摆放等。

活动设计

一、活动条件

收集的药店卖场环境的图片、视频等资料；播放视频设备，电脑、投影等设备。

二、活动组织

1. 将同学们进行分组，3 ~ 5 人一组。
2. 播放图片或视频资料。
3. 每一组负责一个资料；找出资料中错误及处理不当的地方；并找出解决方案。
4. 可以制作 PPT，以小组为单位，进行最终汇报。

三、活动实施

序号	步骤	操作说明及操作标准
1	卫生管理	查看天花板、墙壁是否有污渍，并进行打扫；用抹布清洁柜台、货架、门窗；打扫地面、通道，保持干净整洁   ①天花板、墙壁、地面等平整干净，没有暴露在外的水渍、污垢等；②储藏室、办公室、卫生间等及时清理，确保整洁卫生，没有异味；③货架柜台以及上面陈列的商品及各类用品都及时擦拭，确保没有灰尘

续表

序号	步骤	操作说明及操作标准
2	照明管理	打开店铺内的基础照明 检查药店的其他照明设施是否正常 依据外部条件及营销活动要求，打开其他照明设备   ①爱护照明设施开关，保持开关的干净整洁；②定期对照明设施进行查看，检修
3	通风管理	打开通风设备  ①保持通风设备整洁 ②定期进行检修
4	音响管理	依据营业情况，开关音响； 定期对音响设备进行查看、清洁。  ①爱护音响设备 ②使用中轻拿轻放 ③使用完毕后注意关闭电源
5	通道管理	保持通道的干净整洁；通道是顾客进店浏览商品的必经之路，一定要保持通畅，不能有障碍物  ①通道干净整洁；②通道内没有障碍物，畅通无阻；③可以适当增加标识引导

续表

序号	步骤	操作说明及操作标准
6	设施设备管理	检查内部所有设施设备能否正常工作，并进行卫生清洁 不能将杂物覆盖在设备上，保持各种设备的安全卫生 定期进行线路的检修，排除安全隐患  ①检查各项设备，填报设备检查清单；②进行设备的安全隐患排查；③定期请专业人员检修
7	其他管理	会员日、各种促销物品管理不影响正常营业活动 优惠券、奖品的管理要有专人负责  ①保证物品摆放不影响正常的营业活动；②保持物品的干净整洁；③活动结束后，注意清理卫生

情景一

今天有上级部门来药店视察工作，如何准备卖场环境？

卫生管理：要将药店从内到外进行全面的卫生巡查清理；打扫货架，清理通道；检查照明、通风设备；调试电脑、收银系统。准备药店近期销售数据，相关资料等以备查阅。

情景二

促销活动的卖场环境如何准备？

进行常规的卫生、照明、通风、音响、设备设施管理。重点检查一下促销横幅、海报的张贴，促销氛围营造比如气球、音响设备的配置情况。

四、活动评价

评价内容		评价标准	是/否
活动完成情况	活动一：卫生管理	天花板、墙壁、地面平整干净	
		办公室、储藏间、卫生间等进行清理	
		货架、商品等擦拭干净	
		窗户、大门、门帘等进行清理	
		门前三包按规定完成	
	活动二：照明管理	基础照明灯具的开启以及检查	
		店内设计和陈列灯具的开启及检查	
		店外照明及招牌灯光的开启及检查	
	活动三：通风管理	进行通风，确保空气清新宜人	
		营造合适的店内温度	
	活动四：音响管理	各类音像资料准备齐备	
		检查并调试音响设施	
	活动五：通道管理	通道干净平整	
		通道畅通，没有杂物	
	活动六：设施管理	电脑设备、收银系统检查	
		阴凉柜、通风设备等设施设备检查	
		体重秤、饮水机等便民设施检查	
	活动七：其他管理	做好店长安排的其他工作	
		做好促销活动的准备工作等	

课后作业

1. 你认为卖场环境是否会影响消费者的购买行为，为什么？
2. 门店的卫生管理包括哪些具体内容？

职业能力 C－1－4　能按要求准备商品

PPT

核心概念

准备商品：是指开始营业前，为避免货架上出现商品摆放错位、空缺等现象，按照当日的营业要求，做好理货和上架工作。

学习目标

1. 能够按照陈列要求及盘点情况，做好药品理货和上架工作。
2. 能依据营销活动要求，准备药品及促销商品。

基本知识

一、准备商品

前一天营业结束以后，随着药品的销售，货架上必然出现商品摆放错位、种类不全等情况，这就需要按照要求准备商品，做好理货和上架工作。

同时，营业员依据药店的营业数据、盘点单、促销活动商品目录、进货单等资料，进行药品进货、补货操作。为实现药店的经营目标而进行商品准备活动。

二、做好理货工作

理货应按照“从左到右，从上到下”的顺序，从端架到堆头到货架，依次整理各类药品，有序地摆放在合适的位置上。

理货应遵循以下步骤：

1. 按照不同药品区域，依次快速进行理货巡查。
2. 将错位、倒伏、外包装颠倒、散乱等状况的商品整理在一起，有序放置。
3. 检查商品外包装，确保完整无缺，如有破损，要及时登记。
4. 将不同的商品与所属价签一一对齐，确保顾客不会拿错药品或者因价格误差产生争执。

三、做好上架工作

理货完成后，就要根据货架上的药品数量以及促销等其他因素及时进行日常上架操作。

药品上架时应注意：

1. 不得拖拽、踢推药品盒子，不得站立或坐在药品盒子上，要注意轻拿轻放，保护药品安全。
2. 药品有固定的陈列位置以及数量等，要按照规定正确补货上架，未经店长统一安排和许可，不得随意更改药品位置以及陈列数量等。
3. 上架期间应服从店长指令，保持高效、准确的状态，快速完成商品的补货。
4. 上架完成后的纸箱等外包装要及时进行清理归置，避免堵塞顾客流动线。
5. 再次核对货物与价签是否一一对应。
6. 打扫地面和货架卫生。
7. 打扫过程中注意有无商品掉落以及价签损毁、标注错误等现象。

活动设计

一、活动条件

货架、药盒、上货提篮；经营数据、促销计划书、盘点单等资料；提前准备好的多份上货的情景描述单；模拟药店的仿真环境。

二、活动组织

1. 将同学们进行分组，3 人一组；
2. 将摆放不规范的陈列货架进行分组，与学生分组相对应；
3. 准备好药品补货区域；
4. 学生们依据自己收到的上货情景描述，进行药品准备；
5. 小组同学准备完毕后，老师进行验收点评。

三、活动实施

序号	步骤	操作说明	操作标准
1	准备活动	组织学生分组 对货架进行编码，分组 为每一小组分发上货情景描述单 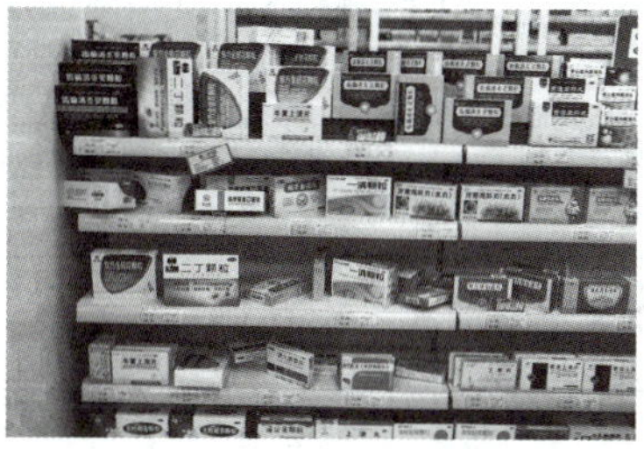	①3 人一组；②货架上原有商品陈列凌乱；③学生、货架、上货描述单一一对应
2	商品准备	学生找到对应货架，进行拍照 依据上货情景描述单，进行理上货操作 完成商品准备后，进行拍照留存 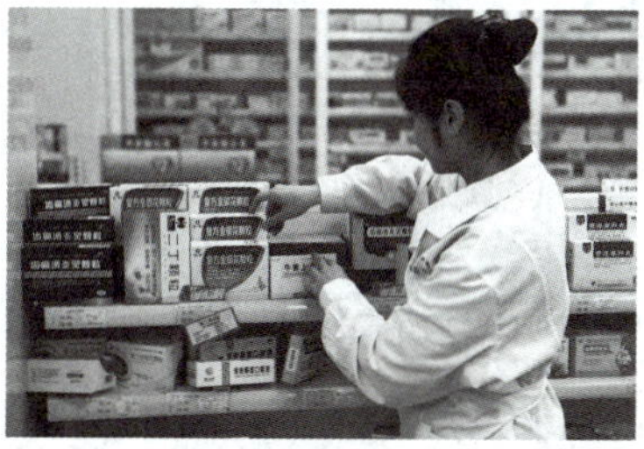	①货架药品陈列整齐美观 ②药品陈列数量符合上货单上的情景描述 ③准备完成的货架拍照留存
3	活动点评	依据上货情景描述，教师进行点评 收集商品准备前后货架对比照，进行资料留档 	①评价及时中肯；②资料留档按班级小组分类；③活动总结，进行整体知识梳理

情景一

小张是一位新入职的员工，店长吩咐他把货架上的药品整理一下，他该怎样做？

（1）按照不同药品区域，依次快速进行理货巡查。

（2）将错位、倒伏、外包装颠倒、散乱等状况的商品整理在一起，有序放置。

（3）检查商品外包装，确保完整无缺，如有破损，要及时登记。

（4）将不同的商品与所属价签一一对齐，确保顾客不会拿错药品或者因价格误差产生争执。

四、活动评价

评价内容		评价标准	是/否
活动完成情况	活动一：活动准备	对货架进行正确编码	
		货架、上货描述单一一对应	
	活动二：商品准备	货架商品数量齐全	
		货架商品摆放整齐，正面统一朝外	
		商品的外包装完整	
		商品无破损、泄漏等现象	
		商品与价签对齐	
		商品的摆放符合安全原则	
		促销等特殊活动的商品准备	
		缺货商品的登记和进货、补货申请	
		商品准备结束后进行卫生清理	

课后作业

1. 商品上架时，要注意哪些事项？
2. 理货工作的主要内容有哪些？

职业能力 C－1－5　能按要求做好收银准备

PPT

核心概念

收银准备：是指药店营业人员开始一天工作前，对收银操作前期准备内容。它包含收银员的仪容仪表准备，收银区域的整理清洁工作，收银工具准备及收银机器检查和收银软件运行。

学习目标

1. 能够按照药店行为规范要求，正确穿着工装准备收银工作。
2. 能够准备好收银用具，打开收银系统，检查收银机器的运转。
3. 能够了解当日促销活动，价格变动及特价商品信息准备收银操作。

基本知识

一、收银准备及其重要性

社会的发展带来了消费结算方式的多样化，因此，收银方式也是多种多样的。目前，主要有微信收银、支付宝收银、现金收银、会员卡收银、银联卡收银、医保卡收银、代金券支付等多种方式，不同的收银方式也就意味着不同的收银工具和结算渠道。所以，营业前务必要进行收银的准备工作，否则如果因为收银准备不足导致顾客无法结算等，将会导致严重的后果。

二、收银准备的主要内容

1. 做好收银台及各种收银设备的清洁和维护工作 一般来说，在药店的布局设计中，收银台是位于门口位置的，是顾客进店后第一眼就能看到的区域。所以，收银员首先要做好收银台及各种相关设备的清洁工作。收银台、椅子、电脑、POS 机、扫码枪、收款码等都要认真清洁。

2. 准备和核对备用金 虽然现金支付在当今社会已经逐渐减少，线上支付成为主要渠道之一，但考虑到药店顾客群体中老年人群体的实际支付习惯，准备充足的找零仍然是十分必要的。要按照公司的财务规定，依据纸币各种面额，一方面核对前一天晚班的备用金，另一方面补充足够的找零。

3. 检查收银时使用的其他必备物品 除了找零外，还要检查验钞机、购物袋、复写纸、打印纸、收款单、胶带、记录本和笔、暂停结算牌等，这些也是收银员完成收银工作的必需品。

4. 检查收款机及网络是否正常 打开收款机，查看其是否能够开关机以及页面显示是否正常，功能是否可以操作。连接网络，确保线上支付的顺利进行。

5. 登录个人财务账号 登录个人财务工号，查看有关信息，确认与公司财务系统的正常连接。

6. 了解当日相关财务信息 了解当日促销活动、价格变动以及特价商品等信息，一方面为收银做好相关准备，另一方面也可以有效避免与顾客产生争端。

7. 检查收款二维码等是否正确 作为线上支付的主要方式，收银员应认真核对二维码，确保顾客支付的资金能够及时准确地到达指定账户，维护公司权益。

8. 整理收银台 上述工作完成后，将收银台上各类物品进行整理，有序归纳，确保有需要时能够顺利取用。

活动设计

一、活动条件

一体式收银 POS 机、收银工作台、药店收银操作软件、药店工装、纸、笔、单据、印章等，模拟药店。

二、活动组织

模拟药店收银现场，学生二人一组，扮演收银员，一人操作、一人作为评价员；操作完成后再角色交换，进行二次演示。教师保证收银机的正常使用，并准备好相应的收银辅助工具及收银耗材。

（1）教师讲解收银机的主要构成部件及其功能。

（2）教师演示收银软件的主要功能。

（3）教师讲解收银装备的主要内容

（4）学生分小组练习收银准备，注意收银 POS 机规范操作。

（5）教师验收学生学习成果，并进行点评。

三、活动实施

序号	步骤	操作说明	操作标准
1	收银员仪容仪表准备	学生扮演收银员：穿着药店工服 检查服装及配饰的整洁和美观 检查个人仪容仪表 	①精神饱满，精力充足；②着装规范，统一工作服，服装干净、整洁；③保持个人清洁卫生，面容干净
2	收银台卫生准备	清洁收银工作台 保持收银台井然有序 	①收银台干净整洁；②收银台没有杂物
3	收银用具准备	准备购物袋、胶带、纸、笔 准备收据本、复写纸、验钞机、印章等 	①保证用品的齐全 ②收银用具摆放合理、整齐

续表

序号	步骤	操作说明	操作标准
4	收银设备准备	打开收银 POS 机及电脑结算系统 	①POS 机运转正常 ②检查连接线，清除故障隐患
5	当日财务信息收集	查看促销活动手册、产品价格表 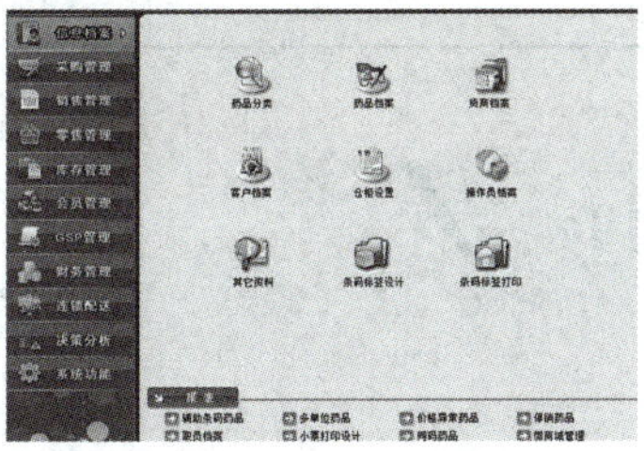	①熟悉当日促销活动 ②了解商品的价格变动及特价商品最新消息

情景一

由于店长一早去总部开会，你在检查收银机的时候，发现准备金不够，怎么办？

（1） 微信或短信报备店长。

（2） 自行垫付保证金，为收银工作做好准备。

（3） 店长到店后，清算账务，拿回垫付资金。

情景二

如何做好收银前准备工作？

（1） 做好收银台及各种收银设备的清洁和维护工作。

（2） 准备和核对备用金，检查收银时使用的其他必备物品。

（3） 检查收银及相关设施是否正常。

（4） 了解当日相关财务信息。

四、活动评价

评价内容		评价标准	是/否
活动完成情况	活动一：收银员仪容仪表准备	着装干净整洁美观	
		能做到发型大方利落、颜面干净、手指甲短于指尖	
		面带微笑、精神饱满	
	活动二：收银台卫生准备	清理收银台及各项设备	
		收银台各项物品有序归类	

续表

评价内容		评价标准	是/否
活动完成情况	活动三：收银用具准备	核对和准备备用金	
		验钞机、购物袋等物品准备齐备	
		纸、笔、票据、印章准备	
	活动四：收银设备准备	检查收银设备，保证其正常工作	
		顺利完成个人工号登录	
		收款机、扫码枪等能正常使用	
		网络连接正常	
		检查微信、支付宝等二维码是否正确	
	活动五：当日财务信息收集	了解最新的降价促销信息	
		了解商品价格变动情况	
		了解特价商品的最新信息	

课后作业

1. 收银准备工作有哪些？
2. 在门店中，常用的支付方式有哪些？

工作任务 C－2　接待顾客

职业能力 C－2－1　能运用合适的接待礼仪接待顾客

PPT　微课

核心概念

接待礼仪：是指药店员工在接待顾客的过程中，形成的被大家公认的和自觉遵守的行为规范和准则。

学习目标

1. 能够以合适的仪容仪表仪态服务药店顾客。
2. 能正确运用语言和非语言方式服务药店顾客。

基本知识

一、礼仪的原则和要求

礼仪是在人际交往中约定俗成的行为规范与准则，是礼貌、礼节、仪表、仪式等具体形式的统称。礼仪的原则有尊重、真诚、宽容、从俗和适度的原则。礼仪规范应该满足四士风格：外在如绅士，内心如护士，知识如博士，作风如战士。

二、服务顾客的语言和非语言要求

1. 语言要求 常见的服务顾客的规范用语和忌语如下表。

序号	规范用语	忌语
1	您好！	喊什么！等一会儿！
2	有什么可以帮到您的吗？	买得起就买，买不起就别买！
3	请您到这边看看	谁卖你的你找谁去！
4	我来帮您挑选，好吗？	没上班呢，等会儿再说。
5	您还需要其他药品吗？	不知道。
6	对不起，请您稍等，我马上就来。	您问我，我问谁！
7	抱歉，让您久等了	到底要不要，想好了没有。
8	这是您的找钱，您慢走，祝您早日康复！	没看见我正忙着吗？着什么急呀？
9	谢谢，请多提宝贵意见！	要买快点儿，不买站边上。
10	您别客气，这是我们应该做的。	交钱，快点。

2. 非语言要求

（1）微笑是指：心里想着让你高兴的事，努力保持心情愉悦，目光友善、温和，嘴角轻轻上扬，可感觉到颧骨被拉向斜后上方。

（2）目光接触：与不熟悉的顾客打招呼时，眼睛要看他面部的大三角：即以肩为底线、头顶为顶点的大三角形；与很熟悉的顾客打招呼时，眼睛要看着他面部的倒三角形：即眼睛与鼻子形成的倒三角形；与较熟悉的顾客打招呼时，眼睛要看着他面部的小三角：即以下巴为底线、额头为顶点的小三角形。

3. 电话接待要求 电话接待要求：①通话简单明了，不能用电话聊天，不打私人电话，不得在卖场使用手机接打电话及收发短信。②通话完毕，应等顾客或上级领导先挂断。③接打电话应面带微笑，语气平和、语调亲切。

活动设计

一、活动条件

工作服、头花、笔、纸、固定电话、椅子、药品的空包装盒、收银台、工作台等道具，在GSP模拟药房进行。

二、活动组织

1. 首先根据服务标准和要求按步骤进行训练，2人一组，其中1人扮演药店营业员、1人作为评价员，相互自查仪容仪表。

2. 每组按照步骤进行情景模拟实训，2人进行角色轮换操作，反复练习，每组动作要求至少5遍。

3. 完成一个操作步骤之后，每组同学及时点评纠错，老师进行总结和纠错，再进行下一步骤的情景训练。

三、活动实施

序号	步骤	操作说明	操作标准
1	仪容仪表相互自查	仪容仪表自查并相互整理 	店员的仪容仪表要求为：①精神饱满，精力充足；②着装规范，统一工作服，服装干净、整洁；③保持个人清洁卫生，面容干净。男生不留长发、前不过眉，后不过领，禁止剃光头、不留胡须、不得有纹身，不染有色发型。女生化淡妆、指甲不超过2mm、不涂指甲油、不染发（黑色除外）烫发、不留奇异发型，女员工留长发以头花或发夹固定，不披发
2	仪态训练	进行站姿训练 	表情自然、头正颈直、两眼平视，挺胸收腹、两臂自然下垂（或合拢放于下腹），两腿挺直。 不驼背、耸肩、插兜等，手不叉腰、交抱胸前，或放在背后，不斜靠货架或柜台
		进行坐姿训练 	端正，不跷二郎腿，不坐在工作台上，不将腿搭在工作台、座椅扶手上，不盘腿 书写坐立时要在指定区域进行
		进行走姿训练 	表情自然、速度适中，头正颈直、上身挺直、挺胸收腹、两臂收紧、自然摆动，商品轻拿轻放，顾客正在看货时，勿从中穿过

续表

序号	步骤	操作说明	操作标准
3	语言训练	语言训练询问需求和病症特点、迎送顾客 	接待语言要文明礼貌，注意表达方法：①讲求顺序和逻辑性，清晰、准确地表达意思；②突出重点和要点，引起顾客的兴趣和注意；③不讲多余的话，店员语言必须服从顾客的购买行动；④不夸大其词，诚恳客观地介绍推荐；⑤因人而言，根据接待对象，选择表达方式和技巧；⑥讲普通话，也可用与顾客相同的方言；⑦避免用命令式，多用请示式
4	肢体语言训练	根据顾客位置进行三米微笑、主动招呼、目光接触、手势 	①3 米微笑：对视线范围在三米内的顾客微笑。 ②1.5 米主动打招呼：顾客进门，接待员工必须微笑着，用微微上扬的语调向顾客打招呼。标准用语为：“您好！有什么可以帮到您的？” ③目光接触：生客看大三角、熟客看倒三角、不生不熟看小三角。 ④手势：目视客人，手指并拢、抬手角度适中，自然大方；迎客和介绍药品有所区别
5	电话接待	根据来电进行电话接待 	铃响三声之内去接听电话。标准用语：“您好，＊＊店”或“您好，＊＊部门”；通话过程中请对方等待时应主动致歉：“对不起，请您稍等”。外拨电话：开场语：“您好，我是＊＊店＊＊，请问您是＊＊吗？这时候打电话没打扰您吧？”；外拨电话结束语：“对不起，打扰您了，谢谢您，再见！”
6	递物与接物	根据具体场景接递顾客的处方、药品、钱物等 	应该双手递上；若为剪刀等锋利物品，应将尖头面向自己。在递接名片时，一般情况下，是由地位低的人先向地位高的人递送名片，男士先向女士递送名片。递送时面带微笑，正视对方，身体略前倾，将名片正面朝上，恭敬地用双手拇指和食指分别捏住名片上端两脚，送至对方胸前，做到换位思考。 接收对方递送的物品时，应双手接过，并点头致意或说“谢谢”

情景一

当陌生顾客进店时，你该如何接待？

标准用语：先生，您好，有什么可以帮到您的！女士，早上好（中午好，下午好，晚上好）！阿姨，我来帮你挑选，好吗？

服务要领：应面带笑容，点头示意，积极主动地打招呼，微笑及目光与顾客接触，亲切开朗的语气，态度诚恳，礼貌用语，注意观察年龄。

情景二

当熟悉顾客进店时，你该如何接待？

标准用语：王大伯，您好，您最近血压维持得怎样？李阿姨，您好，您今天的气色不错啊！

服务要领：应面带微笑，积极主动上前打招呼，同性别可以有一定程度的肢体接触，与顾客有眼神的交流，喊出顾客的姓氏或者惯用的称呼，做到嘘寒问暖，然后再询问需求。

情景三

顾客所需商品缺货，应主动介绍其他同类产品，禁止硬性将商品推荐给顾客。

标准用语：××，很抱歉，您需要的＊＊＊商品现有5瓶，如果可以的话，您先买5瓶，其他15瓶将在周三到货，（如果顾客急需，我立即帮您组织调货，大约需要××时间，请您稍等或帮您送货上门）。如确实无货，应主动介绍其他同类产品。××，很抱歉，您需要的＊＊＊暂时没有，不过，这里有跟它同样功效的另一种产品＊＊＊，我给您介绍一下，好吗？

服务要领：态度诚恳，如果顾客坚持购买他指定的商品，应立即进行登记顾客联系方式和商品名称，同时承诺回复的时间。严禁说："不知道、没有货了、卖完了、没有这种商品、不知道是什么商品"。

情景四

主动帮助手持大量物品的顾客。

标准用语：××，我帮您拿个购物篮装上。

服务要领：主动递上购物篮，有可能的话，帮助顾客将货物拿到收银台。

情景五

药店准备搞一次促销活动，电话通知会员顾客！

标准用语：您好，我是＊＊＊＊＊店的＊＊＊＊＊，请问您是＊＊吗？这时候打电话没打扰您吧？我们＊＊＊＊＊（介绍促销活动），对不起，打扰您了，谢谢您，再见！

服务要领：电话声音甜美，语言亲切诚恳，如果顾客很忙，则不必要介绍促销活动内容，如果顾客不忙，愿意倾听可以多加介绍促销活动内容，并关切询问身体健康状况等。

四、活动评价

评价内容		评价标准	是/否
活动完成情况	活动一：仪容仪表自查	能做到着装整洁，干净	
		能做到发型大方利落、颜面干净、手指甲不超过指尖2mm	
		能做到精神面貌饱满热情，乐观向上	

续表

评价内容		评价标准	是/否
活动完成情况	活动二：仪态训练	能熟知正确的站姿并展示	
		能熟知正确的坐姿并展示	
		能熟知正确地走姿并展示	
	活动三：语言训练	能做到接待言语亲切礼貌、眼神专注、距离合理，语速、语气适中，表达明确	
	活动四：肢体语言训练	能准确判断并在距离顾客三米时恰当地微笑	
		能在 1.5 米时给顾客打招呼	
		能正确运用手势及面带微笑，目视客人，手指并拢、抬手角度适中，自然大方并熟知迎客和介绍药品有所区别	
	活动五：电话接待	能正确接待来电顾客做到礼貌用语、语气亲切；程序得到，接听时间恰当	
	活动六：递物接物	能做到面带微笑、目视顾客，双手接递时说“谢谢”	

课后作业

1. 当顾客问到较专业的问题，而你又没有把握回答时，你该如何处理？
2. 在平常生活中，多注意自己仪容仪态和肢体语言的训练。

职业能力 C－2－2 能快速识别顾客的类型

PPT

核心概念

顾客的类型：顾客根据进店的意图、行为类型和不同年龄来进行的分类，药店从而采取不同的服务要领。

学习目标

1. 能够快速识别药店不同类型的顾客。
2. 能够针对不同类型的顾客提出服务要领。

基本知识

1. 根据消费者进店的意图来分 顾客进店的目的可能是：观赏者、了解信息者、购买者。营业员在接待顾客的过程中，仅有热情是不够的，还需要通过主动介绍、多加询问的办法，揣摩顾客心理，迎合顾客需求，区别进行接待。

2. 根据消费者的行为类型来分 消费者可分为：理智型、习惯型、经济型、冲动型、活泼型和犹豫不定型。

接待不同类型顾客的工作口诀：

对主动咨询者，需热情周到。

对有备而来者，需业务熟练。

对盲目就新者，应认真负责。

对小心谨慎者，要不厌其烦。

对随意浏览者，应顺其自然。

对难于启齿者，应避免尴尬。

3. 根据消费者的不同年龄阶段来分 按照不同年龄阶段具体可以分为少年儿童、青年、中年和老年顾客。

活动设计

一、活动条件

工作服、头花、笔、纸、固定电话、椅子、药品的空包装盒、收银台、工作台等道具，在 GSP 模拟药房进行。

二、活动组织

1. 首先根据服务标准和要求按步骤进行训练，2 人一组，其中 1 人扮演药店营业员、1 人作为评价员，开展不同类型顾客接待的情景模拟。

2. 每组按照步骤进行情景模拟实训，2 人进行角色轮换操作，反复练习，每组动作要求至少 5 遍。

3. 完成一个操作步骤之后，每组同学及时点评纠错，老师进行总结和纠错，再进行下一步骤的情景训练。

三、活动实施

序号	步骤	操作说明	操作标准
1	接待不同进店意图的顾客	观赏者顾客接待 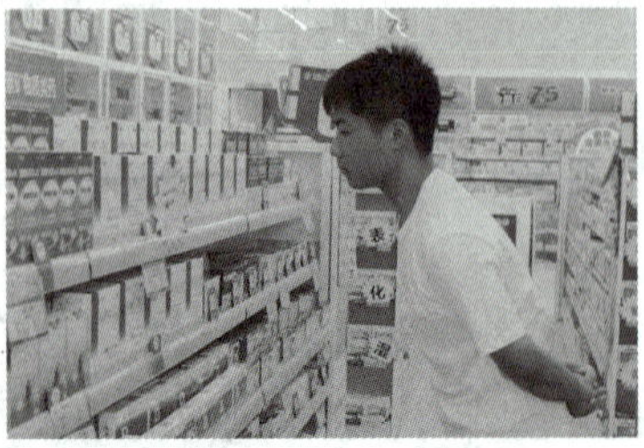	暂无购买意图，只是为感受气氛或为以后的购买做些准备，问需要时说随便看看，其特征：神态闲散，漫无目的，东看西看或者行为拘谨，犹豫徘徊 为顾客营造一个自由宽松的氛围，可以点头微笑后继续做自己的事，可以继续接待其他顾客或做自己的事情，用余光关注一下观赏者即可。当顾客对某个产品表现出兴趣时，要在“讲”字上下功夫，明确顾客要求，多做介绍，耐心解释，当好参谋，进行热情接待，或许可能把握住一次商机

续表

序号	步骤	操作说明	操作标准
1	接待不同进店意图的顾客	了解信息者顾客接待 	了解信息者的特点是：暂无明确购买目的，只是为了了解信息，如了解药品价格、咨询常见药品用法或者常见疾病用药等 营业员首先应调整好心态，不能流露出不满，更不能怠慢接待，而应将他视为潜在顾客，进行热情服务，耐心为他们介绍医药专业知识，宽容并鼓励顾客，在充分了解信息、做出比较的基础上再做决定，真诚而专业的介绍会能够让顾客信服与感动，从而留住潜在顾客。结合顾客的兴趣点，可以适当介绍药店的特色品、畅销品
		购买者顾客接待 	购买者进入药店时，进店迅速，能够直奔柜台，进店后一般目光集中，脚步轻快，迅速靠近货架或商品柜台，主动提出购买需求，向营业员开门见山地索取货样，急切地询问商品价格，如果满意，会毫不迟疑地提出购买要求；或者对某一类医药商品表现出极大热情；或者围绕某个具体病症提出具体的问题和需求 营业员要及时反应，热情开展服务。为促进成交，营业员要善于观察顾客，初步判定顾客的心理类型，适时采取恰当的方法进行接待
2	接待不同行为类型的顾客	理智型顾客接待 	特点是对所要购买的商品的厂家、名称、规格等都问得比较完整，在购买前从价格、质量、包装等方面往往进行反复比较，仔细挑选 要求营业员接待服务要耐心，做到问不烦，拿不厌
		习惯型顾客接待 	特点是进店后直奔向所要购买的商品，并能讲出其厂家、名称和规格，不买别的代替品 要求营业员要在“记”字上下功夫，记住这类顾客及其常用的药品，尊重顾客的习惯，千方百计地满足他们的需求
		经济型顾客接待 	特点是以价格低廉作为选购商品的前提条件，喜欢买便宜一些的商品，进店后需要熟悉商品，精挑细选 接待这类顾客，要在“拣”字上下功夫，让他们挑到满意的商品为止。另有少部分顾客专买高档保健食品类，作为礼品，此时要求营业员能够说明商品价格、性能、用途、优越性，让顾客相信物有所值

续表

序号	步骤	操作说明	操作标准
2	接待不同行为类型的顾客	冲动型顾客接待 	特点是购物目标明确，但在购买商品前通常没有足够的准备，以主观感觉为主，容易受商品的外观、包装、商标、广告宣传和营业员劝说的影响，一般不太注重商品的价格，能迅速做出购买决定 对这类顾客，要在“快”字上下功夫，同时要细心介绍医药商品的性能、特点和用途，提醒顾客注意考虑和比较
		活泼型顾客接待 	特点：性情开朗，活泼好动，选购随和，接待宜多介绍、耐心宣传解释，当好参谋，在“讲”字上下功夫，指导消费
		犹豫型顾客接待 	特点是考虑问题顾虑较多，对事物体验深刻，行动谨慎迟缓。购买商品时，往往犹豫不决难以做出决策，即使做出了购买决策也可能反悔而中断购买行为。 接待要在“帮”字上下功夫，耐心介绍不同医药商品的差别，结合顾客实际情况，当好参谋，帮助顾客确定要选购的医药商品。有些顾客由于患有难言之隐的疾病，或者药品涉及顾客隐私行为，在购买商品时有躲闪、不安、犹豫，不自在等表现，可能四处张望却不提出购买要求。针对这种类型顾客，应由年龄相近，性别相同的营业员就近进行接待，在接待过程注意小声说话，照顾顾客的心理感受，尊重和保护顾客的隐私
3	接待不同年龄阶段的顾客	少年儿童顾客接待 	少年儿童群体一般是由父母做出购买决策，但可以对其父母对购买药品产生一定影响。然而在实际的购买过程中，少年儿童购买目标明确，购买迅速；更容易参照群体的影响；选购商品具有较强的好奇心，以直观、具体的形象思维为主，对商品的注意和兴趣一般是由商品的外观刺激引起的，容易诱导，而对别人的推荐较少异议；购买商品具有依赖性，同时推荐的药品注意包装、味道和色泽等方面满足他们的心理需要
		青年顾客接待 	青年一般指 16 ~ 35 岁之间的人群，青年群体的消费心理特征是重时尚、赶潮流，喜欢新颖、奇特、有创意的商品；注重商品的科技成分以及商品的个性化、形象化。 因此针对青年群体应该提供专业化的服务，推荐的商品体现人文化，注重文化底蕴的商品

续表

序号	步骤	操作说明	操作标准
3	接待不同年龄阶段的顾客	中年顾客接待 	中年是由青年向老年的过渡时期，年龄一般在35～55岁之间，中年购买行为比较理智，冲动性小而计划性强，重视商品的实用性，较为理性，对商品的品质、效用、价格更加重视，容易建立对商品品牌的忠诚度。 针对中年群体在推荐时应该强化药品的品质，突出药品的使用价值，对他们采取平价销售、优惠和折扣等方式，提供优质的销售服务，让其感到物超所值
		老年顾客接待 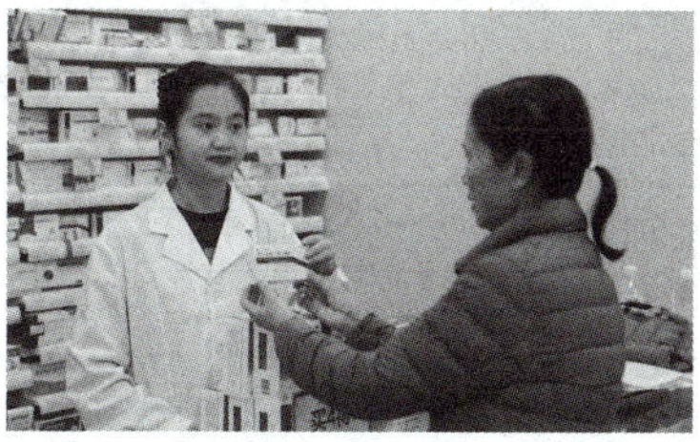	老年群体主要指55～60岁以上的人群，是药店的主要消费人群，老年人习惯性购买心理强，对老字号倍感亲切，注重产品的质量和功能，消费理性强，要求服务周到方便，对保健品的需求增大。 针对老年群体在药店推荐药品时要耐心解释，循循善诱，并从情感的角度出发，倾注关怀，给他们以尊重和礼遇。或者因为老年顾客行动不方便，推介时如果能从售后服务的途径解除顾客的担忧，则可有效地促进购买

情景一

对于进店逛逛的顾客，你该如何接待？

标准用语：“您慢慢看，有需要您叫我”

服务要领：为顾客营造一个自由宽松的氛围，可以点头微笑后继续做自己的事，可以继续接待其他顾客或做自己的事情，用余光关注一下观赏者即可。

情景二

当一位中年经济型（以价格低廉作为选购商品的前提条件，喜欢买便宜货，特别注重物超所值）顾客进店时，你该如何接待？

标准用语：请您仔细挑，别着急。或者价格贵点，但是质量很好。

服务要领：营业员要懂商品的性能和特点，要在“拣”字上下功夫，让他们挑到满意的商品。

情景三

当一位犹豫不定型（进店后对商品拿不定主意，挑了很久下不了购买的决心）顾客进店时，你该如何接待？

标准用语：这种可以吗？价格低一点，质量又较好！或者这种商品是*****产的，它的特点是*****。

服务要领：要在“帮”字上下功夫，耐心介绍商品，当好顾客参谋，帮助他们选购商品。

四、活动评价

评价内容		评价标准	是/否
活动完成情况	活动一：观赏者顾客接待	能做到点头微笑，余光关注、气氛和谐	
		能说出您慢慢看，有需要您叫我	
		能继续完成手头上的药品陈列工作	
	活动二：了解信息顾客接待	能对拿到的商品进行作用、特点、用法用量等的介绍	
		能对相关的疾病进行生活饮食指导	
		能介绍相关疾病的辅助商品	
	活动三：理智型顾客接待	能接待顾客时有耐心	
		能问不烦、拿不厌	
	活动四：老年习惯型顾客接待	能尊重顾客的消费习惯	
		能回答问题、拿递商品要迅速	
	活动五：中年经济型顾客接待	能对商品的性能和特点十分熟悉	
		能准确说出几种同类商品的性价比	
	活动六：青年冲动型顾客接待	能细心介绍商品的性能、特点和作用，提醒注意考虑比较	
		能清楚当今的流行和时尚趋势	
	活动七：犹豫不定型顾客接待	能耐心介绍商品，当好顾客参谋	
		能帮助顾客作出决定，做好购买决策	
	活动八：活泼型顾客接待	能快速拿到商品，介绍商品，说话流利	
		能当好顾客参谋，耐心宣传解释	

课后作业

查阅资料并结合现实生活，顾客还有哪些不同的分类方法？列举1～2个。

职业能力C－2－3　能熟练运用各种接近顾客的技巧

PPT

核心概念

接待顾客过程中，不论顾客称赞、说明、抱怨，还是驳斥、警告、责难，营业员都可以从中了解到顾客的购买需求，做到耐心、专心和关心。

学习目标

1. 能够根据顾客不同心理阶段采取不同的接待。
2. 能够耐心倾听并处理接待中的常见情况。

基本知识

一、根据顾客不同心理阶段的接待步骤

顾客购买过程中会经历八个心理阶段，分别为观察阶段、兴趣阶段、联想阶段、欲望阶段、比较阶段、信心阶段、行动阶段和评价阶段，不同的心理阶段的接待步骤如下图。

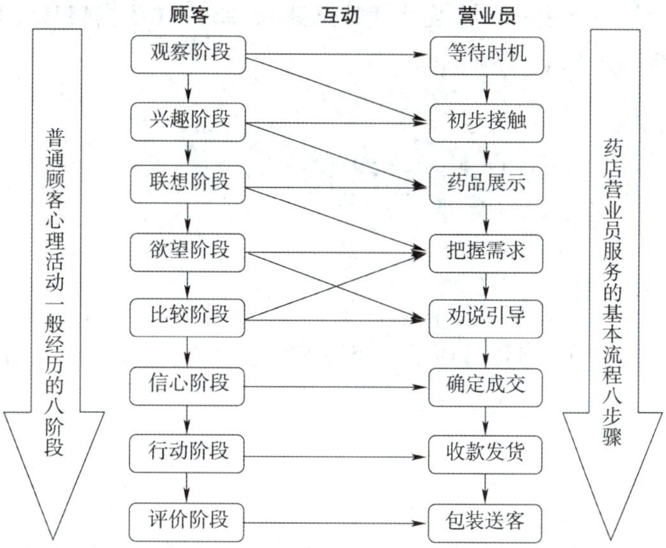

二、倾听过程中的注意事项

①不要打断顾客的谈话，尤其不要有意识地打断对方兴致正浓的谈论；

②听清楚对方的谈话重点，排除对方说话方式的干扰；

③适时地表达自己的意见，以便让对方感到始终都在被认真倾听；

④用心去寻找对方谈话的价值，并加以积极的肯定和赞美；

⑤配合表情和恰当的肢体语言，以便更生动形象地表达；

⑥避免虚假的反应，以便认真倾听对方的讲话和做进一步的解释；

⑦在倾听时，不能干其他与倾听无关的事情。

三、营业繁忙时有序接待

在顾客多、营业繁忙的情况下，营业员要保持头脑清醒，沉着冷静，精神饱满，忙而不乱地做好接待工作。

1. 按先后次序，依次接待　营业员接待时要精力充沛，思想集中，看清顾客先后次序和动态，按先后次序依次接待。

2. 灵活运用“四先四后”的原则　营业中在坚持依次接待顾客时，要注意灵活运用“四先四后”的原则，使繁忙的交易做到井井有条。“四先四后”的原则是：先易后难，先简后繁，先急后缓，先特殊后一般。

3. “接一顾二招呼三”和交叉售货穿插进行　营业员要运用好“接一顾二招呼三”的接待方法，

在接待第一位顾客时，抽出空隙询问第二位顾客，并顺便向第三位顾客点头示意。也可视情形采用交叉售货，将商品拿递给第一位顾客，让其慢慢挑选，腾出时间去接待购买商品挑选性不强的顾客，力争快速接待，快速成交。

4. 眼观六路，耳听八方 营业员在同时接待多位顾客时，尽管人多手杂，有的问，有的挑，有的取货，有的需开票等，但营业员必须保持清醒的头脑，既要准确快速地接待顾客，又要避免出现差错（包括照顾商品安全、不错拿、错取等）。要求做到眼快（看清顾客先后次序和动态）、耳快（倾听顾客意见、谈论）、脑快（反应灵敏，判断准确）、嘴快（招呼适时，答问迅速，结算报账快）、手快（动作敏捷，干净利索，取货、换货、展示、包装、找零迅速）、脚快（依据售货操作的需要，及时移动）。通过眼、耳、脑、嘴、手、脚六者，协调配合。

活动设计

一、活动条件

工作服、头花、笔、纸、固定电话、椅子、药品的空包装盒、收银台、工作台等道具，在 GSP 模拟药房进行。

二、活动组织

1. 首先根据服务标准和要求按步骤进行训练，2 人一组，其中 1 人扮演药店营业员、1 人作为评价员，开展接近顾客的情景模拟。

2. 每组按照步骤进行情景模拟实训，2 人进行角色轮换操作，反复练习，每组动作要求至少 5 遍。

3. 完成一个操作步骤之后，每组同学及时点评纠错，老师进行总结和纠错，再进行下一步骤的情景训练。

三、活动实施

序号	步骤	操作说明	操作标准
1	观察和兴趣阶段的接待		顾客在注视药品之后，如果进一步留意药品的品牌、价格、使用方法等内容说明顾客对这一产品产生兴趣了，这时顾客会根据自己对产品的主观判断再加上自己所关注的客观因素进行综合考虑，以做出适合个人需求的选择。此时营业员要等待时机、初步接触和可能的药品展示
2	联想和欲望阶段的接待		顾客对产生兴趣药品的疗效存在期待，从而会激发顾客的个人联想；当顾客对药品的疗效产生美妙的联想后，会产生购买商品的欲望。 此时营业员进行药品展示、把握顾客需求，并可能进行劝说引导

续表

序号	步骤	操作说明	操作标准
3	比较阶段和信心阶段的接待		目标商品的同类产品的适应证、药效、价格、服用方便程度等指标将成为顾客比较的重要因素。此时是营业员发挥专业知识和沟通技能进行接待咨询的最佳时机。 经过一番权衡比较之后，顾客可能树立信心。影响顾客信心的主要因素包括：药店营业员的咨询接待能力；顾客对医药商品质量及品牌的信任程度；顾客对药品零售企业的信任程度；顾客的用药习惯等个人因素
4	行动和评价阶段的接待		当顾客树立信心，决定购买后，会立即行动，确定成交，付清货款。此时，营业员需能敏锐地意识到成交时机，快速开具票据，待顾客付款后，验收发货，并对商品进行适宜的包装。 顾客购买药品离开后，对药店服务的满意度评价主要取决于：一是购买商品过程中所享受的营业员提供的优质的医药服务；二是医药商品产生的疗效能够达到顾客的期待

情景一

顾客挑得仔细，而其他购物的顾客又很多时。

标准用语：您好，您先挑选，不合适我再给您换。或别着急，慢慢挑。

服务要领：可向正在挑选商品的顾客交待清楚，语言要柔和简练，让其慢慢挑；再接待其他顾客，要眼观六路耳听八方。

情景二

接待老年人买东西反应慢。

标准用语：大娘/大爷，不要着急，请您慢慢挑，我再给您拿几种。或：请您到收银台结账，注意安全，结账后到我这里来拿商品，谢谢。

服务要领：对老年人要更加热情、耐心，顾客多时，首先接待老年人，帮助挑选，开好销售小票并交待清楚，包装验好商品。

情景三

几位顾客一起来买商品意见又不统一时。

标准用语：我看这种不错，请您再好好看一下呢。这种药品的作用特点是＊＊＊＊＊，其适应证＊＊＊＊＊。

服务要领：应掌握顾客心理，当好参谋，要以满足购买本人或当权者的要求为原则来调和矛盾，尽快成交，引导购买。

四、活动评价

评价内容		评价标准	是/否
活动完成情况	活动一：顾客回答不礼貌	能不计较顾客的语言态度	
		能以文明礼貌的语言去感染他们	
	活动二：其他顾客较多时，接待顾客仔细挑选	能语言柔和简练，安抚让其慢慢挑	
		能接待其他顾客	
		能眼观六路耳听八方	
	活动三：接待代人买药顾客	能仔细一问（使用人的病情）	
		能做到二推荐、三介绍药品、四帮助	
		能叮嘱顾客保留好小票	
	活动四：接待老年反应慢的顾客	能首先接待老年顾客	
		能热情、耐心、关心、周到接待	
		能帮助顾客挑选、包装验好商品	
	活动五：接待意见不统一的几位顾客	能识别出购买本人或当权者的需求	
		能有效地调和顾客之间的矛盾	

课后作业

1. 某日，正值你当班，门店突然来了几拨顾客，你该如何接待？
2. 你在倾听顾客的谈话中要注意些什么？

工作任务 C－3　推介药品

职业能力 C－3－1　能根据医生处方调剂药品

PPT

核心概念

处方是指由注册的执业医生在诊疗活动中为患者开具的，由取得药学专业技术职务任职资格的药学专业技术人员审核、调配、核对，并作为患者用药凭证的医疗文书。

学习目标

1. 能够审核医生处方的合理性和适宜性。
2. 能够根据医生处方调剂药品。

基本知识

一、处方的基本知识

1. 处方的性质 处方具有法律性、技术性和经济性。在法律上，因开具或调配处方所出现的任何失误所造成的医疗事故，医师和药师分别负有相应的法律责任。处方是追查医师或药剂人员法律责任的依据，医师具有诊断权和开具处方权，但无调配处方权；药师具有审核、调配处方权，但无诊断和开具处方权；在经济上，处方是报销、预算及采购的依据，也是患者在治疗疾病，包括门诊、急诊、住院全过程中用药的真实凭证；在技术上，开具或调配处方者都必须是经过医药院校系统专业学习，并经资格认定的医药卫生技术人员担任，它说明了药品的名称、规格、数量及用法用量。

2. 处方的结构 处方由处方前记、处方正文和处方后记组成，处方标准由国家卫生健康部门统一规定。

（1）处方前记：包括医疗、预防、保健机构名称，处方编号，费别，患者姓名、性别、年龄，门诊或住院病历号，科别或病室和床位号，临床诊断，开具日期等，可以添列特殊要求的项目。如麻醉药品和第一类精神药品处方应当包括患者身份证号、代办人姓名和身份证号等。

（2）处方正文是处方的主要部分，以 Rp 或 R 标示（拉丁文 Recipe 的缩写），然后分列写药品名称、规格、数量、下一行写用法用量。

（3）处方后记：医师签名或加盖专用签章，药品金额以及审核、调配、核对、发药的药学专业技术人员签名。

3. 处方的颜色

各类处方颜色和标注一览表

处方类型	印刷用纸	右上角标注	处方类型	印刷用纸	右上角标注
普通处方	白色	无	麻醉药品和第一类精神药品处方	淡红色	麻、精一
急诊处方	淡黄色	急诊	第二类精神药品处方	白色	精二
儿科处方	淡绿色	儿科			

4. 处方书写基本要求

处方书写的基本要求一览表

项目	书写的基本要求
字迹	清楚、不得涂改，如需修改，应当在修改处签名并注明日期，空白处划一斜线以示处方完毕
患者一般情况	清晰、完整，与病历一致；除特殊情况外，应当注明临床诊断。填实足年龄，新生儿、婴幼儿写日、月龄，必要时注明体重
药品类别	中药饮片单独开具处方，西药和中成药可分别开具处方，也可合开一张处方，每一种药品另起一行
每张处方限量	1 名患者用药不得超过 5 种药品，不得超过 7 日用量，对于某些慢性病、老年病或特殊情况，处方用量可以适当延长
药品名称	使用规范的中英文名称，必须是药典规定的药品的通用名，不得使用药品的商品名，也不得自行编制药品缩写名称或者使用代号
药品用量	按照药品说明书规定的常规用法用量，需要超剂量使用时，医师应注明原因并再次签名。剂量和数量用阿拉伯数字书写
药品用法	用法可用规范的中文、英文、拉丁文或者缩写体书写，不得使用“遵医嘱”“自用”等含糊字句

5. 处方常见外文的缩写及含义

处方常用缩写字

缩写	中文含义	缩写	中文含义
qd.	每天	ic（int. c.）	饭间
qh.	每小时	iv	静脉注射
q6h	每 6 小时	ivgtt	静脉滴注
q2d，qod.	每 2 日一次，隔天一次	gutt.（gtt.）	滴
qm	每晨	op	眼用
qn	每晚	id.	皮内注射
hs	睡时	ih.	皮下注射
sid.	一日一次	im.	肌内注射
bid.	一日二次	inspir.	吸入
tid.	一日三次	deg.	吞服
qid	一日四次	po	口服
ac	饭前	prdos	一次量、顿服
pc.	饭后	qs.	适量
am.	上午	iu	国际单位
pm.	下午	u	单位
sig	用法	ct.	皮试
12n	中午	us. Int.	内服
bin.	每晚 2 次	us. Ext.	外用
q. 4. h	每 4 小时	SOS	必要时

常用剂型缩写词

缩写	中文含义	缩写	中文含义
Amp.	安瓿剂	Inhal.	吸入剂
Aq.	水剂	Liq.（sol.）	溶液剂
Caps.	胶囊剂	Pig.	涂剂
Inj.	注射剂	Dec.	煎剂
Pil.	丸剂	Neb.	喷雾剂
Ocul.	眼膏	Pl.	油
Tab.	片剂	Extr.	浸膏
Ung.	软膏	Lin.	擦剂
Supp.	栓剂	Co 或 Comp	复方的
Syr.	糖浆剂	NS	生理盐水
Mist.（mixt.）	合剂	GS	葡萄糖溶液

二、处方调剂

处方调配（处方调剂）的程序主要包括：收方、审方、划价收费、调配、复核、发药。

处方调配的过程中要注意以下几个方面的内容。

（1）药师在审方后，必须签字，签字后方可依据处方正确调配、销售药品。

（2）对处方不得擅自更改或代用，对有配伍禁忌或超剂量的处方应当拒绝调配、销售，必要时，经开处方的医师更正或重新签字后方可调配、销售。

（3）调配中应该仔细阅读处方，按照药品的顺序逐一调配，并检查药品的批准文号、有效期，以确保安全，对于贵重药品、特殊管理药品等要登记好账卡。

（4）药品调配齐全后，与处方逐一核对，准确规范地书写标签或提示标签，需要特殊保存的药品应加贴醒目标签并签字。

（5）调配齐全一张处方的药品后，再调配下一张处方，以免发生差错。

（6）依据患者个体化用药的需要，药师需要临时调配，如稀释液体、研碎药片并分装、分装胶囊、拆零药品、配制合剂、调配软膏剂等，应作调剂记录。

药师调剂处方时必须要做到“四查十对”①查处方，对科别、姓名、年龄；②查药品，对药名、剂型、规格、数量；③查配伍禁忌，对药品性状、用法用量；④查用药合理性，对临床诊断。

活动设计

一、活动条件

工作服、头花、笔、纸、固定电话、椅子、药品的空包装盒、成药处方和中药饮片处方、收银台、中药柜、中药饮片、工作台等道具，在 GSP 模拟药房进行。

二、活动组织

1. 首先根据服务标准和要求按步骤进行训练，3 人一组，其中 1 人扮演药店营业员、1 人扮演药师，1 人作为评价员，开展药品调剂的情景模拟。

2. 每组按照步骤进行情景模拟实训，3 人进行角色轮换操作，反复练习，每组动作要求至少 5 遍。

3. 完成一个操作步骤之后，每组同学及时点评纠错，老师进行总结和纠错，再进行下一步骤的情景训练。

三、活动实施

序号	步骤	操作说明及操作标准
1	收方（解释处方）	 您好，有什么可以帮到您的？ 双手从顾客处礼貌接过处方，根据处方缩写和处方结构内容准确说出患者的临床诊断、药品名称、用法用量等
2	审方	 由执业药师或者具有药学专业技术职称的药学技术人员进行处方的审核。处方的审核主要审核两方面的内容：包括处方的规范性审核和用药的安全性审核

续表

序号	步骤	操作说明及操作标准
3	计价	 按实际的零售价格计价收费，并开具销售凭证。您好，总共＊＊＊＊＊元！收您＊＊＊＊＊，找您＊＊＊＊＊，这是您的找零和小票，请到那边拿药！
4	成药调配	成药调配 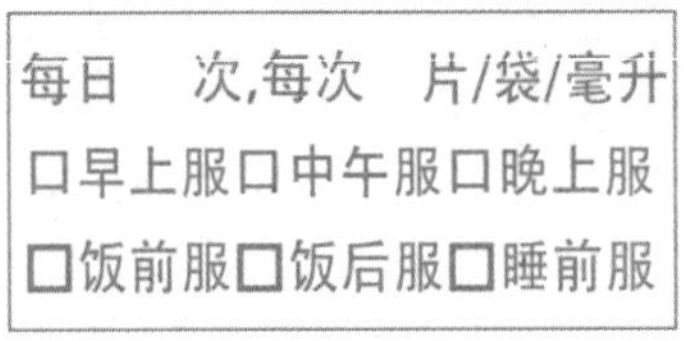 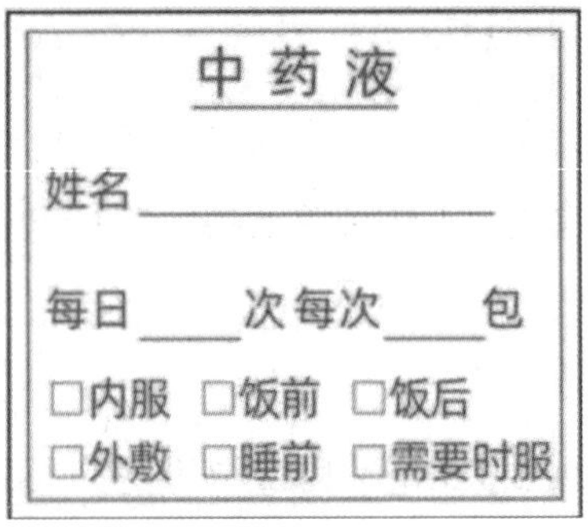 您好，请稍等！ 调配前后应认真核对盛药容器上药物标签和处方，切不可凭印象取药。 调配时应严格按照调剂操作规程进行，切不可用手数药片。 调配后，选择合适的包装材料包装药品，并在包装袋（瓶）上认真写明患者姓名，服用方法及配药日期。 处方调配后，调配者应在处方上签全名，以示负责
5	中药饮片调配	 您好，请稍等！ 正确使用戥秤或电子秤按照从左至右、从上至下的顺序进行称取，称取准确，对周岁以下小儿用药和毒性中药饮片必须逐味等量递减的方式称取，不可随意抓取，对于特殊煎服方法包括另煎、先煎、后下、冲服、烊化、兑服的药品要另包并注明原因。每一味药单独成堆，以便复核。 调配完毕后，调配者签全名，以示负责
6	复核	 您好，请过来核对一下药品。 一般情况下，处方调配完成后，由药师核查签名，并在核查无误后发药。在复核的过程中主要的核查项目有：复核处方的内容；核对处方与调配的药品是否一致包括药品、规格、剂量、用法、用量等；逐一检查药品的外观包括形状、色泽、嗅味、澄明度以及药品的有效期等。 复核人员签字并按照时间先后顺序存档处方

续表

序号	步骤	操作说明及操作标准
7	发药	 发药时应对药品数量、外观和标签上所写的患者姓名、用法再进行核对，核对无误后方可发药。 发药时应告诉患者服药的方法和注意事项包括服药先后次序、禁忌、服药时间、对某些药物服用后应作的检查和可能发生大小便变色的情况等，同时解释某些医用术语，如坐浴、吸入等。发给某些病人如残疾人、老年人、聋、哑、盲人等患者的用药应作特殊的交待。同一药品有2盒以上时需要特别交待。如果患者有咨询问题，应尽量解答，对复杂的问题，则建议患者咨询药师并注意尊重患者的隐私。 谢谢，请慢走，祝您早日康复

情景一

顾客拿着处方和药品来咨询。

标准用语：阿姨/大爷/大娘，您好，请稍等。您的处方是针对*****疾病的，处方中的药品正是您手上拿的这些药品，这个药品是*****用的，用法用量是*****，注意事项是*****，请慢走，祝您早日康复！

服务要领：双手有礼貌地接过处方和药品，虽然不是购买药品的，作为用药咨询者，一定要表现出热情、关心的药学服务态度和良好的用药指导等，体现专业性和作为人民健康守门人的职业素养。

情景二

顾客拿着一张有错误的中药饮片处方来抓药。

标准用语：您好，您的这个处方中的二冬指的是天冬和麦冬，但是后面又开了麦冬，属于重复用药，我们不能帮您调配，建议您再去找一下开处方的医生，帮您再看看，不要急，或者让医生重新帮您开一张处方也可以的，开好后，可以随时来找我们帮您抓药。

服务要领：对处方中存在的问题一定仔细核对，且说出处方出现的问题，与顾客耐心地解释，并关心、缓解顾客的着急情绪。

四、活动评价

评价内容		评价标准	是/否
活动完成情况	活动一：收方	能有礼貌地双手接过处方	
		能解释处方中的内容	
	活动二：审方	能找药师来审核医生的处方	
		能对处方的规范性进行审核	

续表

评价内容		评价标准	是/否
活动完成情况	活动二：审方	能对处方中用药安全性进行审核	
		药师能对审核后的处方签名	
	活动三：计价	能准确地进行药品的计价和结账	
		能对计价后的处方进行签名	
	活动四：成药调配	能快速地找到需要调配的成药，并进行核对	
		能按照调剂操作规程快速调配成药	
		能对调剂后的处方签名	
	活动五：中药饮片调配	能按照从左至右、从上至下的顺序进行调配	
		能对每一味药进行独立成堆堆放	
		能对有特殊煎服方法的饮片另外堆放	
		能对调剂后的处方签名	
	活动六：复核	能请药师与顾客认真的核对药品	
		能对复核后的处方签名和存档	
	活动七：发药	能告知药品的用法用量、煎服方法、注意事项	
		能亲切地送走顾客	

课后作业

1. 处方调配过程的注意事项有哪些？
2. 请说出处方中常见外文缩写的含义。

职业能力 C－3－2　能看懂常见的医学指标并向顾客简单解读

PPT

核心概念

医学检验指标：是诊断疾病的重要指标。药师在进行药学服务时，应具有正确使用常用医学检验指标及临床意义的能力，以便于向顾客解读指标的意义，提高患者用药的依从性和药学服务质量。

学习目标

1. 能够看懂常见的医学检验指标。
2. 能够向顾客简单解读常见医学检验指标的临床意义。

基本知识

一、常见的血常规指标及临床意义

中文名称	英文缩写	参考值	临床意义
白细胞计数	WBC	成人： (4～10) ×10^9/L 儿童： (5～12) ×10^9/L 新生儿： (15～20) ×10^9/L	增加： 生理性：初生儿、妊娠末期、经期、剧烈运动后、饭后、冷水浴后、极度恐惧与疼痛等。 病理性：化脓性细菌引起的炎症，尿毒症，严重烧伤，传染性单核细胞增多症，组织损伤，急性出血，大手术后，白血病等。 减少：病毒感染，伤寒，副伤寒，黑热病，疟疾，极度严重感染，再生障碍性贫血，X线及镭射照射，肿瘤化疗后，非白血性白血病等
中性粒细胞	NE	0.5～0.7（50%～70%）	增多：急性化脓性感染，粒细胞白血病，急性出血，溶血，手术后，尿毒症，酸中毒，急性中毒等。 减少：伤寒，副伤寒，疟疾，流感，化学药物中毒，X线和镭照射，抗癌药物化疗，极度严重感染，再生障碍性贫血，粒细胞缺乏症等
红细胞计数	RBC	男：(4.～5.5) ×10^{12}/L 女：(3.5～5) ×10^{12}/L 新生儿：(6～7) ×10^{12}/L	一般情况下红细胞数与血红蛋白之间有一定比例关系，对贫血诊断和鉴别诊断应同时测定血红蛋白浓度
血红蛋白测定	Hgb（Hb）	男：120～160g/L 女：110～150g/L 新生儿：170～200g/L	增加：①生理性：新生儿，高原居住者。②病理性：真性红细胞增多症，代偿性红细胞增多症（慢性肺脏疾病，先天性心脏病，脱水） 减少：各种贫血，白血病，手术后，产后，大量失血等
血小板计数	PLT	(100～300) ×10^9/L [(10～30)万/μl]	减少：①造血功能障碍；②血小板破坏过多；③血小板消耗增加等。 增多：急性大出血，急性溶血，真性红细胞增多症，原发性血小板增多症，慢性粒细胞性白血病

二、常见的尿液检查指标及临床意义

中文名称	英文缩写	参考值	临床意义
尿葡萄糖测定	GLU	正常人 <10mmol/L	阳性见于：糖尿病，肾性糖尿病，甲状腺功能亢进症等；内服、注射大量葡萄糖及精神激动等也可致阳性反应
尿液蛋白质	PRO	正常人为阴性	分为功能性、体位性、病理性蛋白尿，后者见于肾炎，肾病综合征等
尿隐血测定	BLD	正常人为0～2个/微升（0～2ERY/μl）	尿液中出现红细胞说明有肾脏泌尿系统疾病，常见于肾小球炎，泌尿系统结石，结核或恶性肿瘤等
尿液白细胞测定	LEU	0～2个/微升 (0～2Leu/μl)	尿内白细胞增多，表示泌尿系统有化脓性炎症。如肾盂肾炎等

三、常见的肝功能检查指标及临床意义

中文名称	英文缩写	参考值	临床意义
血清总蛋白	TP	60～80g/L	增高：①血液浓缩而使总蛋白浓度相对增高。②血清蛋白质合成增加。③肝功能障碍，合成减少。④蛋白质丢失。 减低：①血浆中水分增加，血浆被稀释。②营养不良和消耗
人血白蛋白	ALB	35～50g/L	增高：常见于严重脱水，血浆浓缩 减低：其原因与总蛋白浓度降低相同
血清球蛋白	GLOB	20～40g/L	增高：①炎症或感染。②自身免疫性疾病。③骨髓瘤和淋巴瘤等。④慢性肝疾患。 降低：①先天性无（低）球蛋白血症，仅见于男性婴儿。②后天获得性疾病。体液免疫功能低下，反复感染
丙氨酸氨基转换酶	ALT	0～40U/L	增高： ①肝胆疾病：传染性肝炎，肝癌，肝硬化活动期，中毒性肝炎，脂肪肝，胆管炎和胆囊炎等。 ②心血管疾病：心肌梗死，心肌炎，心力衰竭时的肝脏瘀血，脑出血等。 ③一些药物和毒物可引起 ALT 活性升高：如异烟肼、氯丙嗪、奎宁、水杨酸制剂及乙醇、铅、汞、四氯化碳或有机磷酸等
天冬氨酸氨基转移酶	AST	0～42U/L	AST 在心肌细胞内含量较多，当心肌梗死时，血清中 AST 活力增高，在发病后 6～12 小时之内显著增高，在 48 小时达到高峰，约在 3～5 天恢复正常。血清中 AST 也可来源于肝细胞。各种肝病可引起血清 AST 的升高，有时可超过 1000 单位，中毒性肝炎还可更高。 心肌炎、胸膜炎、肾炎及肺炎等也可引起血清 AST 的轻度增高
r－谷氨酰转肽酶	GGT	0～50U/L	GGT 主要用于诊断肝胆疾病。原发性肝癌，胰腺癌和乏特氏壶腹癌时，血清 GGT 活性显著增高，特别在诊断恶性肿瘤患者有无肝转移和肝癌术后有无复发时，阳性率可达 90% 嗜酒或长期接受某些药物如苯巴比妥者，血清 GGT 活性常升高。但是 GGT 特异性不高，急性肝炎，慢性肝炎活动期，阻塞性黄疸，胆道感染，胆石症，急性胰腺炎时都可升高

四、常见的肾功能检查指标及临床意义

中文名称	英文缩写	参考值	临床意义
肌苷	CRE	40～120μmol/L	肾脏功能中度或重度损害时，血肌酐升高。此外，血肌酐增高亦见于肢端肥大症

续表

中文名称	英文缩写	参考值	临床意义
尿素氮	BUN	2.5～6.4mmol/L	生理性增高：高蛋白饮食引起血清尿素浓度和尿液排出量显著升高。 病理因素：BUN增加的原因可分为： ①肾前性：最重要的原因是失水使血液浓缩，可引起肾血流量减少，肾小球滤过率减低而使尿素氮潴留。可见剧烈呕吐，幽门梗阻，肠梗阻和长期腹泻等。 ②肾性：急性肾小球肾炎，肾病晚期，肾功能衰竭，慢性肾盂肾炎，中毒性肾炎都可出现尿素氮增高。 ③肾后性疾患：如前列腺肿大，尿路结石，尿道狭窄等引起的血尿素氮增加。BUN减少较为少见，常因严重的肝病，如肝炎合并广泛肝坏死

五、常见的血糖血脂检查指标及临床意义

中文名称	英文缩写	参考值	临床意义
葡萄糖	GLU	3.89～6.11mmol/L	增高：生理性：饭后1～2小时，摄入高糖食物或情绪紧张肾上腺分泌增加时。 病理性：①内分泌腺功能障碍引起高血糖；②颅内压增加；③脱水引起的高血糖等。 减低：生理性：饥饿和剧烈运动。 病理性：①胰岛β细胞增生或癌瘤等，使胰岛素分泌过多；②对抗胰岛素的激素分泌不足；③严重肝病患者等
总胆固醇	CHO	3.6～6.5mmol/L	增高：见于动脉粥样硬化，肾病综合征，胆总管阻塞，黏液性水肿和糖尿病等。 降低：见于恶性贫血，溶血性贫血及甲状腺功能亢进等
甘油三酯	TG	0～2.21mmol/L	增高：见于高脂血症，肾病综合征，糖尿病，动脉粥样硬化等。 降低：见于无α（或无β）脂蛋白血症，严重营养不良等。
高密度脂蛋白胆固醇	HDL－C	男性：1.16～1.42mmol/L 女性：1.29～1.55mmol/L	HDL－C含量与动脉管腔狭窄程度呈显著的负相关。在估计心血管的危险因子中HDL-C的临床意义比胆固醇和三酰甘油高。
低密度脂蛋白胆固醇	LDL－C	2.7～3.1mmol/L	低密度脂蛋白胆固醇的浓度与冠心病危险性呈正向关系

活动设计

一、活动条件

工作服、头花、笔、纸、固定电话、椅子、体检报告、医学检验报告单、工作台等道具，在GSP模拟药房进行。

二、活动组织

1. 首先根据服务标准和要求按步骤进行训练，3 人一组，其中 1 人扮演药店营业员、1 人扮演顾客，1 人作为评价员，开展指标解读的情景模拟。

2. 每组按照步骤进行情景模拟实训，3 人进行角色轮换操作，反复练习，每组动作要求至少 5 遍。

3. 完成一个操作步骤之后，每组同学及时点评纠错，老师进行总结和纠错，再进行下一步骤的情景训练。

4. 注意事项

（1）在解读时要简单、明了，要将专业术语转换为顾客听得懂的语言。

（2）在解读时不能绝对地确定有哪种疾病，如需要确诊还需要医生的进一步诊断说明，并防止顾客产生恐惧心理，照顾顾客的心理变化。

三、活动实施

<table>
<tr><th>序号</th><th>步骤</th><th>操作说明</th><th>操作标准</th></tr>
<tr><td>1</td><td>解读血常规指标</td><td>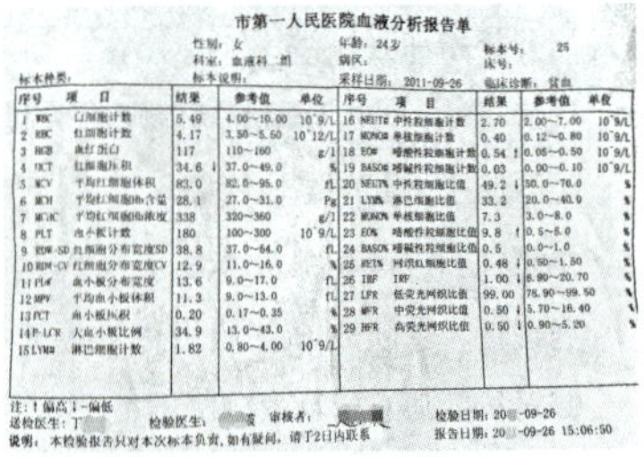
市第一人民医院血液分析报告单
性别：女　年龄：24岁　标本号：25
科室：血液科二部　病区：　床号：
标本种类：　标本说明：　采样日期：2011-09-26　临床诊断：贫血
<table>
<tr><th>序号</th><th>项目</th><th></th><th>结果</th><th>参考值</th><th>单位</th><th>序号</th><th>项目</th><th></th><th>结果</th><th>参考值</th><th>单位</th></tr>
<tr><td>1</td><td>WBC</td><td>白细胞计数</td><td>5.49</td><td>4.00~10.00</td><td>10^9/L</td><td>16</td><td>NEUT#</td><td>中性粒细胞计数</td><td>2.70</td><td>2.00~7.00</td><td>10^9/L</td></tr>
<tr><td>2</td><td>RBC</td><td>红细胞计数</td><td>4.17</td><td>3.50~5.50</td><td>10^12/L</td><td>17</td><td>MONO#</td><td>单核细胞计数</td><td>0.40</td><td>0.12~0.80</td><td>10^9/L</td></tr>
<tr><td>3</td><td>HGB</td><td>血红蛋白</td><td>117</td><td>110~160</td><td>g/l</td><td>18</td><td>EO#</td><td>嗜酸性粒细胞计数</td><td>0.54 ↑</td><td>0.05~0.50</td><td>10^9/L</td></tr>
<tr><td>4</td><td>HCT</td><td>红细胞压积</td><td>34.6 ↓</td><td>37.0~49.0</td><td>%</td><td>19</td><td>BASO#</td><td>嗜碱性粒细胞计数</td><td>0.03</td><td>0.00~0.10</td><td>10^9/L</td></tr>
<tr><td>5</td><td>MCV</td><td>平均红细胞体积</td><td>83.0</td><td>82.0~95.0</td><td>fL</td><td>20</td><td>NEUT%</td><td>中性粒细胞比值</td><td>49.2 ↓</td><td>50.0~70.0</td><td>%</td></tr>
<tr><td>6</td><td>MCH</td><td>平均红细胞Hb含量</td><td>28.1</td><td>27.0~31.0</td><td>Pg</td><td>21</td><td>LYM%</td><td>淋巴细胞比值</td><td>33.2</td><td>20.0~40.0</td><td>%</td></tr>
<tr><td>7</td><td>MCHC</td><td>平均红细胞Hb浓度</td><td>338</td><td>320~360</td><td>g/l</td><td>22</td><td>MONO%</td><td>单核细胞比值</td><td>7.3</td><td>3.0~8.0</td><td>%</td></tr>
<tr><td>8</td><td>PLT</td><td>血小板计数</td><td>180</td><td>100~300</td><td>10^9/L</td><td>23</td><td>EO%</td><td>嗜酸性粒细胞比值</td><td>9.8 ↑</td><td>0.5~5.0</td><td>%</td></tr>
<tr><td>9</td><td>RDW-SD</td><td>红细胞分布宽度SD</td><td>38.8</td><td>37.0~54.0</td><td>fL</td><td>24</td><td>BASO%</td><td>嗜碱性粒细胞比值</td><td>0.5</td><td>0.0~1.0</td><td>%</td></tr>
<tr><td>10</td><td>RDW-CV</td><td>红细胞分布宽度CV</td><td>12.9</td><td>11.0~16.0</td><td>%</td><td>25</td><td>RET%</td><td>网织红细胞比值</td><td>0.48 ↓</td><td>0.50~1.50</td><td>%</td></tr>
<tr><td>11</td><td>PDW</td><td>血小板分布宽度</td><td>13.6</td><td>9.0~17.0</td><td>fL</td><td>26</td><td>IRF</td><td>IRF</td><td>1.00 ↓</td><td>6.90~20.70</td><td>%</td></tr>
<tr><td>12</td><td>MPV</td><td>平均血小板体积</td><td>11.3</td><td>9.0~13.0</td><td>fL</td><td>27</td><td>LFR</td><td>低荧光网织比值</td><td>99.00</td><td>78.90~99.50</td><td>%</td></tr>
<tr><td>13</td><td>PCT</td><td>血小板压积</td><td>0.20</td><td>0.17~0.35</td><td>%</td><td>28</td><td>MFR</td><td>中荧光网织比值</td><td>0.50 ↓</td><td>5.70~16.40</td><td>%</td></tr>
<tr><td>14</td><td>P-LCR</td><td>大血小板比例</td><td>34.9</td><td>13.0~43.0</td><td>%</td><td>29</td><td>HFR</td><td>高荧光网织比值</td><td>0.50 ↓</td><td>0.90~5.20</td><td>%</td></tr>
<tr><td>15</td><td>LYM#</td><td>淋巴细胞计数</td><td>1.82</td><td>0.80~4.00</td><td>10^9/L</td><td></td><td></td><td></td><td></td><td></td><td></td></tr>
</table>
注：↑偏高 ↓-偏低
送检医生：丁　检验医生：　审核者：[redacted]　检验日期：20 -09-26
说明：本检验报告只对本次标本负责，如有疑问，请于2日内联系　报告日期：20 -09-26 15:06:50</td><td>血常规检查主要解读白细胞计数、中性粒细胞、红细胞计数、血红蛋白测定和血小板计数。例如：白细胞数目增多说明体内可能有细菌感染，血红蛋白和红细胞减少说明可能有贫血等</td></tr>
<tr><td>2</td><td>解读血脂指标</td><td>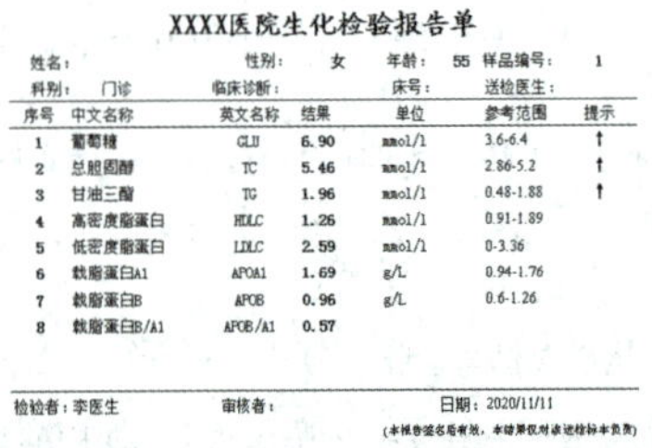
XXXX医院生化检验报告单
姓名：　性别：女　年龄：55　样品编号：1
科别：门诊　临床诊断：　床号：　送检医生：
<table>
<tr><th>序号</th><th>中文名称</th><th>英文名称</th><th>结果</th><th>单位</th><th>参考范围</th><th>提示</th></tr>
<tr><td>1</td><td>葡萄糖</td><td>GLU</td><td>6.90</td><td>mmol/l</td><td>3.6-6.4</td><td>↑</td></tr>
<tr><td>2</td><td>总胆固醇</td><td>TC</td><td>5.46</td><td>mmol/l</td><td>2.86-5.2</td><td>↑</td></tr>
<tr><td>3</td><td>甘油三酯</td><td>TG</td><td>1.96</td><td>mmol/l</td><td>0.48-1.88</td><td>↑</td></tr>
<tr><td>4</td><td>高密度脂蛋白</td><td>HDLC</td><td>1.26</td><td>mmol/l</td><td>0.91-1.89</td><td></td></tr>
<tr><td>5</td><td>低密度脂蛋白</td><td>LDLC</td><td>2.59</td><td>mmol/l</td><td>0-3.36</td><td></td></tr>
<tr><td>6</td><td>载脂蛋白A1</td><td>APOA1</td><td>1.69</td><td>g/L</td><td>0.94-1.76</td><td></td></tr>
<tr><td>7</td><td>载脂蛋白B</td><td>APOB</td><td>0.96</td><td>g/L</td><td>0.6-1.26</td><td></td></tr>
<tr><td>8</td><td>载脂蛋白B/A1</td><td>APOB/A1</td><td>0.57</td><td></td><td></td><td></td></tr>
</table>
检验者：李医生　审核者：　日期：2020/11/11
（本报告签名后有效，本结果仅对该送检标本负责）</td><td>血脂指标主要解读总胆固醇、三酰甘油、高密度脂蛋白、低密度脂蛋白等。例如：一般情况下总胆固醇、低密度脂蛋白、三酰甘油要低一点，这样发生高脂血压的概率比较小点</td></tr>
<tr><td>3</td><td>解读尿常规指标</td><td>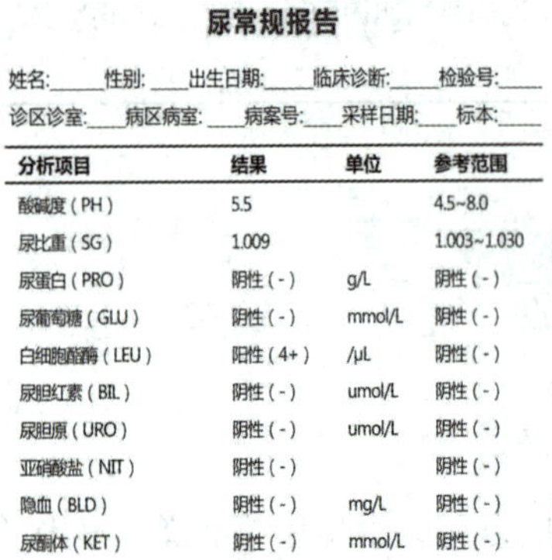
尿常规报告
姓名:____性别:____出生日期:____临床诊断:____检验号:____
诊区诊室:____病区病室:____病案号:____采样日期:____标本:____
<table>
<tr><th>分析项目</th><th>结果</th><th>单位</th><th>参考范围</th></tr>
<tr><td>酸碱度（PH）</td><td>5.5</td><td></td><td>4.5~8.0</td></tr>
<tr><td>尿比重（SG）</td><td>1.009</td><td></td><td>1.003~1.030</td></tr>
<tr><td>尿蛋白（PRO）</td><td>阴性（-）</td><td>g/L</td><td>阴性（-）</td></tr>
<tr><td>尿葡萄糖（GLU）</td><td>阴性（-）</td><td>mmol/L</td><td>阴性（-）</td></tr>
<tr><td>白细胞酯酶（LEU）</td><td>阳性（4+）</td><td>/μL</td><td>阴性（-）</td></tr>
<tr><td>尿胆红素（BIL）</td><td>阴性（-）</td><td>umol/L</td><td>阴性（-）</td></tr>
<tr><td>尿胆原（URO）</td><td>阴性（-）</td><td>umol/L</td><td>阴性（-）</td></tr>
<tr><td>亚硝酸盐（NIT）</td><td>阴性（-）</td><td></td><td>阴性（-）</td></tr>
<tr><td>隐血（BLD）</td><td>阴性（-）</td><td>mg/L</td><td>阴性（-）</td></tr>
<tr><td>尿酮体（KET）</td><td>阴性（-）</td><td>mmol/L</td><td>阴性（-）</td></tr>
</table></td><td>尿常规指标主要解读尿葡萄糖、尿液蛋白质、尿隐血等，尿葡萄糖增加可能提示有糖尿病，还需要结合血糖情况</td></tr>
</table>

续表

<table>
<tr><th>序号</th><th>步骤</th><th>操作说明</th><th>操作标准</th></tr>
<tr><td>4</td><td>解读
肝功能
指标</td><td>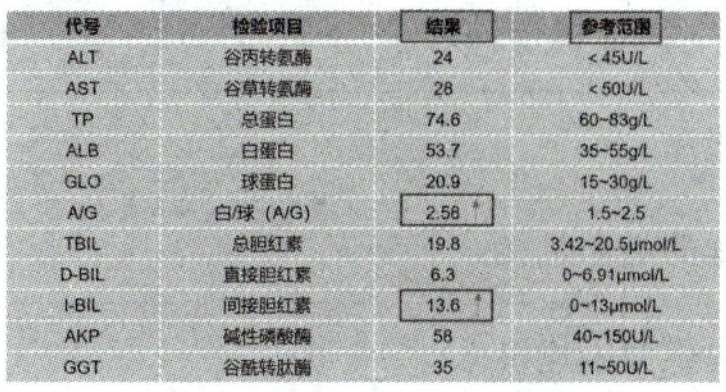
<table>
<tr><th>代号</th><th>检验项目</th><th>结果</th><th>参考范围</th></tr>
<tr><td>ALT</td><td>谷丙转氨酶</td><td>24</td><td><45U/L</td></tr>
<tr><td>AST</td><td>谷草转氨酶</td><td>28</td><td><50U/L</td></tr>
<tr><td>TP</td><td>总蛋白</td><td>74.6</td><td>60~83g/L</td></tr>
<tr><td>ALB</td><td>白蛋白</td><td>53.7</td><td>35~55g/L</td></tr>
<tr><td>GLO</td><td>球蛋白</td><td>20.9</td><td>15~30g/L</td></tr>
<tr><td>A/G</td><td>白/球（A/G）</td><td>2.58 ↑</td><td>1.5~2.5</td></tr>
<tr><td>TBIL</td><td>总胆红素</td><td>19.8</td><td>3.42~20.5μmol/L</td></tr>
<tr><td>D-BIL</td><td>直接胆红素</td><td>6.3</td><td>0~6.91μmol/L</td></tr>
<tr><td>I-BIL</td><td>间接胆红素</td><td>13.6 ↑</td><td>0~13μmol/L</td></tr>
<tr><td>AKP</td><td>碱性磷酸酶</td><td>58</td><td>40~150U/L</td></tr>
<tr><td>GGT</td><td>谷酰转肽酶</td><td>35</td><td>11~50U/L</td></tr>
</table></td><td>肝功能指标主要解读血清总蛋白、人血白蛋白、血清球蛋白、AST、ALT、GGT 等。例如：ALT 升高原因比较多，如果需要确诊还需要做进一步的检查</td></tr>
<tr><td>5</td><td>解读
肾功能
指标</td><td>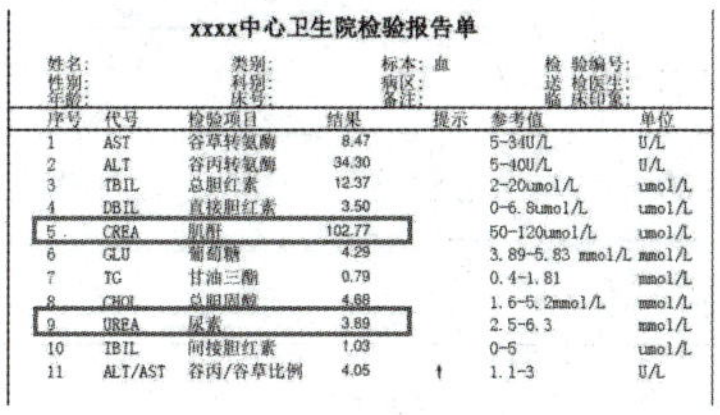
xxxx中心卫生院检验报告单
姓名： 类别： 标本：血 检验编号：
性别： 科别： 病区： 送检医生：
年龄： 床号： 备注： 临床印象：
<table>
<tr><th>序号</th><th>代号</th><th>检验项目</th><th>结果</th><th>提示</th><th>参考值</th><th>单位</th></tr>
<tr><td>1</td><td>AST</td><td>谷草转氨酶</td><td>8.47</td><td></td><td>5-34U/L</td><td>U/L</td></tr>
<tr><td>2</td><td>ALT</td><td>谷丙转氨酶</td><td>34.30</td><td></td><td>5-40U/L</td><td>U/L</td></tr>
<tr><td>3</td><td>TBIL</td><td>总胆红素</td><td>12.37</td><td></td><td>2-20umol/L</td><td>umol/L</td></tr>
<tr><td>4</td><td>DBIL</td><td>直接胆红素</td><td>3.50</td><td></td><td>0-6.8umol/L</td><td>umol/L</td></tr>
<tr><td>5</td><td>CREA</td><td>肌酐</td><td>102.77</td><td></td><td>50-120umol/L</td><td>umol/L</td></tr>
<tr><td>6</td><td>GLU</td><td>葡萄糖</td><td>4.29</td><td></td><td>3.89-5.83 mmol/L</td><td>mmol/L</td></tr>
<tr><td>7</td><td>TG</td><td>甘油三酯</td><td>0.79</td><td></td><td>0.4-1.81</td><td>mmol/L</td></tr>
<tr><td>8</td><td>CHOL</td><td>总胆固醇</td><td>4.68</td><td></td><td>1.6-5.2mmol/L</td><td>mmol/L</td></tr>
<tr><td>9</td><td>UREA</td><td>尿素</td><td>3.89</td><td></td><td>2.5-6.3</td><td>mmol/L</td></tr>
<tr><td>10</td><td>IBIL</td><td>间接胆红素</td><td>1.03</td><td></td><td>0-5</td><td>umol/L</td></tr>
<tr><td>11</td><td>ALT/AST</td><td>谷丙/谷草比例</td><td>4.05</td><td>↑</td><td>1.1-3</td><td>U/L</td></tr>
</table></td><td>肾功能指标主要解读肌苷和尿素氮等。例如：尿素氮有生理性的，比如近日吃了大量高蛋白的食物也会引起升高</td></tr>
<tr><td>6</td><td>解读
血糖
指标</td><td><table>
<tr><th>检查项目</th><th>结果</th><th>单位</th><th>参考值</th></tr>
<tr><td>葡萄糖(0h)</td><td>null</td><td>null</td><td>null</td></tr>
<tr><td>血糖(餐后1h)</td><td>8.44</td><td>mmol/L</td><td>3.9000-11.1000</td></tr>
<tr><td>葡萄糖</td><td>5.15</td><td>mmol/L</td><td>3.9000-6.1000</td></tr>
<tr><td>血糖(餐后2h)</td><td>7.42</td><td>mmol/L</td><td>3.9000-7.8000</td></tr>
</table></td><td>血糖要注意分时间段包括餐前空腹血糖、餐后 2 小时血糖。
空腹血糖：成人：3.9～6.1mmol/L
餐后血糖：小于 7.8mmol/L
例如：血糖的波动性比较大，可以邀请顾客在药店进行一次免费的血糖测试</td></tr>
</table>

情景一

顾客拿着血压和血脂报告单来到药店。

标准用语：您好，您的报告中显示您血脂偏高，尤其是总胆固醇比较高，您平时要注意少吃胆固醇比较高的食物，比如蛋黄、动物肝脏等，您有用药吗？您的血压显示还是在正常范围内的，您可以在我们这里免费测血压。*****

服务要领：对于这里血脂有异常的顾客，也要注意量血压，并多问顾客，有没有用药，报告单上的血压值是不是在吃了降压药之后测量的！并提供免费测血压的活动，赢取顾客的信任。

情景二

顾客拿着血糖偏高的报告单来到药店。

标准用语：大娘/大爷，您的餐后 2 小时血糖都达到了 9.8，您平时一定要记得坚持服药，时刻关注血糖的变化，没事的时候可以散个步，逢会员日我们这里可以免费测血糖呢，血糖高并不可怕，可怕的是*****，平时要少吃*****。

服务要领：提醒顾客关心自身血糖的变化，用通俗的语言、耐心地讲解并进行相关疾病的健康教育。

四、活动评价

评价内容		评价标准	是/否
活动完成情况	活动一：血常规指标解读	能有礼貌地双手接到化验单	
		能解释化验单中常见指标的临床意义	
		能对有问题的常见指标提供健康建议	
	活动二：体检报告解读	能有礼貌地双手接到体检报告并快速浏览	
		能对体检报告中的结论提供健康建议	
		能询问顾客对于体检报告的疑问并详细解答	
		能解答疑问时做到通俗易懂	
	活动三：血脂指标解读	能有礼貌地双手接到化验单	
		能找到化验单中的非正常指标并进行解读	
		能提醒顾客化验单数据的表面性和即时性	
		能针对顾客的问题提供健康建议和帮助	
	活动四：血糖指标解读	能通俗易懂的告知顾客血糖指标的意义	
		能对顾客进行健康教育	
		能针对顾客的问题提供健康建议和帮助	
	活动五：肝肾功能指标解读	能避免顾客对异常指标数据的恐惧	
		能进一步询问探究指标异常的原因	
		能对顾客提供健康建议和帮助	

课后作业

1. 在与顾客进行常见医学指标解读时应该注意些什么？
2. 血常规医学检验指标中最常见的指标有哪些？

职业能力 C-3-3　能根据流程合理推荐药品

PPT　微课 1　微课 2

核心概念

问病卖药：根据询问患者的病情包括基本情况、疾病史、过敏史、用药史、就医史等从而进行疾病评估并合理推荐药品的过程。

学习目标

1. 能够遵循问病卖药流程合理推荐药品。
2. 能够根据药品推介原则合理推荐药品。

基本知识

一、药品推介的基本原则

1. 对症售药原则 对症售药即营业员针对顾客的病症准确地将药品售给顾客。这一原则不仅是药店经营宗旨的具体体现，而且是对药品营业员职业道德的基本要求。它要求营业员不能为售药而售药，而应当是急顾客之所急、想顾客之所想，根据顾客的病症售药，使顾客用药少、康复快。同时，对症售药原则与药店的利润原则也是统一的。营业员坚持对症售药原则能使顾客极大地减少购药风险，增加满意度，从而能吸引更多顾客来选购药品。这无疑能扩大药品的销售额，增加利润总额。

2. 销售药品效用原则 药品效用是指药品满足顾客消症除病的能力。它取决于药品所治病症在保健中的地位和药品的疗效；药品的效用与顾客愿意给付的价格水平成正比。营业员从形式上看是销售药品，其实是销售药品效用。因为绝大部分药品顾客选购药品时，并不过多关心药品的包装、形态、产地等次要因素，最关心的是药品效用，对药品价格的关心也在药品效用之下。顾客对药品的疑虑大多集中在药品效用上。为此营业员要极力促使顾客消除疑虑、确信所购药品的效用。这与病人到医院看病不同。医生说，这药品有用，病人不会怀疑。顾客购药时，面对的是营业员而不是医生，并且营业员不能完全代替顾客完成购药选择。这就决定了营业员应当把药品效用放在首位，并贯彻在整个药品销售全过程。

3. 勇于承担责任原则 药品顾客与一般商品顾客相比，对药品营业员依赖性强、自主性差。在选购药品时，往往需要营业员帮助完成药品选购行为。在帮助顾客选购药品过程中，自然会产生一种担心：卖错药品、疗效相反，由谁承担责任？营业员若不愿意承担责任，就会拒绝帮助顾客选购药品，而完全由顾客自主选择。然而大多数顾客是没有能力自主完成选购的。在此情况下，顾客只能放弃购药，弃店而去。因此，为了做好每笔生意，营业员要有勇于承担责任的精神，以自己娴熟的业务能力，帮助顾客选购。但须注意下列事项：①不能完全代替顾客做出判断；②不得随意销售处方药品（指依法需凭医生处方才可购买的药品）③不得销售违禁药品；④特别注意药品使用限制。

4. 诚信为本的原则 诚信的基本含义为诚实，不疑不欺，在人际交往中言而有信，言行一致，表里如一，在推介过程中不提供假劣药品，不传播虚假信息任意夸大药品的疗效。著名企业家包玉刚从小就受到“做人诚实可靠，做事规规矩矩”的训诫，并受益终身，成就辉煌业绩。他把讲信用看作企业经营的根本。他说，纸上的合同可以销毁，但签订在心上的合同是撕不毁的，与人之间的友谊应建立在互相信任上。

5. 尊重顾客的原则 药店营业员首先应该明确自己的工作目标是推销药品，而不是评价顾客的人品、地位等。由于每个人的家庭影响、生活环境、受教育水平等多种因素的影响，人格表现也各种各样，作为药店营业员应淡化顾客的职业、地位、肤色，只要是推销对象，都应当视作“上帝”。尊重顾客还要关心顾客关心的内容以及保护顾客自身的隐私。不然，顾客就会认为推销人员与自己没有共同的语言，不尊重他们的感情，缺乏基本的同情心，自然，拒绝推销也就在情理之中。

如何尊重顾客，方式、方法因人而异。美国管理学家玛丽·凯曾说：“赞美是一种有效而不可思议的力量”。现实中，许多顾客从内心深处渴望赞美，药品推销人员不妨利用各种方式、各类话题称赞自己的顾客，这样可能会收到很好的效果。

6. 联合用药原则 联合用药又叫关联销售是指在药店的销售过程中不单单使用一个药品满足疾病治疗或症状的缓解，而采用多种药物起到相互协同，相互补充的作用。顾客联合用药的目的是：增强药品疗效，减少不良反应或者毒性，延缓并发症的发生与发展。除了顾客联合用药的目的，对于营业员或者药店而言，也是增加销售额，毛利额，提升药店专业形象的很好的办法。

在销售药品时，为了适应顾客自尊心的要求，应对同类药品从低价至高价进行推介，同时应该熟悉各种药品的功效及适用人群，以便向顾客进行介绍。在介绍商品时，还必须注意说话的语调和口气，应态度诚挚，介绍恰如其分、简明扼要、速度平稳，语气应坚定、不容置疑，以坚定顾客的信心。应注意的是对于药品的功效应实事求是，绝对不能信口开河，夸大其词，以免破坏药店信誉及失去顾客信任。

二、药店问病卖药流程

药店药品推介流程为：礼仪接待、询问基本信息、查询病症及四史、疾病评估、药品推荐、用药指导、健康提醒、售后服务。

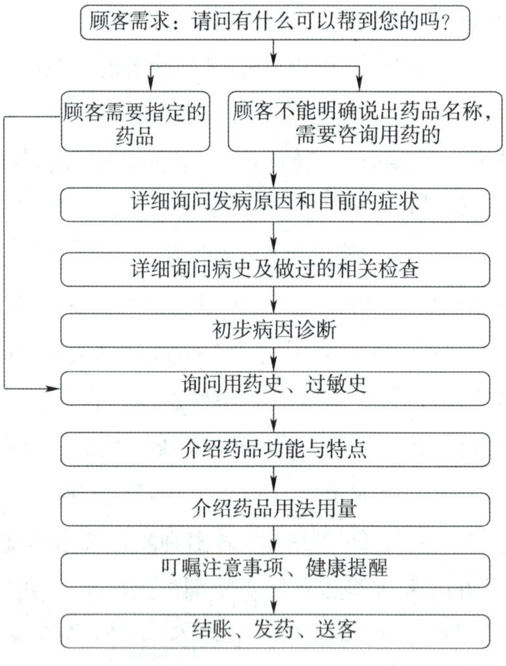

三、药品销售中注意运用 FABE 法则

药品推介的主要内容可概括为：“FABE”即特征（feature）、优点（advantage）、利益（benefit）、证据（evidence）。

（1）将产品特征详细地介绍给顾客 介绍的内容应当包括：药品的疗效、包装、工艺、使用的方便性及经济性、外观优点及价格等，如果是新产品则应更详细地介绍。如果产品在用料和加工工艺方面有所改进的话，也应介绍清楚。

（2）充分分析产品的优点 对不同类型、不同剂型、不同品牌的药品寻找出其特殊的作用，或者是某项特征在该产品中扮演的特殊角色、具有的特殊功能等。

（3）产品给顾客带来的利益　推销人员应在了解顾客需求的基础上，把产品能给顾客带来的利益，尽量多地列举给顾客。不仅要讲产品外表的、实质上的利益，更要讲产品给顾客带来的内在的、附加的利益。从经济利益、社会利益到工作利益以至社交利益，都应一一列举出来。在对顾客需求了解不多的情况下，应边讲解边观察顾客的专注程度和表情变化，在顾客表现出关注的主要需求方面要特别注意多讲解多举例。

（4）以“证据”说服顾客。应用真实的数据、案例、实物等证据解决顾客的各种疑虑，促使顾客购买。

活动设计

一、活动条件

工作服、头花、笔、纸、固定电话、椅子、药品的空包装盒、收银台、货架、收银台、工作台等道具，在 GSP 模拟药房进行。

二、活动组织

1. 首先根据问病卖药流程进行训练，2 人一组，其中 1 人扮演药店营业员、1 人作为顾客，开展药品销售的情景模拟。

2. 每组按照步骤进行情景模拟实训，2 人进行角色轮换操作，反复练习，每组动作要求至少 5 遍。

3. 完成一个操作步骤之后，每组同学及时点评纠错，老师进行总结和纠错，再进行下一步骤的情景训练。

三、活动实施

序号	步骤	操作说明	操作标准
1	问病	问疾病的基本信息 	仔细询问基本信息包括是否本人、年龄、是否婚孕、关注老孕幼弱特殊人群。标准用语：是您本人吗？您哪里不舒服？您多大年龄了？您怀孕了吗？（针对适龄女性）
		查询病症及四史 	仔细询问患者的疾病情况并反复排查四史包括：疾病史、就医史、过敏史、用药史。 标准用语：您还有哪里不舒服的？您用过什么药？对＊＊过敏吗？您有＊＊＊病吗？您检查过没有？

续表

序号	步骤	操作说明	操作标准
2	卖药	疾病评估图 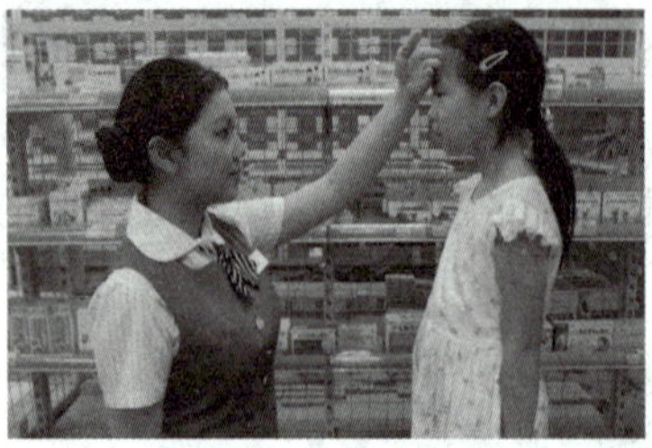	对典型症状、鉴别诊断，初步判断疾病，讲清楚判断的理由和疾病可能的诱因，赢取顾客的信任。 标准用语：根据您的＊＊＊症状和＊＊＊特点，你这可能是＊＊＊（疾病或症状）
		药品推荐 	依据药品推荐原则做到对症荐药、合理关联、不过度销售和不盲目联合。详细介绍药物的作用特点和通俗易懂的作用机制。推荐药品时采用 FABE 销售法则。 标准用语：根据您的症状和特点，我推荐您使用＊＊＊，这药有＊＊＊的作用，是治疗＊＊＊的！这药与其他药相比有＊＊＊，它能够使您的＊＊＊症状减轻。您可以看看它的药品说明

情景一

顾客需要为自己购买感冒药。近日因工作繁忙，过度疲劳，昨又淋雨。现头痛，咽干，周身酸痛。

标准用语：

请问是感冒吗？吃什么药？当患者来到柜台前时，你首先应先查询患者本人的年龄、性别，然后进一步查询：

问病：

①您是突然发热的吗？体温多少？（普通感冒一般不发热，个别有 37.2～37.3℃微热。流行性感冒起病急骤、高热可达 39℃。）

②您全身肌肉、关节酸痛吗？（流行性感冒发热时伴头痛，全身酸痛。）

③您发热较高，今天是第几天了？（流行性感冒一般发热持续 3～5 日。）

④您周围的同事或家人有发热吗？（流行性感冒很易传染别人。）

⑤有哪些具体症状？（如全身酸痛、咽痛、流涕、鼻塞、打喷嚏，以便对症选药。）

⑥您还有其他症状吗？眼睛红、痒、鼻痒、突发性打喷嚏等情形？（病人只有这些症状而无其他感冒症状的话，则可能为过敏性鼻炎而非感冒。）

⑦您还有其他疾病如糖尿病、青光眼、心脏病、高血压、甲状腺疾病吗？（因为这些患者需谨慎应用某些抗感冒药。）

⑧症状持续多久了？（一般感冒持续 3～7 天即可痊愈，若超过 7 天仍未缓解反而加重，则可能有并发症，应建议患者就医。）

荐药：您这是由于淋雨导致的普通感冒，建议您＊＊＊，这种药品能够快速缓解您的感冒症状，将＊＊＊搭配在一起用效果会更好呢。

服务要领：一定要仔细询问病情，然后根据病情准确进行疾病评估和判断，要表现出热情、关心、细致的药学服务态度，尊重顾客的选择，体现专业性和作为人民健康守门人的职业素养。

情景二

一位顾客前日下午去刚搬新居的朋友家后，实感鼻痒、喉痒、胸闷、咳嗽、气急、呼吸困难，去医院急诊后经治疗缓解，但这两天仍感不适，常常呼吸困难，偶有喘鸣音，希望选购一种止喘药。

标准用语：

①您过去曾经犯过哮喘吗？　（哮喘多有反复发作史。）

②您家族中有患哮喘病的人吗？（哮喘多有遗传或家族史。）

③您朋友家是新装修的新居吗？您闻到油漆味了吗？（可能对油漆过敏。）

④当时是否就感到胸部发紧，有轻微咳嗽和呼吸困难吗？（哮喘初起的轻度症状。）

⑤您去医院治疗后，服用什么药？昨天有否继续服药？（可能没有连续用药。）

⑥现在您是否感到呼吸困难，不能讲话或平卧？（哮喘严重发作，发展为哮喘持续状态。）

荐药：您有过敏史，此次可能是对油漆过敏，未彻底治愈，现正处于哮喘严重发作状态。我建议您继续使用＊＊＊，搭配＊＊＊使用，可以＊＊＊。

服务要领：细致询问引起哮喘的原因，提醒顾客继续使用医生处方中的药品，并推荐一些辅助用商品，以缓解患者的不适，要表现出热情、关心、细致的药学服务态度，尊重顾客的选择，体现专业性和作为人民健康守门人的职业素养。

四、活动评价

评价内容		评价标准	是/否
活动完成情况	活动一：问疾病的基本信息	能够询问顾客的年龄、是否本人用药	
		能够询问顾客的生活、卫生习惯，找出疾病可能诱发因素	
		询问顾客的主要症状，并做出初步的正确的判断	
	活动二：查询病症及四史	能询问顾客的伴随症状	
		能询问顾客的疾病史或家族遗传史	
		能询问顾客的过敏史	
		能询问顾客的就医史	
		能询问顾客的用药史	
	活动三：疾病评估	能根据病情进行初步的疾病评估	
		能根据询问情况确定可能的疾病诱发因素	
	活动四：药品推荐	能快速地找到需要推荐的药品	
		能根据病情准确的推荐药品	
		能推荐疾病的关联商品	
		能准确地找到所推荐药品的特征点	
		能准确地找到所推荐药品的优势点	
		能准确地找到所推荐药品给顾客带来的利益点	
		能有效地展示所推荐药品的特征点、利益点和优势点的证据	

课后作业

FABE 推销法不仅要求我们站在顾客角度想问题，还要求我们要讲得有逻辑、好理解，才能引发顾客的兴趣、试找一个药品进行研究，并按 FABE 法则，写出你的讲解过程。

职业能力 C－3－4 能正确运用连带销售的技巧

PPT 微课

核心概念

连带销售有两层含义：一是当顾客不一定立即购买某种药品时，可尝试推荐其他相关产品，令顾客感兴趣并留下良好的专业服务印象；二是当顾客完成购物后，尝试推荐与之相关的产品，引导顾客消费。

学习目标

能够正确运用连带销售原则进行药品推荐。

基本知识

药品连带销售可以遵循以下原则。

（1）药品＋非药品的原则 药品＋非药品主要源于在零售药店的商品中除了一部分具有国药准字的药品外，还有大量非药品的存在，比如保健品、医疗器械、日化用品、消毒用品等。因此在药品销售过程中，可以加一些辅助商品。比如：在高血压用药的时候可以搭配销售血压计和保健品中的深海鱼油、卵磷脂等。

（2）西药＋中药的原则 西药＋中药主要源于在药品的销售过程中，中药和西药都有各自的优势，中药更加注重病因，西药更加注重病症的解决，因此在很多情况下，冲突很小，况且优劣势可以互补，所以通常采用西药和中药联合销售。比如：妇科炎症用药中可以采用西药中的抗菌消炎药物搭配中成药中的清热解毒类药物，如：妇炎康片（胶囊）、金鸡片、妇科千金片等。

（3）内服用药＋外用药的原则 内服药是指必须口服，经消化道才能吸收的药物。外用药是指在体表粘贴的膏药，或涂抹的药物。内服用药＋外用药主要源于用药讲究标本兼治，内外兼修。因此在药品销售过程中可以将口服的和外用药联合销售。比如：过敏性荨麻疹可以内服抗组胺类药物氯雷他定、西替利嗪等，外用止痒的皮炎平、维肤膏等。

（4）主药＋辅药的原则 主药＋辅药的原则主要源于中药用药过程中的君臣佐使，但是在药店药品销售过程中，主要是解决疾病的主体用药之外，加上一些辅助用药。比如，感冒时可以用复方成分的感冒药加上增强抵抗力的维生素与矿物质类药物维生素 C 等和板蓝根颗粒、抗病毒口服液、艾条等。主药＋辅药的原则在运用过程中注意不能只卖辅药而不卖主药，这样对于疾病的治疗用处不大，会带来顾客的不满意。

活动设计

一、活动条件

工作服、头花、笔、纸、固定电话、椅子、药品的空包装盒、收银台、工作台等道具，在 GSP 模拟药房进行。

二、活动组织

1. 首先根据服务标准和要求按步骤进行训练，2 人一组，其中 1 人扮演药店营业员、1 人扮演顾客，开展药品连带销售的情景模拟，并相互检查连带销售的组合是否正确。

2. 每组按照步骤进行情景模拟实训，2 人进行角色轮换操作，反复练习，每组动作要求至少 5 遍。

3. 完成每组连带销售组合后，每组同学相互检查及时点评纠错，有疑问则向老师请教，老师进行总结和纠错，再进行下一步骤的情景训练。

4. 处方药是必须凭处方才能销售的，所以尽量选择非处方药品，比如感冒中可能用得较多的抗菌药物绝大多数是处方药，不能随意推荐，必须在法律红线下进行商品的连带销售。在连带销售过程中对于每一种商品的推荐要符合顾客的需要，注意千万不要给顾客过度推销的感觉，更不能强买强卖，在价格上也要注意低价和高价的搭配，提高顾客的满意度。体现专业的药学服务态度和作为人民健康守门人的职业素养。

三、活动实施

序号	步骤	操作说明	操作标准
1	药品与非药品连带销售		写出五种药品与非药品的连带组合，药品必须写药品的通用名，非药品不做要求，写出每类连带组合的原因和理由！例如：硝酸咪康唑软膏 + 棉签（在治疗足癣时避免其他地方的感染，尤其是手部），并以一种为例，进行情景模拟连带销售
2	西药 + 中药连带销售		写出五种西药与中药的连带组合，所有药品必须写药品的通用名，写出每类连带组合的原因和理由！例如胶体果胶铋 + 胃康灵（修复胃黏膜药物和中成药胃康灵合用可以缓解胃酸胃痛等其他胃部不适的症状）并以一种为例，进行情景模拟连带销售
3	内服 + 外用连带销售	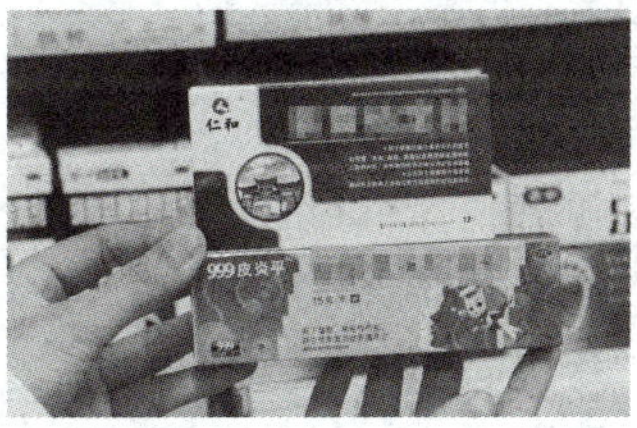	写出五种内服药 + 外用药的连带组合，药品必须写药品的通用名，非药品不做要求，写出每类连带组合的原因和理由！例如：氯雷他定片 + 复方醋酸地塞米松乳膏（内服抗过敏药 + 软膏缓解过敏引起的皮肤瘙痒）并以一种为例，进行情景模拟连带销售

续表

序号	步骤	操作说明	操作标准
4	主药与辅药连带销售	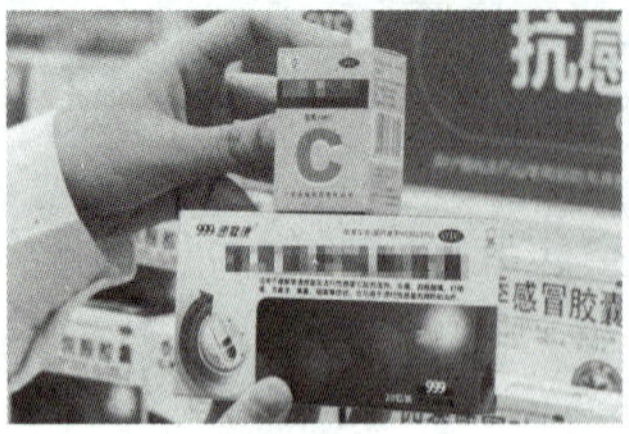	写出五种主药与辅药的连带组合，药品必须写药品的通用名，非药品不做要求，写出每类连带组合的原因和理由！例如：复方氨酚烷胺片 + 维生素 C（主要复方氨酚烷胺片用于缓解普通感冒引起的各种不适症状，辅药维生素 C 可以一定程度增加人体抵抗力，缩短感冒疗程）并以一种为例，进行情景模拟连带销售

情景一

顾客有滴虫性阴道炎，平时很容易复发，复发时很难受。

标准用语：针对您的炎症容易复发的特点，建议您在急性发作期运用奥硝唑阴道栓的同时口服一些中成药的消炎药比如妇炎康复片等，平时还可以增强自身的抵抗力注意个人卫生并服用一些比如大蒜精油类的保健品。

服务要领：在药品推荐过程中要根据顾客的经济承受力、顾客的买卖意愿以及解决疾病痛苦的迫切程度来进行相关商品的连带销售。

情景二

顾客来购买治疗高血压药苯磺酸氨氯地平片，在给顾客该药后，营业员该怎么办？

标准用语：高血压是必须长期坚持服用药物的，您还可以搭配一些深海鱼油卵磷脂等保健品，可以帮助软化您的血管，减轻血液对于血管壁的压力，每天 1 ~ 2 次，服用也比较方便，对您的长期高血压有一定的帮助，您可以看看，它们是属于保健品，对人体又没有什么副作用。您平时一定要注意 * * *（生活饮食指导）

服务要领：针对长期慢性疾病患者应该进行健康教育的同时，可以尝试推荐一些长期可方便服用的针对该慢性病有帮助的保健品，以提高患者的保健意识，但是同样要考虑到患者的经济状况和需求，不能强买强卖和过度推销！

四、活动评价

评价内容		评价标准	是/否
活动完成情况	活动一：药品与非药品的连带销售	能根据病情正确选用连带销售组合中的药品与非药品	
		能正确说明药品与非药品连带销售的理由	
	活动二：西药 + 中药连带销售	能根据病情正确选用西药和中药的连带销售组合	
		能正确说明每组西药和中药连带销售的理由	
	活动三：内服 + 外用连带销售	能根据病情正确选用内服药和外用药的连带销售组合	
		能正确说明每组内服和外用药连带销售的理由	
	活动四：主药与辅药连带销售	能根据病情正确选用主药和辅药的连带销售组合	
		能正确说明每组主药和辅药连带销售的理由	
	活动五：情景模拟推荐	能在连带销售过程中考虑顾客的经济能力	
		能在连带销售过程中不过度推销	

课后作业

1. 药品连带销售要遵循哪些基本原则？
2. 药品连带销售要注意些什么？

职业能力 C－3－5 能根据推荐的药品进行用药指导和健康指导

PPT 微课

核心概念

用药指导是指通过直接与患者或其家属沟通，解答其用药疑问，介绍药物和疾病知识，提供用药咨询服务的过程。

学习目标

1. 能够根据推荐的药品进行用药指导。
2. 能够根据患者的疾病进行健康指导。

基本知识

一、常规用药指导

1. 用药时间 按时间规律给药，能使用药更加科学、有效、安全和经济。一般药物服用适宜时间见下表。

服用时间	药物类别	药品举例
清晨	糖皮质激素（可在上午 7－8 时给药）	泼尼松、地塞米松
	抗高血压药	氨氯地平、贝那普利、氯沙坦
	抗抑郁药	氟西汀、帕罗西汀
	利尿药	呋塞米、螺内酯
	泻药	硫酸镁
餐前	胃黏膜保护药	复方铝酸秘
	促胃动力药	甲氧氯普胺、多潘立酮、莫沙必利
	降血糖药	格列本脲、罗格列酮
	钙、磷调节药	阿仑膦酸钠（晨起早餐前）
	抗菌药	阿莫西林、头孢拉定、阿奇霉素、利福平
餐中	降血糖药	二甲双胍、阿卡波糖（与第一口食物同服）
	助消化药	胰酶、淀粉酶
	非甾体抗炎药	吡罗昔康、美洛昔康
	肝胆辅助药	熊去氧胆酸
	减肥药	奥利司他
	抗结核药	乙胺丁醇、对氨基水杨酸

续表

服用时间	药物类别	药品举例
餐后	非甾体抗炎药	阿司匹林、对乙酰氨基酚、布洛芬、双氯芬酸
	维生素	维生素 B_1，维生素 B_2
	H_2 受体拮抗药	雷尼替丁、西咪替丁
睡前	催眠药	地西泮、艾司唑仑、苯巴比妥
	平喘药	沙丁胺醇、二羟丙茶碱
	调节血脂药	洛伐他汀、阿托伐他汀
	抗过敏药	苯海拉明、氯雷他定、酮替芬
	钙剂	碳酸钙
	泻药	比沙可啶片、酚酞

2. 给药次数　每日服药的次数由药物半衰期和在体内消除的快慢决定，大多数药物是一日 3 次。半衰期较短、在体内消除快的药物，给药次数可略增加；半衰期长、在体内消除慢的药物，可每日服 2 次或 1 次，有时由于个体差异、用药目的不同、剂型不同，服药的时间和次数也会改变。此外，还有一些其他情况，例如根据激素昼夜分泌的规律性，现多主张皮质激素长疗程疗法中采用隔日或每日一次的给药方法，即把两日或一日的总量在隔日或当日早晨一次给予。

3. 不良反应和注意事项　应向顾客解释清楚，任何药物正常使用中都会出现不同程度的不良反应，不良反应如果轻微或者在预料之中，不必影响正常用药。如果出现预计之外的不良反应或者较严重的不良反应，应当停药并去医院就诊。

某些药物服用后会有尿色改变，如维生素 B_2 服用后尿色变黄，或某些控释片在胃肠道中释放有效成分后原型骨架会随大便排除等，应注意向顾客交待清楚，以免引起患者不必要的紧张。

4. 其他

（1）疗程　是对某些疾病所规定的一个连续治疗的阶段。通常抗菌药物、抗结核药物、糖皮质激素类药物、抗肿瘤药物等都有明确的疗程，患者需要根据医生制定的疗程服药，不应随意加大或减少剂量，不可随意停服。

（2）药品的储存　一般应指导顾客将药品存放在清洁、干燥的地方，远离水源、热源，避免阳光照射；部分需要冷藏储存的药品应注意放冰箱保存；家中如果有儿童的，应注意将药品放在儿童不能接触的地方；家中如有多个人同时服用不同药品时，则应明显分开或在药盒上显著标记等，以防误服，同时药品储存中药注意有效期。

二、特殊用药指导

1. 特殊人群用药指导　特殊人群主要为老人、儿童、妊娠期和哺乳期妇女、驾驶员、肝肾功能不全等人群在用药指导时要格外注意。

（1）老年人　老年人的用药方案要简单明了，有些老年人吞服片剂或胶囊有困难，注意选择便于老年人服用的剂型，比如颗粒剂、口服液，糖尿病患者应注意选择无糖制剂，对于特殊注意事项的药物，应重点解说，保证老年患者正确安全用药，同时进行一定的健康教育，并嘱咐家人帮忙督促检查，提高用药的依从性。老年人因为肝肾代谢慢，所以用药剂量要区别于正常成人。60 岁以上的老年人，一般可用剂量的四分之三。

（2）儿童　儿童的用药首先要注意剂量，小儿用药剂量比成人小，一般可根据年龄按成人剂量计算，具体折算见下表。

根据年龄折算小儿剂量

年龄	按年龄折算剂量（成人剂量）	年龄	按年龄折算剂量（成人剂量）
新生儿	1/10～1/8	4岁	1/3
6个月	1/8～1/6	8岁	1/2
1岁	1/6～1/4	12岁	2/3

小儿处于生长发育阶段，许多脏器、神经系统发育尚不完全，对药物的吸收、分布、代谢、排泄等过程和药物敏感性均有影响。除了药物剂量要特别注意外，还有给药途径。根据小儿特点选择给药途径，一般来说，能吃奶或耐受经鼻饲给药的婴儿，应尽量采用口服给药。婴幼儿皮肤角质层薄，药物容易透皮吸收，甚至中毒，切不可涂敷过厚过多，用药时间不宜过长。另外，为了提高小儿用药的依从性，尽量选用颗粒剂、糖浆、口服液等口味适宜的儿童剂型，尤其注意泡腾片不可直接吞服。

（3）其他　对妊娠期不满三个月的顾客一定要叮嘱其不可乱用药物，权衡利弊，零售药房一般不向妊娠不满三个月的顾客推荐使用药物。针对哺乳期的顾客，要尽量选择对母亲和婴儿影响小的药物，避免使用长效药物或多药联用，或者叮嘱顾客尽量选择在血药浓度较低时哺乳或暂停哺乳。对于驾驶员包括高空作业人员，如必须使用影响高空作业的药物时，叮嘱其暂时停止工作。针对肝肾功能不全的患者，要注意药物的代谢和排泄，用药剂量进行调整，同时避免或减少使用肝肾毒性大的药物和联合用药。

2. 特殊剂型用药指导　在提供用药指导时，除了常规的指导，以及特殊人群的特殊注意事项，一些特殊剂型也应向顾客解释清楚，提高用药依从性，做到合理用药。特殊剂型的用药注意事项见下表。

剂型	注意事项
滴丸剂	剂量不宜过大；少量温开水送服；保存时不宜受热
泡腾片	用100～150ml凉开水或温开水，等完全溶解或气泡消失后再饮用，严禁直接口服或含服，不应让幼儿自行服用
舌下片	迅速含于舌下5分钟左右，不能搅动、咀嚼、吞咽，不要吸烟、进食，保持安静少说话，服药后30分钟不宜进食或饮水
咀嚼片	咀嚼充分，咀嚼后少量温开水送服，用于中和胃酸时宜在餐后1～2小时服用
缓控释制剂	除非另有说明，应完整吞服，严禁嚼碎或压碎服用，一般一天用药1－2次，服药时间宜固定；某些控释片在胃肠道中释放有效成分后原型骨架随大便排出
肠溶片（胶囊）	除非另有说明，应完整吞服，严禁嚼碎或压碎服用，胶囊不宜打开服用
混悬液	使用前应充分摇匀
乳膏剂、软膏剂	使用前皮肤清洗干净，破损、溃烂、渗液的部位一般不用，涂布部位如有红肿、瘙痒等应停用；部分药物（如尿素）涂敷后可封包提高疗效，涂敷后轻轻按摩，涂层不宜过厚，不宜用于口腔、眼结膜等
含漱剂	按说明书要求稀释溶液，含漱时不宜咽下，含漱后半小时内不宜饮水或进食
滴眼剂	清洁双手，头后仰，轻轻拉开眼睑，将药水滴入下眼睑内；瓶口不要接触眼睛，滴后闭眼2分钟左右，用纸巾轻轻擦去溢出的药液，如同时使用两种或以上滴眼液，应间隔10分钟以上，先滴病症轻的后滴病症重的；滴眼液打开超过1个月的禁止使用
眼膏剂	一般在晚上睡前涂敷，涂敷后眨眼数次使药膏分布均匀；其他同滴眼液
鼻用喷雾剂	坐位，头微前倾；用力振摇喷雾剂后将喷头尖端塞入一个鼻孔；先呼气；按动阀门，一次1～2揿，同时吸气；喷药后头尽量前倾10秒左右；更换鼻孔，如上操作，使用后用凉水清洁喷头

续表

剂型	注意事项
气雾剂和吸入粉雾剂	口腔内食物和水咽下，尽量将痰咳出，用前摇匀，嘴唇贴近喷嘴，并尽量呼尽肺内气体，于深吸气同时按压阀门，同时屏住呼吸 10～15 秒，后用鼻呼气，含激素的喷剂用后温水漱口
阴道栓	洗净双手，仰卧床上，双膝曲起并分开，用置入器或戴指套，将栓剂尖端部向阴道口塞入，并用手向下向前方向推到阴道深处；置入栓剂后并拢双腿，保持仰卧 20 分钟，给药后 1～2 小时内尽量不排尿，尽量睡前给药，月经期停用，过敏停用；如果夏季栓剂软化，可在使用前放冰箱冷藏 10～20 分钟，使用栓剂后注意防止污染衣物
直肠栓	洗净双手，侧卧床上，大腿前屈贴腹部，小腿伸直，儿童可趴在大人腿上，放松肛门，带指套，将栓剂尖端塞入肛门，并轻轻推进，儿童 2 厘米，成人 3 厘米，用后合拢双腿保持侧卧 15～20 分钟，用药 1～2 小时内尽量不排大便；如果夏季栓剂软化，可在使用前放冰箱冷藏 10～20 分钟，使用栓剂后注意防止污染衣物

三、服药期间的生活指导

1. 同服药物或食物

（1）同服药物　遇到患者同时服用两种或两种以上药物时，应仔细询问患者曾经或正在服用的药物，尤其是连带销售中推荐的药物，对服用的剂量和时间都应该指导清楚，并帮助顾客判断哪些是治疗疾病的主要药物，哪些是辅助治疗药物，并分析哪些是可以同时服用，哪些应分时间隔开服用，哪些应该暂停服用。

（2）同服食物　合理的饮食有助于药物的作用，不当的饮食可能降低药物疗效，危害健康，甚至危及生命，导致严重后果。有些药物如阿莫西林、头孢氨苄等会因胃中食物的影响而减少吸收，此类药物应空腹服用。有些药物对胃肠刺激性较大，则应饭后服用。还有一些脂溶性维生素等药物在服用时可适当高脂饮食，增加药物的溶解度。同时某些特殊的食物与药物存在特殊的相互作用。例如：酒类可抑制中枢，加重镇静药、抗组胺药等的中枢抑制作用；与降血糖药合用会引起严重的低血糖；与硝基咪唑类、头孢菌素类药物合用会引起双硫仑样反应等。茶类所含的鞣质会与生物碱、铁剂等形成络合物，影响药效，茶叶中的茶碱也对身体有影响，应该避免用茶水服用药物。

2. 生活指导

（1）情绪　应指导患者保持良好的心态，有助于疾病的康复或减少复发；尤其是恶性肿瘤等慢性患者，更应树立乐观向上的心态，对抗疾病。

（2）饮食　一般急性病发作期间应指导患者多饮水，清淡饮食；“三高”患者要少油少盐，高尿酸血症患者要少吃富含嘌呤的食物等；便秘者应多饮水，多吃蔬菜水果；腹泻者则忌食生冷等。

（3）运动与生活习惯　一般急性病发作期间以及心脑血管系统疾病、慢性呼吸系统疾病患者应该注意多休息，避免疲劳，避免剧烈运动。“三高”患者则应当适当运动；皮肤病患者应该注意清洁，有传染性的皮肤病患者在患病期间生活用品与家人分开等；戒烟戒酒，不熬夜，养成规律作息的习惯。

活动设计

一、活动条件

工作服、头花、笔、纸、固定电话、椅子、药品的空包装盒、收银台、中药柜、中药饮片、工作台等道具，在 GSP 模拟药房进行。

二、活动组织

1. 首先根据服务标准和要求按步骤进行训练，2 人一组，其中 1 人扮演药店营业员、1 人作为顾客，开展用药指导和健康指导的情景模拟。

2. 每组按照步骤进行情景模拟实训，2 人进行角色轮换操作，反复练习，每组动作要求至少 5 遍。

3. 完成一个操作步骤之后，每组同学及时点评纠错，老师进行总结和纠错，再进行下一步骤的情景训练。

三、活动实施

序号	步骤	操作说明	操作标准
1	用法用量指导		准确告知顾客对各种药物的用法用量，不能用模糊的词语比如 2～3 次，1～3 粒等应该准确告知。标准话术：您的这个药是温开水服用，每天＊＊次，一次＊＊粒，需要吞服，＊＊＊＊
2	不良反应和注意事项指导		应提醒顾客任何药物正常使用中都会出现不同程度的不良反应，不良反应如果轻微或者在预料之中，不必影响正常用药。如果出现预计之外的不良反应或者较严重的不良反应，应当停药并去医院就诊。注意事项和不良反应要根据顾客的具体情况提出
3	健康生活指导		健康生活指导应该从情绪、运动、饮食、睡眠等几个方面进行有针对性地关怀指导。标准话术：您平时要注意多喝水、适量运动，饮食忌辛辣刺激的食物，保证食物的多样性等
4	老年人用药指导和健康指导		老年人的用药指导和健康指导一定要仔细、周到、全面、语速要慢，要进行适当的重复，保证老年患者能够听懂和听清。 老年的药物的用量一般为正常成人用量的四分之三
5	儿童用药指导和健康指导	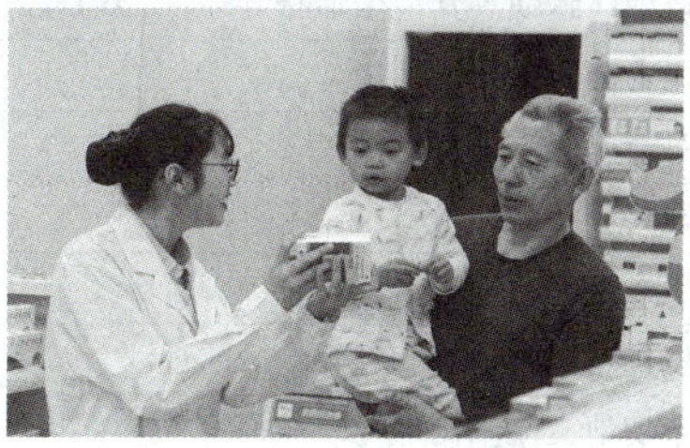	儿童用药的用量按照体重计算，一定要向购药人询问患者的年龄和体重，同时要注意用药的依从性，能否吞服，对药物的抗拒性等均要站在关心患者并照顾购药人心理的角度询问清楚，并向购药人讲解最佳的用药方法

情景一

顾客已经决定购买了普通感冒药，药店店员怎样开展用药指导和健康指导？

标准用语：您买的这个是普通感冒用药，它主要针对您感冒的不适症状，吃的时候一定要注意剂量，它是*****用的，用法用量是每天**次，每次***粒，要我帮您写在这个药盒上吗？吃这个药的时候可能会有嗜睡或者轻微的胃肠道反应，要注意*****，在生活上要注意不要吃辛辣刺激性的食物，比如鱼虾、辣椒等，多喝温开水，注意休息和适当运动，家里有滋补性的食物在感冒期间就不要吃了，****。

服务要领：对于比较专业的用药指导和生活饮食指导要用通俗易懂的语言让顾客理解，提醒顾客滋补性食物在感冒期间要暂停使用，用法用量要准确，不能模糊，在讲解不良反应的时候不能让顾客产生恐惧心理，提高顾客的用药依从性。

情景二

一位妈妈带着自己女儿来药店买了补充维生素与矿物质的药物，药店店员怎样开展用药指导和健康指导。

标准用语：这种是补充各种维生素与矿物质的药物，适当的补充对小孩的各项发育都是好的，这种药是口服液，小孩子比较好服用，每天两次，每次一支，但是不要长期服用，毕竟是药三分毒。平时一定要注意小孩的生活饮食，保证足够的睡眠和户外活动以及饮食均衡，多吃蔬菜水果，让小孩养成良好的饮食习惯。小朋友，您要好好吃饭，多吃蔬菜水果，身体才会棒棒哦！

服务要领：站在关心顾客小孩健康成长的角度来进行用药指导和健康指导，同时与儿童交流时要亲切，以鼓励的话语为主。

四、活动评价

评价内容		评价标准	是/否
活动完成情况	活动一：用法用量指导	能准确清晰告知顾客药物的使用方法	
		能准确清晰告知顾客药物的使用剂量	
	活动二：不良反应和注意事项指导	能根据顾客的情况告知药物的不良反应	
		能告知药物的相互作用	
		能根据顾客情况告知使用药物的注意事项	
		能告知可能出现不良反应或副作用后的处理措施	
	活动三：健康生活指导	能根据顾客情况告知顾客针对疾病的生活饮食指导	
		能根据顾客情况告知其运动、睡眠等其他生活指导	
	活动四：老年人用药指导和健康指导	能清晰准确地告知老年顾客药物的用法用量	
		能对老年顾客进行有针对性的健康教育	
		能在进行用药指导时体现关心、关怀	
	活动五：儿童用药指导和健康指导	能根据儿童用药介绍其用法用量	
		能站在儿童健康成长角度进行健康指导和教育	
		能对一起来的儿童进行亲切地交流和沟通	

课后作业

1. 老年人的用药特点有哪些?
2. 针对顾客的健康指导主要从哪些方面入手?

工作任务 C-4 慢病管理

职业能力 C-4-1 能与慢病患者有效沟通交流并了解四史

核心概念

PPT 微课

慢病：慢病为慢性非传染性疾病的简称。主要指以心脑血管疾病（高血压、血脂异常、冠心病、脑卒中等）、内分泌紊乱（糖尿病、甲减、甲亢等）、恶性肿瘤、呼吸系统疾病（哮喘、慢性阻塞性肺部疾病、慢性气管炎、肺气肿等）、精神和神经性疾病等为代表的一组或多组疾病，具有病程长、病因复杂、健康损害和社会危害严重等特点。

学习目标

1. 能够灵活运用沟通技巧从患者当中获得疾病史、用药史、就医史、过敏史等信息，为患者提供优质的药学服务。

2. 能运用收集信息方法，收集和评估慢病患者信息。

基本知识

一、沟通的必要性

1. 指导患者合理用药 随着人们健康意识的逐步增强，如何安全、有效、经济地使用药品已受到人们极大的关注。不合理用药带有一定的普遍性，原因不仅包括治疗药物使用不当和滥用，还包括随意用药和合并用药，有些患者对某些药品说明书标明的药品不良反应等相关内容避重就轻等，诸多原因都严重影响到患者的用药安全。

2. 有利于提高患者用药依从性 患者用药依从性如何，在很大程度上取决于患者对其所用药物的了解程度，例如，高血压患者应该服用足量药物来保持血压在控制水平，这就要求我们药师对患者进行有关高血压及其并发症的教育，向患者说明按时、足量服药的重要性，并解释某些降压药的常见不良反应，使其对药物知识有更加全面的了解，从而提高患者的用药依从性。

二、沟通的阻碍因素

1. 药师的能力有限，沟通积极性不高 许多药师认为药物治疗结果如何是医师的事，因而缺乏与患者沟通的动力。

2. 患者对药师的专业地位认识不够 医师在患者心目中具有较高的威信，而患者对药师的认识仍停留在发药的层面上，认为与药师没有交流的必要。

三、沟通技巧

1. 加强慢病专员与患者的沟通是指导患者合理用药的需要

树立“以病人为中心”的理念。慢病专员与患者之间应当真诚相处，相互信任，只有这样，病人才能主动配合，按照慢病专员诊断选择药品。举止得体，不以貌取人。不论患者来自何方，何种地位，衣着如何，都要一视同仁，待人接物自然得体，和蔼可亲，认真倾听患者诉说。在病人叙述病史时，慢病专员应表现出极大的关注和体谅。这种专注的表现不仅仅是耐心、专心地听病人陈述，而且应当有所反应。

2. 恰当地使用非语言交流方式

恰当地使用表情、体态、形体动作等非语言交流方式可以起到语言交流无法替代的作用。不同情况，分别对待。对于屡次购药的患者要善于运用老熟人、老朋友的语言直达问病目的。对一些挑剔、刁难、暴躁的患者，做到既不卑不亢，但又要使患者感到我们是站在他的立场上来考虑问题的。使患者理性配合，最终达到药师与患者相互理解、信任、共同实现买药治病的目的。对那些慢性病、老年病、多发病患者，多用征询性、协商性、探讨性沟通方式，避免刻意改变对方的观点和压抑对方的情绪，让患者乐于接受。在问病卖药过程中注重医学知识的运用。顾客在获得对症药品的同时，也了解到防病之道、养生之道。

四、收集与评估个人慢病信息

以高血压患者为例，门店慢病管理中心慢病管理专员与患者沟通，收集慢病患者信息，并进行健康评估。慢病管理中心可设计使用评估问卷或通过已有检测设备，对患者进行健康检测，以收集患者个人的慢病信息，主要包括以下几个方面。

1. 询问个人疾病与用药信息：目前用药情况，家族病史、药物过敏史、就医史、用药史等。

2. 慢病症状检查与评估：测量血压、血糖、体重，填写症状评估问卷。

3. 服药顺从度评估：请患者填写服药顺从度评估表。

4. 健康生活评估：请患者填写健康生活评估问卷（包括个人运动、饮食、营养、抽烟、饮酒、睡眠、压力等生活形态评估）。

列举几种调查表格见下表。

慢病管理调查表（一）高血压评估表

您的健康情况如何？（请圈选一项）

1. 非常好　　2. 很好　　3. 好　　4. 普通　5. 不好

在下列问题的空格内填入数字（1 表示“一直”；2 表示“经常”；3 表示“有时候”；4 表示“很少”；5 表示“从不”）

1. 我□摄取平衡健康之饮食

2. 我□定期运动

3. 我□感觉有很大压力

在下列问题的空格内填入数字（1 表示“是”；2 表示“否”）

1. 您曾经忘记服药吗？□
2. 您经常疏忽而忘记服药？□
3. 当您感觉身体好一点了，有时候您会停止服药？□
4. 有时候觉得服药后身体状况反而较差，您会停止服药？□
5. 您是否也服用其他药物？□ 如果是，请写下服用的药品名称：
6. 您目前是否有抽烟？□ 如果目前没有抽烟，那么，您过去抽过烟吗？□

慢病管理调查表（二）高血压患者服药依从性调查分析表

姓名：　　性别：　　年龄：　　联系方式：

居住地址：　　有无医保：

下列问题，请根据您的实际情况，在正确的选项上打钩：

1. 高血压分级：（单选题★必答）

□轻度　□中度　□重度　□单纯性收缩期高血压

2. 病程：（单选题★必答）

□0～5 年　□ 5～10 年　□10 年以上

3. 测血压次数：（单选题★必答）

□一周 1 次及以下　□一周 2～4 次　□一周 5 次及以上

4. 并发症：（单选题★必答）

□无　□有

5. 服降压药的种类：（单选题★必答）

□1 种　□2 种及以上

6. 每天服药的次数：（单选题★必答）

□1 天 1 次　□1 天 2 次　□1 天 3 次

7. 服药的疗效：（单选题★必答）

□好　□不明显　□没感觉

8. 药物的不良反应：（单选题★必答）

□无　□有

9. 吸烟情况：（“吸烟”指近一年抽过烟）（单选题★必答）

□吸烟　□不吸烟　□已戒烟

10. 是否饮酒：（单选题★必答）

□是　□偶尔饮酒　□否　□已戒酒

11. 以哪类饮食为主：（单选题★必答）

□肉类　□蔬菜　□水果　□其他

12. 您经常吃煎炸多油的食物吗？（单选题★必答）

□从不　□每周少于 3 次　□每周 3～6 次　□每天

13. 您经常吃甜食吗？（单选题★必答）

□从不　□每周少于3次　□每周3～6次　□每天

14. 您经常吃腌制的咸菜或腊肉吗？（单选题★必答）

□从不　□每周少于3次　□每周3～6次　□每天

15. 每周运动情况如何？（指每次超过30分钟的运动）（单选题★必答）

□每周运动5次以上　□每周运动2～5次　□每周运动1次及以下

16. 某些饮食习惯难以改变的原因：（多选题★必答）

□不清楚饮食习惯需要注意些什么

□认为饮食对高血压影响不大

□家庭的日常饮食习惯，口味偏重

□清楚某些饮食习惯不好，但习惯了不容易改变

□其他原因

17. 一旦采用药物治疗，是否需要终身服药：（单选题★必答）

□是　□否　□不清楚

18. 每天食盐摄入量：（单选题★必答）

□10克　□8克　□6克　□4克　□不清楚

19. 您认为以下哪项会导致血压升高？（单选题★必答）

□食盐过多　□精神紧张　□缺乏锻炼　□遗传　□胆固醇过高

□肥胖　□经常吸烟　□男55岁及以上，女65岁及以上

□糖尿病　□营养不良　□饮酒过量　□以上都是　□不清楚

20. 血压波动影响因素：（单选题★必答）

□运动　□肥胖　□气候　□情绪变化　□吸烟，酗酒

□以上都有可能　□不清楚

21. 由于血压得不到控制，发展成疾病的知晓情况：（单选题★必答）

□冠心病　□脑卒中（中风）　□肾功能不全　□以上都有可能　□不清楚

22. 预防高血压方式的知晓情况：（单选题★必答）

□低盐饮食　□加强锻炼，控制体重　□戒烟限酒，保持心理平衡

□以上都有可能　□不清楚

23. 矩阵题（多选题★必答）

问题	完全同意	同意	说不准	不同意	完全不同意
我相信高血压越早治疗控制达标越好	□	□	□	□	□
我知道自己的血压控制目标值	□	□	□	□	□
高血压需要长期甚至终身坚持服降压药	□	□	□	□	□
我相信服用医生开的降压药能改善健康	□	□	□	□	□
感觉良好时不服降压药也行	□	□	□	□	□
血压控制达标后我就可以停服降压药	□	□	□	□	□
可以通过停服一段时间，看看是否仍需要服药	□	□	□	□	□
愿意尝试服用民间降压药的偏方	□	□	□	□	□

续表

问题	完全同意	同意	说不准	不同意	完全不同意
我感到每天坚持服降压药太麻烦了	□	□	□	□	□
每天记住服降压药对我而言太困难了	□	□	□	□	□
我觉得漏服几次降压药没有什么大不了	□	□	□	□	□
长期服药我担心药物的不良反应	□	□	□	□	□
我感到药价太贵难以承受	□	□	□	□	□
当地医疗机构没有我想要的降压药	□	□	□	□	□
我觉得吃咸点对血压没什么影响	□	□	□	□	□
我没有必要进行规律锻炼	□	□	□	□	□
我没有时间或精力进行规律锻炼	□	□	□	□	□
我因身体受限而无法进行规律锻炼	□	□	□	□	□
我不知道如何将体重控制在正常范围	□	□	□	□	□
我觉得很难平衡工作、锻炼及休息的关系	□	□	□	□	□
我不知道如何调节自己的情绪	□	□	□	□	□

24. 高血压用药问卷（矩阵多选题★必答）

问题	完全同意	同意
您是否有忘记服药经历	□	□
您是否有时不注意服药	□	□
当您自觉症状改善时，是否曾停药？	□	□
当您服药后感觉症状更差时，是否曾停药？	□	□

25. 您无法按照医嘱进行高血压治疗的原因有：（多选题★必答）

□经常忘记服药　□认为疾病好转而停服药　□担心出现药物的副作用

□认为药物的疗效不好　□经济原因　□不知道高血压需要长期坚持服药

□药物方案太复杂（服药的次数多，药物的种类多）

□生活方式的改变难以做到（例如吸烟、饮酒、饮食控制等）

□门诊复查不方便　□不知道需要长期门诊复查

□病程　□医疗费支付方式　□其他

活动设计

一、活动条件

工作服、头花、笔、纸、固定电话、椅子、药品的空包装盒、收银台、工作台、慢病登记表、调查表等道具，在 GSP 模拟药房进行。

二、活动组织

1. 首先根据接待顾客的服务标准和要求按步骤进行训练，2 人一组，其中 1 人扮演药店慢病管理专员、1 人作为顾客，店员自查仪容仪表。

2. 每组按照步骤进行情景模拟实训（以高血压患者为例），2 人进行角色轮换操作，再练习。

3. 完成一个操作步骤之后，每组同学及时点评纠错，老师进行总结和纠错，再进行下一步骤的情景训练。

三、活动实施

序号	步骤	操作说明	操作标准
1	接待顾客	仪容仪表符合要求；运用接待礼仪 	店员的仪容仪表要求为：①精神饱满，精力充足；②着装规范，统一工作服，服装干净、整洁；③保持个人清洁卫生，面容干净。 举止大方，态度热情，动作利落
2	沟通	运用沟通技巧，建立相互信任 	灵活应用沟通技巧，根据不同顾客的进店目的，找到切入点，与顾客交流。 ①进店检测血糖的顾客； ②进店购买药品和医疗器械的顾客：比如买血糖仪、血糖试条的顾客；买血压计的顾客等； ③不同病程的顾客
3	患者健康检测	正确使用检测设备，为患者进行健康监测 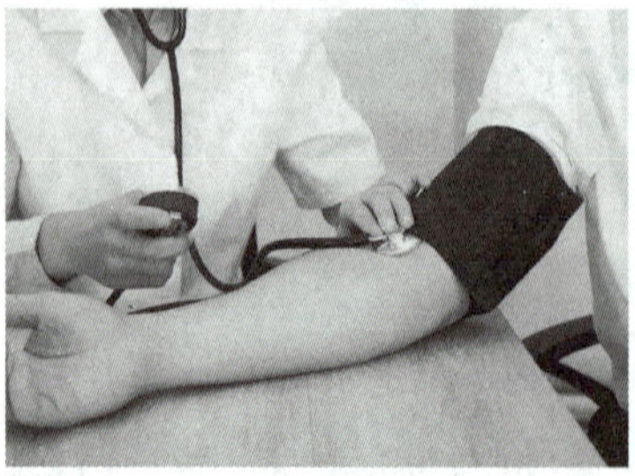	目前常用的血压计包括两种，一种是汞柱式的血压计，另外一种就是电子血压计。 以汞柱式的血压计为例，介绍测量血压的方法和步骤如下： ①测量血压前患者要经过充分的休息，保持心平气和、呼吸平稳的状态下测量，结果才会准确；②患者坐于诊疗桌旁，伸出右上肢，将测量血压用的袖带缠绕在患者的右上肘窝关节上部，注意袖带的下缘在肘窝上两厘米左右，松紧度以能够放入一指为准，将听诊器的听头放于肘窝关节声音最明显的部位，然后开始充气，等心跳的声音消失以后再连续充气 20mmHg 以上，然后停止充气，缓慢放气，听到第一次心音为收缩压，听到声音变音开始或者声音消失为舒张压 根据监测结果，进行慢病症状评估

续表

序号	步骤	操作说明	操作标准
4	填写调查表	填写慢病管理分项调查表 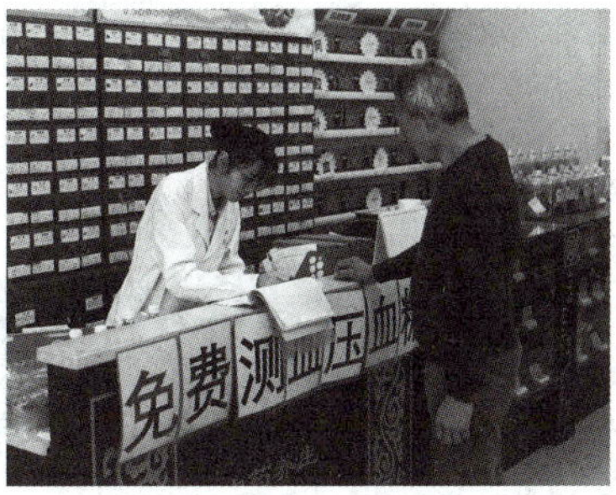	慢病管理专员提醒顾客填写问卷的注意事项： ①认真阅读问卷后，请按实际情况如实、客观地填写，所有项目请勿空填、漏填。 ②填写调查问卷须使用钢笔、签字笔。 ③慢病管理专员讲解填写要求和注意事项，但不能作任何形式的引导或代填。问卷填写完毕当场收回，清点份数，核对有无漏填，如有漏填应补齐
5	收集信息结束	填写问卷后，告知顾客下一步安排 	收集信息后，告知顾客下一步进行慢病信息建档及健康情况评价，并叮嘱患者日常生活注意事项

情景

如果你是药店慢病专员，有一位常客购买降压药，应如何收集慢病患者信息，促成慢病建档？

慢病专员能够灵活运用沟通技巧，与顾客建立良好的关系，赢得顾客的信任，能够指导顾客填写调查问卷，收集慢病患者信息。

四、活动评价

评价内容		评价标准	是/否
活动完成情况	活动一：接待顾客	能做到仪容仪表符合要求	
		能做到举止大方，态度热情，动作利落	
	活动二：沟通	能灵活运用沟通技巧与患者进行沟通，建立信任	
	活动三：患者健康检查	能熟练使用血压计对患者进行健康检测	
	活动四：填写调查表	能告知患者填写调查表的注意事项	
		能够检查问卷填写是否完整，并收回合格问卷	
	活动五：收集信息结束	能告知患者下一步安排及叮嘱患者日常生活注意事项	

课后作业

1. 慢病管理专员与患者沟通技巧有哪些？
2. 慢病患者填写调查问卷的注意事项有哪些？

职业能力 C-4-2 能为慢病患者建立档案

PPT 微课

核心概念

药历：是执业药师和药师在药学服务过程中，以合理用药为目的，采集患者临床资料和用药状况，通过综合分析、整理归纳而书写的记录患者药物治疗过程的医疗文书。

学习目标

能够为慢病患者建立档案。

基本知识

一、药店慢病会员开发

建立个人慢病档案连锁门店可以向现有会员加强宣传，引导有高血压或其他慢性疾病的会员来店建立健康档案；也可以通过在药店周边商圈开展有益的社区活动，例如免费为患者检测血压和开展健康咨询，真诚帮助高血压患者建立健康档案，说明慢病管理的重要性、必要性和好处。同时，在门店的日常经营和销售活动中，店员还可以真诚主动邀请购买慢病药品的顾客建立健康档案。

二、药店建立慢病管理档案的步骤

慢病会员信息是药店为顾客（慢病患者）提供专业服务的依据，因此，在登记会员资料时，一定要按照药历登记的要求进行登记。

药历基本内容应包括：与医疗有关的患者基本情况、药物治疗过程、药物治疗效果评价、药师干预计划、干预效果随访、用药指导和健康教育等。是为患者进行个体化药物治疗的重要依据，是开展药学服务的必备资料。药店为顾客建立慢病管理档案的步骤如下。

（1）将所收集的个人慢病信息建档，类似会员资料的建档。

（2）收集个人慢病信息后，将症状、顺从度及健康生活形态进行评分，各项评分加总后，对患者进行风险分级，类似会员采购分级。

三、慢病患者建档内容

慢病会员信息是药店为顾客（慢病患者）提供专业服务的依据，因此，在登记会员资料时，一定要按照药历登记的要求进行登记。以高血压患者为例，具体内容逐项分解如下。

(1) 姓名、性别、地址、电话。这些都是基本资料，便于以后回访顾客。如果是女性，是否有妊娠高血压病史。

(2) 年龄。不同年龄段的人群血压值标准不同，登记年龄有利于判断患者的理想血压值及用药情况。

(3) 身高、体重。便于确定患者的体重指数，有些患者是肥胖型的，掌握其体重指数，有利于确定综合治疗方案。

(4) 家族史。直系亲属有无高血压患者，并且亲属多大年龄发的病，也与之有关。

(5) 高血压发病时间、初诊血压值。确定高血压发病时间是为了判断高血压病程。

(6) 初诊时的症状。例如初诊时有眼底出血，可能伴随有视网膜病变，这个并发症只能缓解而不可能逆转，因此，对决定顾客现在需用哪些改善并发症的药物有重要的提示作用。

(7) 药物过敏史。问清药物过敏史，有利于对患者用药时排除禁忌。例如对磺胺过敏的患者，也不能用吲达帕胺降压药。

(8) 既往史。对既往有无肝肾功能损伤、有无乙肝、有无心脏搭桥和支架、脑出血、脑梗死等情况的了解，对判断患者的用药宜忌有提示作用。

(9) 血糖、血脂。血脂异常、高血压、糖尿病三者同时存在，提示患者有代谢综合征。

(10) 并发症及其症状。并发症及症状表现，比如心律失常、心绞痛、高血压脑病等，可以帮助判断患者是否应该服用改善并发症药物。

(11) 有无血压计和近期血压监测值。血压计是检测血压值的必备仪器，由此记录的近期血压监测值，是调整患者用药的最重要依据，没有近期的血压监测表就无法反映患者的用药方案是否合理，也无法控制远期并发症。

(12) 用药史。用药史可以很好地帮助患者调整用药方案。例如患者服用卡托普利出现咳嗽，咳嗽症状加重，避免使用血管紧张素转化酶抑制剂这一类药。

(13) 目前用药情况。找出患者现在用药方案中的不足点，用画图方式告诉顾客，是与顾客沟通、分析及提供调整方案的最佳方式。

(14) 目标血压值。由以上顾客情况得出目标血压值，并告知顾客，可以让顾客有一个明确的降压目标，提高顾客治疗的依从性，让顾客和药店一起努力达成目标。

(15) 饮食、运动情况。这是高血压治疗中非常重要的两点，患者不控制饮食（比如：吸烟、酗酒），不科学运动，都会直接影响血压值的改善。

活动设计

一、活动条件

工作服、头花、笔、纸、药品的空包装盒、工作台、椅子、药品说明书、宣传资料、促销政策、血压计等，在 GSP 模拟药房进行。

二、活动组织

1. 首先根据慢病管理服务标准和要求按步骤进行训练，2 人一组，其中 1 人扮演慢病管理专员、1

人扮演顾客。

2. 每组按照步骤进行情景模拟实训，2 人进行角色轮换操作，反复练习。

3. 完成训练后，每组同学及时点评纠错，老师进行总结和纠错，再进行下一组的情景训练。

三、活动实施

序号	步骤	操作说明	操作标准
1	接待慢病患者	仪容仪表符合要求；询问顾客身体情况 	店员的仪容仪表符合要求：①精神饱满，精力充足；②着装规范，统一工作服，服装干净、整洁；③保持个人清洁卫生，面容干净。 礼貌接待顾客，寒暄，询问顾客近期身体情况，并告知顾客慢病调查结果的大体情况。经顾客同意建立慢病管理档案，登记详细信息
2	登记建档	将收集的个人慢病信息建档 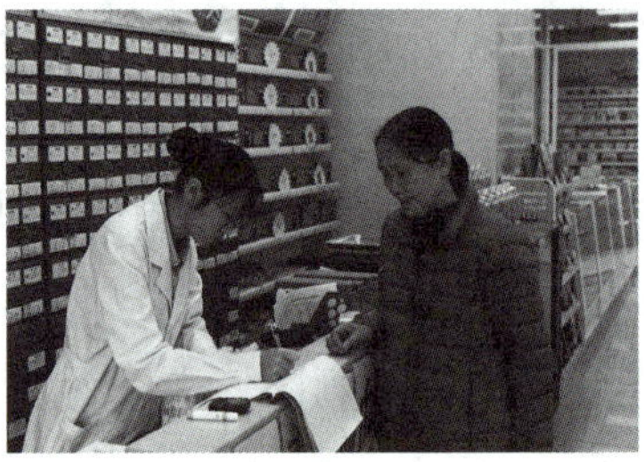	建档登记的信息一定要按照药历登记的要求进行登记。具体内容有：姓名、性别、地址、电话；年龄；身高、体重；家族史；高血压发病时间、初诊血压值；初诊时的症状；药物过敏史；既往史；血糖、血脂；并发症及其症状；有无血压计和近期血压监测值；用药史；目前用药情况；目标血压值；饮食、运动情况等
3	对患者进行风险分级	将收集个人的慢病信息进行分析评价 	收集个人信息后，将症状、顺从度及健康生活形态进行评分（综合评分法），各项评分加总后，对患者进行风险分级。 综合评分法的操作流程： ①确定评价项目 ②先制定出各项评价指标统一的评价等级或分值范围，然后制定出每项评价指标每个等级的标准，以便打分时掌握 ③制定评分表 ④根据指标和等级评出分数值 ⑤数据处理和评价
4	慢病建档结束	慢病建档结束，告知顾客下一步安排 	个人慢病信息建档后，告知顾客下一步制定个人慢病管理计划，并定期跟踪随访；还有针对慢病的健康讲座和科普资料等

情景

叶先生，他经常熬夜开船，工作性质枯燥单一，以至于船靠岸后就是各种大吃大喝。短短几年身体状况出现了严重问题！体重最高时达到了107kg，近期服药后测量血压，低压在110mmHg左右，高压在150mmHg左右（正常血压为低压不高于80mmHg，高压不高于120mmHg），工作和生活都受到了严重影响。现决定在A药店慢病管理中心接受系统、专业的健康管理。

假如你是药店慢病管理专员，应如何为叶先生建立个人慢病信息档案？

慢病管理专员与慢病患者建立良好的沟通基础，正确登记患者信息，并对患者进行风险评级。

四、活动评价

评价内容		评价标准	是/否
活动完成情况	活动一：接待慢病患者	能做到仪容仪表符合要求	
		能做到举止大方，态度热情，动作利落	
	活动二：登记建档	能够掌握慢病患者建档信息登记的依据	
		能正确登记建档信息	
	活动三：对慢病患者进行风险分级	能根据症状、顺从度及健康生活形态进行评分	
		能进行各项评分加总	
		能对患者进行风险分级	
	活动四：建档结束	能告知顾客下一步的安排及提醒顾客日常生活注意事项	

课后作业

1. 药店慢病建档信息登记的依据是什么？具体登记的信息包括哪些方面？
2. 综合评分法的操作步骤是怎样的？

职业能力 C－4－3　能根据疾病种类对慢病患者进行健康教育和健康促进

核心概念

PPT

健康促进：是指尽最大可能让人们的精神和身体保持在最佳状态，健康促进的宗旨是帮助人们了解健康知识，以健康的生活方式生活，并且有能力作出健康的行为选择。

学习目标

1. 能够制定慢病管理方案。
2. 能对慢病患者进行健康教育和健康促进。

基本知识

一、一对一的个人慢病管理

1. 制定个人慢病管理 计划主要包括：

（1）服药顺从度改进计划。

（2）每天测量/记录血压或血糖顺从度改进计划。

（3）健康生活改进计划。这些改进计划通过面对面咨询或书面报告提供给患者。

2. 对慢病患者的跟踪随访 对已经建立健康档案的会员，要定期回访和监测血压，观察药物的不良反应，督促服药情况，并提供进一步有效的健康改善方案。回访的频次可以根据对顾客分级情况的不同区别进行，一般情况下，针对风险分级后存在风险因素较高的患者，跟踪随访的频率要稍高，存在风险因素较低的患者，或者存在风险因素的亚健康人群，随访的频率可以稍低一点。随访主要采用以下几种方法进行。

（1）使用电话、短信、微信、E－mail 等即时通信工具，定期对患者追踪回访，核查是否按时服药，是否每天检测/记录血压或血糖，是否改进健康生活习惯，并继续给予相关的健康支持。

（2）请患者定期到药店按时检查与评估慢病症状，进行疗效与生活质量评估，并重复进行风险评估与分级，对风险因素控制较好的患者提出巩固计划，对风险因素控制较差的患者提出鼓励改进的方案。

（3）针对落实服药、测量/记录血压或血糖、健康生活改进的患者，应及时给予表扬和赞赏、肯定和激励。例如发放物质奖励或药店购物抵用券等，鼓励患者通过慢病管理，早日恢复健康，远离药品，参与正常的社会活动。

二、慢病管理健康教育与健康促进

除了一对一式地开展用药咨询、疾病和药品知识教育、跟踪随访之外，连锁门店还可定期举办一定规模的、针对慢病管理中心会员的、以高血压相关知识为主题的健康讲座，调动慢病患者参与活动的积极性，可以有针对性地发放一些高血压健康手册等科普资料，或者配合赠送一些患者感兴趣的小礼品，增强慢病中心会员参与活动的主动性，从而提升高血压相关知识的普及率。

1. 健康生活方式理念宣传 在连锁门店张贴或在独立/联合社区举办各种公益活动，宣传健康的生活理念，包括低盐饮食、控制体重、戒烟限酒、坚持适当的体育锻炼、保持积极乐观的良好情绪。例如可以搞个免费发放限量小盐勺的活动，让顾客既得到赠品，又明白患上了高血压，首先就应当减少钠盐的摄入量，而小盐勺能够帮助人们直观地掌握日常用盐量的多少，为减少钠盐摄入，改善生活习惯提供了方便。

2. 成立慢病患者俱乐部 连锁门店可以提供专门的活动场地或组织活动供会员定期聚会，例如组织郊游活动，为会员创造聚会和沟通交流的机会，既可以锻炼身体，又可以相互交流降压心得，排解内心孤独寂寞的情绪，敞开心扉，互相鼓励，互相支撑，不但提升了慢病管理的质量，而且丰富了会员的精神生活。

活动设计

一、活动条件

工作服、头花、笔、纸、药品的空包装盒、桌子、椅子、宣传资料、促销政策等，在GSP模拟药房员工办公区进行。

二、活动组织

1. 首先根据慢病管理讲座活动方案的内容逐项研讨，3人一组，其中1人扮演药店慢病管理专员、1人扮演药店店长，1人扮演药店营销专员。

2. 每组按照方案制定的内容逐项讨论，确定每一项内容，最后形成慢病管理讲座活动方案。

3. 完成实训练习后，每组同学及时点评纠错，老师进行总结和纠错。

三、活动实施

序号	步骤	操作说明	操作标准
1	小组成员的分工	根据活动主题内容及要求，确定人员分工	组建方案制定小组，确定角色及分工： ①管理者，即店长；把握全局 ②技术人员，即慢病管理专员；方案撰写人 ③营销人员，即药店营销员；意见建议撰写人
2	研讨方案主要内容	小组成员研讨确定方案包含的主要内容	讲座活动方案应包含的主要内容： ①弄清做这件事的目的； ②确定时间； ③活动的具体地点； ④要做些什么； ⑤活动的组织者是谁，活动针对的对象是谁，活动的资源支持方是谁； ⑥怎么做
3	逐项落实方案内容	确定每一项内容具体如何来做	结合慢病管理讲座方案的主要内容，逐项落实： ①Why 为什么？弄清做这件事的目的，虽然我们不需要说给消费者听，但在做方案时要明确，获得公司管理层的支持 ②When 什么时候？确定时间，即确定在哪一天的具体什么时间举行社区教育活动 ③Where 在哪里？通过书面通知、电话、短信等形式，通知相关组织者、工作人员、参加活动的对象，活动的具体地点在哪里举办 ④What 做什么？要做些什么呢？活动的形式可以多种多样，丰富多彩，寓教于乐 ⑤Who 谁来做？活动的组织者是谁，活动针对的对象是谁，活动的资源支持方是谁？这些内容的确定有助于提高活动的效率和效果 ⑥How 怎么做？怎么做实际上分两个层面，一个是设计层面，另一个是执行层面，两个层面所面对的问题是不同的
4	撰写方案	形成最终的慢病管理讲座实施方案	方案制定内容总结一下，就是“5W1H”，在实施慢病管理方案时，都要弄清楚这6个问题，使每个问题都要具体落实，形成完整的实施方案，便于执行

情景一

C药店计划在本周末为慢病会员开展一次围绕高血压疾病健康管理的主题讲座活动。假如你是该活动的负责人，应如何组建活动方案策划团队呢？

组建活动方案策划团队，确定角色及分工：管理者，即店长，能把握全局；技术人员，即慢病管理专员，能够进行方案撰写；营销人员，即药店营销员，能够就方案的可操作性提供一些意见或建议。

情景二

C药店计划在本周末为慢病会员开展一次围绕高血压疾病健康管理的主题讲座活动。科学组建活动方案策划团队后，要想成功举办该项活动，策划方案应包括哪些内容呢？

讲座活动方案应包含的主要内容：①弄清做这件事的目的；②确定时间；③活动的具体地点；④要做些什么；⑤活动的组织者是谁，活动针对的对象是谁，活动的资源支持方是谁；⑥怎么做。

四、活动评价

评价内容		评价标准	是/否
活动完成情况	活动一：小组成员的分工	能认识慢病管理健康讲座活动方案的实质	
		能明确小组成员分工	
		能理解小组成员要来自不同岗位	
	活动二：研讨方案主要内容	能从总体上把握活动方案的框架	
		能系统全面确定活动方案主要包括的内容	
	活动三：逐项落实方案内容	能够小组成员全员研讨，出谋划策	
		能落实活动方案的每一项内容	
		能自我评价活动方案每一项的可行性	
	活动四：撰写方案	能撰写活动方案	
		能对评价员提出的异议进行回答	

课后作业

1. 慢病管理健康讲座活动方案主要包含哪些内容？
2. 慢病管理健康讲座活动方案制定时，方案的每一项内容应注意什么？

工作任务 C－5　处理异议

职业能力 C－5－1　能正确运用技巧处理价格异议

PPT　　微课

核心概念

价格异议：是指销售过程中商品的销售价格与顾客所估计的价格有较大的出入而提出的异议。

学习目标

1. 能够分析价格异议的成因。
2. 能正确运用方法处理价格异议。

基本知识

一、价格异议的成因

价格异议的成因主要有以下几个方面：①顾客将产品与其他同类产品的价格进行对比而得出该产品价格过高的结论；②顾客的消费水平与产品价格相差较大，顾客难以接受；③顾客根据心理定势，认为无论什么产品的价格，都要“砍”一下成交才不吃亏；④对推销的产品总体评价不满意，不便说出它的不好，便以价格为借口推诿；⑤顾客（中间商）想以更低的价格战胜竞争对手，或者为追求利润而不愿经营低价产品；⑥顾客把销售人员的让步看作是自己谈判水平的象征，以此来显示自己的身份和能力。综上，对价格异议成因的客观把握，有助于销售人员正确地选择处理的方法。

二、价格异议的处理方法

1. 强化价值观念，弱化价格意识　顾客购买商品时往往考虑的是能够尽量少付钱。这是消费者正常购买心理的具体体现。而销售工作策略就是通过销售人员的介绍使顾客充分认识商品的价值，以激发顾客的购买欲望。以此来分散对价格的注意力。销售人员在工作中要注意掌握“不问价不报价，问价才报价”的策略，同时注意不要围绕价格问题同顾客讨论。即使报价也不必征询顾客的意见的看法，更不应该妄加评论。

2. 强调自身优势　顾客在订货时，往往在价格上与其他同类产品做过对比而提出异议。销售人员可以从正面引导顾客正确看待价格差异，强调自己推销的产品所具有的优势所在，如品牌效应、顾客口碑、交货及时、售后服务灵活等。通过对产品各方面的综合分析，使顾客感觉到成交是理智的、正确的选择。

3. 解释相对价格　价格的“便宜”与“昂贵”是带有深厚主观色彩的心理感觉。所以销售人员除了要挖掘自身产品的优势外，还可以应用拆分的办法转移视线，说服购买。如顾客抱怨某药价格太贵，销售人员可以解释为“60 元一瓶的价格是贵了些，不过一瓶可以用 2 个月，每天才花 5 角钱，不过是一根冰棍的价格”。或者“这种药与＊＊药相比，每瓶贵 1.5 倍，可这种药的服用时间比＊＊药长 2 倍啊！”

4. 延缓价格的讨论，适当隔离 顾客对价格的主观印象常常会相互感染，因此顾客提出价格异议时，应暂且放慢价格的讨论，可以说“价格一定会令您满意，我们先看看喜不喜欢再说……”。同时尽快将提出异议的顾客带离现场以免影响其他顾客。

5. 适当让步 交易过程中，双方在价格上保持一定的弹性，各自做出让步，这是解决顾客价格异议的方法之一。因此销售人员对价格让步要有心理上的准备，报价时可以比实际定价稍高，留下一定的回旋余地。既保证了企业获得正常的利润，也满足了顾客的心理需求。但如果双方意见差异过大，销售人员需严格把握职责权限，应按程序向有关部门或领导请示汇报，这样既可向顾客表示销售人员的诚意与重视，也显示销售人员较高的素质修养。

活动设计

一、活动条件

工作服、头花、笔、纸、药品的空包装盒、收银台、工作台、药品说明书、宣传资料、促销政策等，在 GSP 模拟药房进行。

二、活动组织

1. 首先根据服务标准和要求按步骤进行训练，2 人一组，其中 1 人扮演药店营业员、1 人扮演顾客。
2. 每组按照步骤进行情景模拟实训，2 人进行角色轮换操作，反复练习。
3. 完成训练后，每组同学及时点评纠错，老师进行总结和纠错，再进行下一组的情景训练。

三、活动实施

序号	步骤	操作说明	操作标准
1	仪容仪表	仪容仪表检查应符合要求 	店员的仪容仪表要求为：①精神饱满，精力充足；②着装规范，统一工作服，服装干净、整洁；③保持个人清洁卫生，面容干净。男生不留长发、前不过眉，后不过领，禁止剃光头、不留胡须、不得有纹身，不染有色发型。女生化淡妆、指甲不超过 2mm、不涂指甲油、不染发（黑色除外）烫发、不留奇异发型，女员工留长发以头花或发夹固定，不披发

续表

序号	步骤	操作说明	操作标准
2	倾听（价格异议）	倾听注意事项 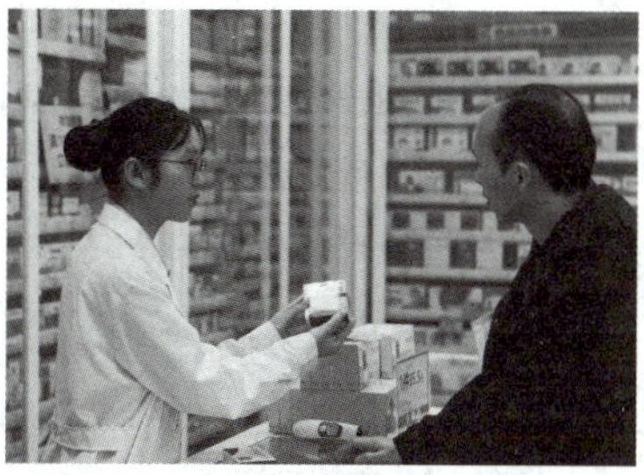	①与顾客保持适当距离，有效倾听，目光关切 ②正确记录顾客价格异议、适时点头回应和道歉 ③向顾客传递“尊重和重视对方意见，正想办法解决对方问题”的信息
3	提问	协商，提出解决方案并执行 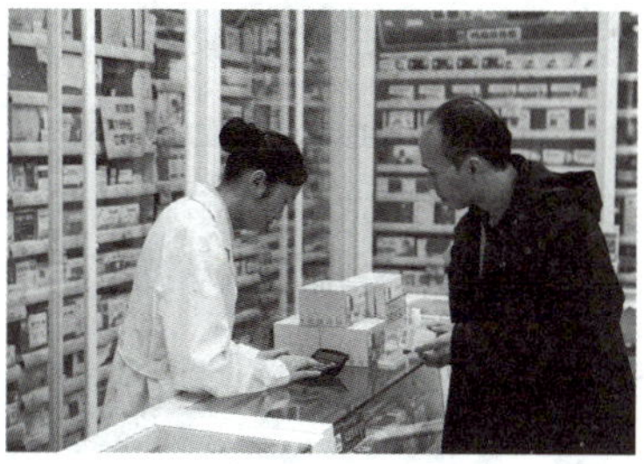	①以灵活多变的方式提问与对方交流 ②认同顾客的感受：对顾客表示理解 ③分析顾客价格异议的原因
4	处理价格异议	方法 1：强化价值观念，弱化价格意识 	①正确看待顾客的价格异议，语气平稳 ②不问价不报价，问价才报。报价不征询顾客的意见和看法，更不应价格妄加评论 ③多谈价值，少谈价格 ④不围绕价格问题同顾客讨论
		方法 2：强调自身优势 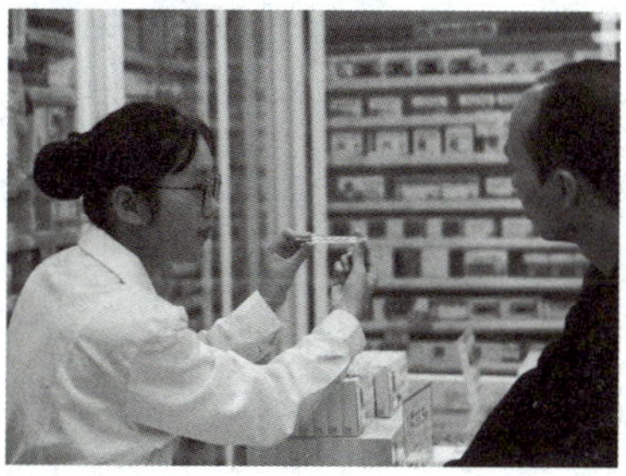	①正确看待顾客的价格异议，语气平稳 ②正面引导顾客正确看待价格差异，强调自己推销的产品所具有的优势所在，如品牌效应、顾客口碑、交货及时、售后服务灵活等 ③综合分析产品的优势
		方法 3：解释相对价格 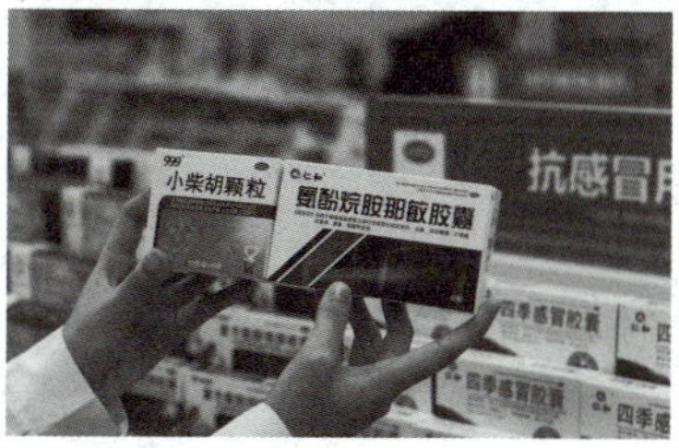	①正确运用拆分的方法转移视线 ②如果是规格不同，则解释相对价格

续表

序号	步骤	操作说明	操作标准
4	处理价格异议	方法4：延缓价格的讨论，适当隔离 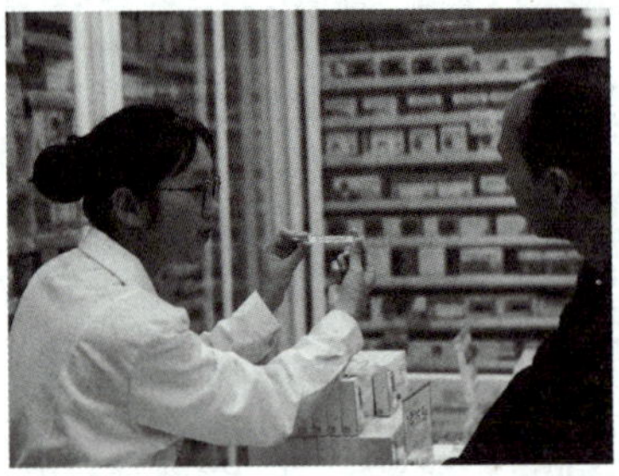	①能运用技巧暂且放慢价格的讨论 ②如顾客较多，为避免相互影响，可将顾客带离现场，再详细解释
		方法5：适当让步 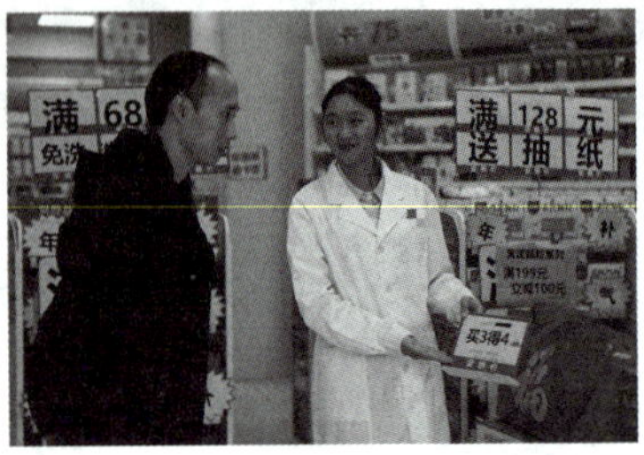	①严格把握职责权限，切莫信口开河，胡乱承诺 ②在自己的权限范围内，可以用会员价、贵宾价、员工价或多送赠品等方式作出适当让步，确保交易成功
5	礼仪	礼仪接待 	使用礼貌用语，没有禁语的出现、语速适中、灵活应变 ①讲求顺序和逻辑性，清晰、准确地表达意思；②突出重点和要点，引起顾客的兴趣和注意；③不讲多余的话，店员语言必须服从顾客的购买行动；④讲普通话，也可用与顾客相同的方言；⑤避免用命令式，多用请示式

情景一

社区的郑奶奶一大早来到药店，她要买一盒通心络胶囊。营业员说这盒药26.50元。郑奶奶说，我记得是25.20元，你们定价太高了。假如你是药店营业员，应怎样处理价格异议？

营业员灵活运用应答技巧，向顾客强调进货渠道正规、强调质量保证。当场记录顾客提供的价格信息，向公司反映并感谢顾客提供信息。也可以用一些小礼品回馈顾客，降低顾客的不满意度。

情景二

当顾客抱怨所示标价与系统价格不符，怎么办？

营业员应灵活运用应答技巧，先向顾客表示歉意，如果顾客接受，按着系统价格销售；如果顾客不接受，则按照标示价格出售，损失原则上由区域负责人承担，根据情况门店可适当承担部分责任。

四、活动评价

评价内容		评价标准	是/否
活动完成情况	活动一：仪容仪表	能做到着装整洁，干净	
		能做到发型大方利落、颜面干净等	
		能做到精神面貌饱满热情，乐观向上	
	活动二：倾听（价格异议）	能于顾客保持合理距离，有效倾听	
		能正确记录顾客价格异议	
		能适时点头和道歉	
	活动三：提问	能认同顾客的感受并表示同情	
		能分析价格异议的原因，提出解决方案	
		协商一致，执行解决方案	
	活动四：承诺	能圆满解决顾客价格异议	
		能对顾客提出的异议表示感谢	
	活动五：礼仪	使用礼貌用语接待顾客，语速适中，灵活应变	

课后作业

1. 价格异议产生的主要原因有哪些？
2. 价格异议常用的处理方法有哪些？

职业能力 C－5－2　能正确运用技巧处理需求异议

PPT

核心概念

需求异议：是指顾客对销售的商品无需求。在对某一商品进行促销时经常出现。

学习目标

1. 能够分析需求异议的成因。
2. 能正确运用方法处理需求异议。

基本知识

一、需求异议的成因

需求异议是指顾客认为不需要产品而形成的一种反对意见。它往往是在营销人员向顾客介绍产品之后，顾客当面拒绝的反应。例如，一位女顾客提出："我的面部皮肤很好，就像小孩一样，不需要用护肤品。""我们根本不需要它。""这种产品我们用不上。""我们已经有了"等等。这类异议有真有假。真实的需求异议是成交的直接障碍。营销人员如果发现顾客真的不需要产品，那就应该立即停止营销。虚假的需求异议既可表现为顾客拒绝的一种借口，也可表现为顾客没有认识或不能认识自己的需求。

营销人员应认真判断顾客需求异议的真伪性，对虚假需求异议的顾客，设法向他推销产品的利益和服务，使之动心，形成需求，再进行营销。

需求异议有三种可能原因：

1. 对推销产品的需求缺乏认识或认识不足。

2. 顾客的需求发生了变化。

3. 店员未深入挖掘顾客需求。

二、需求异议的处理方法

顾客对产品的接受程度还不够，没有充分认识到产品能够带来的巨大作用，可以用以下方法说服。

1. 针对法 药店店员通过示范表演或顾客体验等方式来消除顾客对医药商品的疑虑或看法，然后和顾客开始沟通并不时地赞美顾客。适时说出这类产品是专门为向您这样的消费者开发的，最适合于您使用。

2. "展示流行"法 "展示流行"法是通过揭示当今医药商品的流行趋势，劝说顾客改变自己的观点，从而接受药店营业员的推荐，这种方法一般适用于年轻顾客。

活动设计

一、活动条件

工作服、头花、笔、纸、药品的空包装盒、收银台、工作台、药品说明书、宣传资料、促销政策等，在 GSP 模拟药房进行。

二、活动组织

1. 首先根据服务标准和要求按步骤进行训练，2 人一组，其中 1 人扮演药店营业员、1 人扮演顾客。

2. 每组按照步骤进行情景模拟实训，2 人进行角色轮换操作，反复练习。

3. 完成训练后，每组同学及时点评纠错，老师进行总结和纠错，再进行下一组的情景训练。

4. 注意事项 使用礼貌用语，没有禁语的出现、语速适中、灵活应变。①讲求顺序和逻辑性，清晰、准确地表达意思；②突出重点和要点，引起顾客的兴趣和注意；③不讲多余的话，店员语言必须服从顾客的购买行动；④讲普通话，也可用与顾客相同的方言；⑤避免用命令式，多用请示式。

三、活动实施

序号	步骤	操作说明	操作标准
1	仪容仪表	仪容仪表检查应符合要求 	店员的仪容仪表要求为：①精神饱满，精力充足；②着装规范，统一工作服，服装干净、整洁；③保持个人清洁卫生，面容干净。男生不留长发、前不过眉，后不过领，禁止剃光头、不留胡须、不得有纹身，不染有色发型。女生化淡妆、指甲不超过2mm、不涂指甲油、不染发（黑色除外）烫发、不留奇异发型，女员工留长发以头花或发夹固定，不披发
2	倾听（需求异议）	倾听注意事项 	①与顾客保持适当距离，有效倾听，目光关切 ②正确记录顾客需求异议、适时点头回应 ③向顾客传递“尊重和重视对方意见，正想办法解决对方问题”的信息
3	提问	放松情绪，真诚沟通 	①以灵活多变的方式提问与对方交流 ②认同顾客的感受 ③分析顾客需求异议的原因
4	处理需求异议	方法1：针对法 	①顾客提出异议是一种正常现象，调整好心态，保持语气平稳 ②表达出“专为您这一类人或这种情况开发的，最适合您”的意思 ③可通过介绍他人体会法、示范法或顾客体验等消除顾客的疑虑 ④沟通时能不时地赞美顾客
		方法2：“展示流行”法 	①树立“有异议的顾客往往是潜在的顾客”的思想，调整好心态 ②科学客观描述当今医药商品的流行趋势 ③可通过介绍他人体会法、示范法或顾客体验等劝说顾客改变自己的观点 ④主要针对年轻的顾客群体

续表

序号	步骤	操作及说明	标准
5	承诺	履行承诺 	承诺按事前设计的促销政策应答顾客异议，比如赠送一些小礼品对顾客表示感谢

情景

王女士进入药店后在按摩椅专区观看，店员紧随其后，问：“您看这一款按摩椅怎么样，给您介绍一下。”王女士回答：“我不需要这种产品，随便看看。”

你作为该店的营业员，你怎样处理需求异议？

营业员与顾客深入沟通，挖掘顾客的需求，改变顾客对该产品的认识，达成交易。

四、活动评价

评价内容		评价标准	是/否
活动完成情况	活动一：仪容仪表	能做到着装整洁，干净	
		能做到发型大方利落、颜面干净等	
		能做到精神面貌饱满热情，乐观向上	
	活动二：倾听（需求异议）	能与顾客保持合理距离，有效倾听	
		能正确记录顾客需求异议	
		能适时点头和道歉	
	活动三：提问	能认同顾客的感受	
		能分析需求异议的原因，提出解决方案	
		协商一致，执行解决方案	
	活动四：承诺	能圆满解决顾客需求异议	
		能对顾客提出的异议表示感谢	
	活动五：礼仪	使用礼貌用语接待顾客，语速适中，灵活应变	

课后作业

1. 在现实生活中，你还碰到过哪些需求异议？请一一列举。
2. 针对上述异议，你觉得该如何处理更合适？

职业能力 C–5–3　能正确运用技巧处理服务异议

PPT

核心概念

服务异议：是指顾客对工作人员的态度、行为、语言等不满意而产生抱怨，甚至投诉。这种问题常常与工作人员的工作方式有关。有时因为对推销人员的工作不满意而发展为对其所代表的药店不信任。

学习目标

1. 能够分析服务异议的成因。
2. 能正确运用方法处理服务异议。

基本知识

一、服务异议的成因

服务异议就是顾客对附加药品提出的异议，是顾客在服务态度、服务质量、服务内容等方面提出的不满。其成因主要有几个方面。

1. 宣传力度不够　营业员对自己所代表的药店宣传力度不够，顾客不清楚可以享受到哪些服务，不知道附加利益有多大。

2. 因噎废食　指在以前的交易过程中，顾客没有享受到应该享受的利益而对药店不满。

3. 无中生有　顾客因道听途说，因误解而产生疑问。

4. 自身问题　推销人员所代表的企业在服务方面确实存在问题。

二、服务异议的处理

1. 真诚道歉　当发现顾客确定没有享受到应该有的服务时，销售人员应真诚地向顾客道歉。如果是因为误解而产生的异议，也应先为宣传解释工作不够到位而向顾客道歉，以创设良好的沟通氛围，为进行进一步的解释创造条件。

2. 积极纠正和有效预防　道歉和解释如果没有积极地纠正服务方面的不足，不能有效地预防服务异议的再次发生，易使顾客怀疑道歉的诚意而使异议进一步恶化，甚至产生投诉。因此，一旦发生服务方面的异议，除必须先道歉和解释外，更重要的是对顾客的意见进行统计与分析，积极地寻找解决问题的途径与办法。对已经发生的服务质量问题，应立即纠正，同时做好记录制定有效措施防止同类事件再次发生。

3. 加大宣传力度　服务的竞争是现代市场竞争的焦点之一。一般来说，顾客自身很难意识到药品推销的附加利益。因此加大推销服务内容的宣传力度，强化顾客的体验与感受，能有效地减少或消除服务异议。应该强调的是宣传的内容应实事求是，任何夸大的宣传，甚至为拉拢生意而为顾客许下不能履行的诺言，则必然导致服务异议而最终影响药店的形象及市场竞争力。

活动设计

一、活动条件

工作服、头花、笔、纸、药品的空包装盒、收银台、工作台、药品说明书、宣传资料、促销政策等，在 GSP 模拟药房进行。

二、活动组织

1. 首先根据服务标准和要求按步骤进行训练，2 人一组，其中 1 人扮演药店营业员、1 人扮演顾客。
2. 每组按照步骤进行情景模拟实训，2 人进行角色轮换操作，反复练习。
3. 完成训练后，每组同学及时点评纠错，老师进行总结和纠错，再进行下一组的情景训练。

三、活动实施

序号	步骤	操作说明	操作标准
1	仪容仪表	仪容仪表检查应符合要求 	店员的仪容仪表要求为：①精神饱满，精力充足；②着装规范，统一工作服，服装干净、整洁；③保持个人清洁卫生，面容干净。男生不留长发、前不过眉，后不过领，禁止剃光头、不留胡须、不得有纹身，不染有色发型。女生化淡妆、指甲比指尖不超过 2mm、不涂指甲油、不染发（黑色除外）烫发、不留奇异发型，女员工留长发以头花或发夹固定，不披发
2	倾听（服务异议）	倾听注意事项 	①与顾客保持适当距离，有效倾听，目光关切 ②正确记录顾客服务异议、适时点头回应和道歉 ③向顾客传递“尊重和重视对方意见，正想办法解决对方问题”的信息
3	提问	协商，提出解决方案并执行 	①以灵活多变的方式提问与对方交流 ②认同顾客的感受：对顾客表示同情 ③分析顾客服务异议的原因

续表

序号	步骤	操作说明	操作标准
4	处理服务异议	真诚道歉：当发现顾客确定没有享受到应该有的服务时，销售人员应真诚地向顾客道歉 	①了解顾客的真实意图 ②态度诚恳，为下一步良好的沟通创造条件 ③语气平稳，面带微笑，以缓和气氛
		积极纠正和有效预防 	①对已经发生的服务质量问题，应立即纠正 ②诚恳道歉，并做好解释工作 ③采取措施防止类似事件再次发生
		加大宣传力度 	①加大推销服务内容的宣传力度，强化顾客的体验与感受 ②宣传的内容实事求是 ③不能随意承诺

情景

一顾客进店购买药品，营业员正在整理货架上的药品，没注意到顾客进店，顾客觉得自己被怠慢，引起不满。假如你是该药店的营业员，你该如何处理？

1. 诚恳道歉。面带微笑，目视对方，向顾客表达歉意，如“对不起”“不好意思”或“很抱歉”之类。

2. 适当解释。把“怠慢”的原因告诉顾客，你是无意的。如“我正在整理货架上的药品，没注意到你”“货架有点高，挡住了我的视线”等。

3. 询问顾客的需求。道歉并解释后就不要在这个问题上与顾客再纠缠，这个时候可转移顾客的注意力，直接询问顾客的需求，如“请问有什么可以帮到您?”“请问您需要点什么?”之类。

4. 热情地介绍，站在顾客的角度考虑问题，以弥补前面的“怠慢”，并获得顾客的好感。

5. 交易结束后，可给顾客适当赠送一点小礼品中。一是为前面的“怠慢”再次表达歉意；二是为了获得顾客的好感，争取回头客。

四、活动评价

评价内容		评价标准	是/否
活动完成情况	活动一：仪容仪表	能做到着装整洁，干净	
		能做到发型大方利落、颜面干净等	
		能做到精神面貌饱满热情，乐观向上	
	活动二：倾听（服务异议）	能与顾客保持合理距离，有效倾听	
		能正确记录顾客服务异议	
		能适时点头和道歉	
	活动三：提问	能认同顾客的感受并表示同情	
		能分析服务异议的原因，提出解决方案	
		协商一致，执行解决方案	
	活动四：承诺	能圆满解决顾客服务异议	
		能对顾客提出的异议表示感谢	
	活动五：礼仪	使用礼貌用语接待顾客，语速适中，灵活应变	

课后作业

姜女士是工薪族。这天下班后，她忽然觉得肠胃不舒服，就来到一家药店买药，正好赶上药店搞店庆，就打算多买一些常用药。

“您好，欢迎光临本店……”姜女士前脚刚跨进店门，入口处的营业员就职业化地向姜女士笑了笑。

姜女士本就是个“讲究”的人，上次去医院住院，因为病床上的《医护人员承诺书》中有一句“欢迎您入住本院”，她觉得别扭，后来坚决转院了。

“得，得，得！”姜女士果然又开始“挑刺”了，“你这丫头怎么说话呢，诅咒我生病呀！”一句话，呛得店员再也说不出话来。姜女士继续说：“今后得改改，药店和医院都不应该向消费者说‘欢迎’。我可受不了！”

接着，姜女士来到胃肠病用药专柜，选购了一盒蒙脱石散，并找到店员说：“听说这种药是应该饭前或者饭后半小时吃，是这样吗？”

“应该是吧……”店员有点支吾地说。

“什么叫‘应该是吧’？究竟是，还是不是，你就不能确切点吗？”姜女士很不满地说。

“对不起，我是新来的……”店员说，“要不我把药师叫过来为您服务吧！”说完就跑过去叫药师。

姜女士在原地等了半天，也不见药师过来。原来，由于今天做活动，药师太忙，顾不过来。姜女士觉得自己好像被忽视了一样，愤愤地离开了药店。

思考：

（1）本案例中服务异议具体表现在哪些方面？

（2）假如你是该药店的营业员，你应怎样处理服务异议？

职业能力 C－5－4　能正确运用技巧处理质量异议

PPT

核心概念

质量异议：指顾客对药品的质量方面提出的异议或怀疑，是更深层次的推销障碍，需予以足够的重视，认真解释并将情况归纳分析，上报企业，以便及时处理。

学习目标

1. 能够分析质量异议的成因。
2. 能正确运用方法处理质量异议。

基本知识

一、质量异议的成因

质量异议的原因主要有以下几个方面。

1. 商品确实存在（或曾经出现过）问题，如药品出现过敏反应或热原反应等；
2. 因为是新产品或新药，顾客因缺乏了解而对其质量提出怀疑；
3. 药品的副作用较大，顾客难以接受；
4. 因心理定势，认为低价药品质量上难以保证。

二、质量异议的处理

1. 推销员要深爱自己的产品，充分挖掘产品的优势　营业员要深爱自己的产品，充分挖掘产品的优势，这是优秀的营业员冲破质量障碍的有力武器。营业员如果自己对销售的产品没有感情，在销售过程中应付，缺乏自信的热情，顾客难免产生“连他自己都不喜欢”的疑虑，使顾客把所有的注意力集中在商品本身存在的瑕疵上，最终影响销售。

事实上，人们对商品存在的瑕疵问题有一定的理解问题，对药品存在副作用，只要耐心解释，一般情况也都能理解和接受。药品的使用，就是有效性与安全性方面利益权衡的结果。因此，处理顾客质量异议的关键在于营业员要充分挖掘药品的优点（特点）：一方面在多了解药品生产技术资料，如原材料、生产工艺、设备、质检等方面的信息；另一方面应加强对药品剂型特点、价格、用途、毒副作用、储存、保管等信息的了解和掌握，就能对顾客提出的质量异议进行正确的解释。

2. 肯定顾客的异议　当顾客对自己推销的产品提出异议时，即使是道听途说的误解，营业员也要予以充分肯定，决不可断然否定或急躁地予以反驳和辩论，应采用各种方法，让顾客消除异议。

（1）因药品价格过低而怀疑药品质量：销售人员可以通过展示有关资料来回答顾客的疑问，尤其是该药品的临床试验、专家意见、企业的生产许可证及质量检验报告等。这些资料由于具有权威性而易于说服顾客。

（2）因药品曾发生的质量问题提出疑问：销售人员首先应当肯定确有此事，然后再将企业对此所采取的纠正与预防措施逐一向顾客解释，必要时配合其他顾客对现存该产品表达肯定意见，则可消除异议。此时应注意的是绝不能断然否定顾客提出的曾经发生的事情，这样做的效果会适得其反。越是否定此事，顾客会越相信确有此事。

（3）因心理定势提出的质量异议：当顾客因心理定势而对药品的质量提出异议时，推销人员可以适度地予以否定，如可以说“许多顾客也有这种观点，但实际上并不是这样的……”。先肯定，后否定的交流技巧，能保住顾客的面子，又让其体面地下了台阶。

3. 巧用道具 药品本身、说明书，介绍该药品的杂志、报纸、宣传册、顾客的留言、用户意见等相关资料都是极好的道具，销售人员的职责就是让顾客充分认识推销商品的价值。因此，灵活、巧妙地运用这些道具，能使顾客对产品的认识更全面、更深刻。

活动设计

一、活动条件

工作服、头花、笔、纸、药品的空包装盒、收银台、工作台、药品说明书、宣传资料、促销政策等，在 GSP 模拟药房进行。

二、活动组织

1. 首先根据服务标准和要求按步骤进行训练，2 人一组，其中 1 人扮演药店营业员、1 人扮演顾客。
2. 每组按照步骤进行情景模拟实训，2 人进行角色轮换操作，反复练习。
3. 完成训练后，每组同学及时点评纠错，老师进行总结和纠错，再进行下一组的情景训练。

三、活动实施

序号	步骤	操作说明	操作标准
1	仪容仪表	仪容仪表检查应符合要求 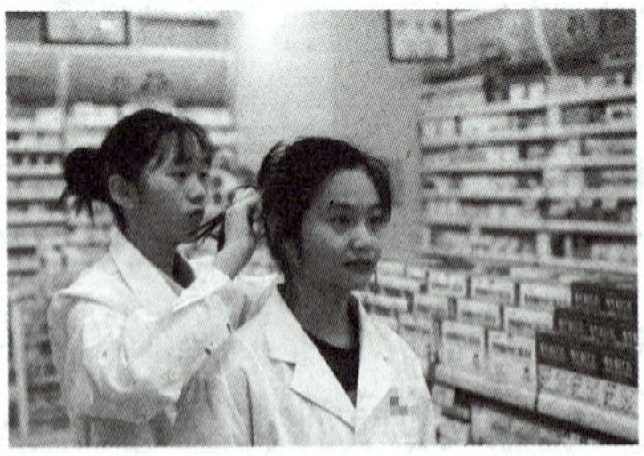	店员的仪容仪表要求为：①精神饱满，精力充足；②着装规范，统一工作服，服装干净、整洁；③保持个人清洁卫生，面容干净。男生不留长发、前不过眉，后不过领，禁止剃光头、不留胡须、不得有纹身，不染有色发型。女生化淡妆、指甲不超过 2mm、不涂指甲油、不染发（黑色除外）烫发、不留奇异发型，女员工留长发以头花或发夹固定，不披发
2	倾听（质量异议）	倾听注意事项 	①与顾客保持适当距离，有效倾听，目光关切 ②正确记录顾客异议、适时点头回应和道歉 ③向顾客传递“尊重和重视对方意见，正想办法解决对方问题”的信息

续表

序号	步骤	操作说明	操作标准
3	处理质量异议	情形1：因药品价格过低而怀疑药品质量 	①用“是，但是”法，让顾客更容易接受 ②保持良好的洽谈气氛，为自己的谈话留下余地 ③展示相关的资料来回答顾客的疑问，如：临床资料、专家意见、生产资质、质检报告或权威杂志等
		情形2：因药品曾发生的质量问题提出疑问 	①首先予以肯定，如：“确有此事”“确实发生过”等 ②解释企业采取的保证质量的措施 ③展示相关的资料来回答顾客的疑问，如：顾客反馈、临床资料、专家意见、生产资质、质检报告或权威杂志等
		情形3：因心理定势提出的质量异议 	①先肯定，后否定。既能保住顾客的面子，又能让其体面地下了台阶。如：“是的，许多顾客也有这种观点，但实际上并不是这样的……” ②巧用道具。药品本身、说明书、介绍该药品的杂志、报纸、宣传册、顾客的留言、用户意见等相关资料都是极好的道具
4	成交后表示感谢	赠送小礼品，表示感谢！ 	①对顾客的信任表示感谢或适当赞美顾客 ②适当赠送一些小礼品给顾客。再次表示感谢

情景一

一天，有一患感冒顾客来店购买维C银翘片，一看到产品就抱怨，这个厂的维C银翘片不是有质量问题，被停产了吗？你们怎么还销售啊？如果你是营业员，你该如何回答？

1. 先肯定。如：“是的，这个厂去年确实出现过这个事”。

2. 再解释。如：“但其实他们也是受害者，是原料供应商出现了问题，连累到他们的”。

3. 列举企业采取的纠正与预防措施。如：“企业现在更换了原料供应商，升级了生产线，并制定了更加严格的产品质量标准”等。

4. 展示相关的证据来消除顾客的疑问，如：顾客反馈、临床资料、专家意见、生产资质、质检报告或权威杂志等。

5. 赠送小礼品，表示感谢。成交后对顾客适当赞美，并赠送小礼品对顾客的信任表示感谢。

情景二

如果顾客抱怨商品破损，怀疑质量有问题，怎么办？

营业员首先分析质量异议的原因，排除是顾客自己使用不当因素，经过分析后确定是商品本身破损，与顾客沟通协商，最终达成一致意见同意退换货。由于退换货给顾客带来不便，为表歉意，可再送些小礼物。

四、活动评价

评价内容		评价标准	是/否
活动完成情况	活动一：仪容仪表	能做到着装整洁，干净	
		能做到发型大方利落、颜面干净等	
		能做到精神面貌饱满热情，乐观向上	
	活动二：倾听（质量异议）	能与顾客保持合理距离，有效倾听	
		能正确记录顾客质量异议	
		能适时点头和道歉	
	活动三：提问	能认同顾客的感受并表示同情	
		能分析质量异议的原因，提出解决方案	
		协商一致，执行解决方案	
	活动四：承诺	能圆满解决顾客质量异议	
		能对顾客提出的异议表示感谢	
	活动五：礼仪	使用礼貌用语接待顾客，语速适中，灵活应变	

课后作业

1. 哪些原因容易造成顾客的质量异议？
2. 对于容易出现质量异议的药品，作为门店员工，你该做哪些准备工作？

工作任务 C－6　达成交易

职业能力 C－6－1　能快速识别成交信号

PPT　微课

核心概念

成交信号：指顾客在最终购买前一般都不会直接向营业员说出自己已经愿意购买，而往往会通过表情、语言、行动等一些微小的信号不自觉地泄露出其倾向购买药品的意图，这些在销售中被称之为成交信号。

学习目标

1. 能够快速识别顾客的语言成交信号。
2. 能够快速识别顾客的动作及表情成交信号。

基本知识

顾客购买欲望最强、最渴望占有商品的时机来临的时候，顾客的言行表情会发出相应的信号，这就是营业员需要抓住的成交信号。销售人员应该多关注捕捉和识别顾客的购买信号为接下来的成交打下基础。

一、顾客发出的语言成交信号

1. 顾客由询问同类型的几个药品变为把话题集中在某个药品上的时候。
2. 顾客犹豫而征求同伴意见的时候。
3. 顾客询问完毕药品的信息后，再次确认药品的时候。
4. 顾客开始关心购买药品后可能会有的一些问题的时候。
5. 顾客从一开始起就不断地问各种问题，慢慢地顾客对产品的问题越来越少，甚至过了一段时间后突然不再发问的时候。
6. 顾客开始询问一些看似与药品无关的问题时，实则是在尝试与营业员套关系，以争取更多的优惠的时候。

二、顾客发出的动作成交信号

1. 顾客对营业员的话表示认可并不断点头的时候。
2. 顾客在购买的过程不断地拿起某个特定的商品反复查看或者触摸的时候。
3. 顾客在营业员介绍完药品后，拿出手机上网查询与药品相关的信息后。
4. 顾客在站姿上的变化，例如顾客本来的站姿是身体稍向后仰，表现出对产品不甚感兴趣、甚至是充满戒备的行为，在营业员的推介后，顾客的站姿发生变化，表现为身体稍向前倾，手臂向前交叉的动作，这些都表示出顾客对商品的兴趣发生了变化，营业员可以及时跟进，也是成交的一种信号。

三、顾客表情传达的成交信号

营业员可以通过观察顾客目光、眼神以及表情的微妙变化洞察先机，发现成交信号。

1. 当顾客目光在产品逗留的时间越来越长，并且眼神变得神采奕奕的时候。
2. 当顾客表情由严肃沉思状态变成表情明朗、轻松自然的时候。
3. 当顾客表情由冷漠、怀疑、拒绝变为柔和、亲切、友好的时候。
4. 当顾客双眉由紧锁变为双眉分开、上扬，面部表情变得柔和的时候。

另外，根据顾客的不同，销售产品的不同，营业员介绍能力的不同，成交阶段的不同，顾客表现出来的成交信号也千差万别，不一而足。总之，优秀的营业员应在工作中不断总结，不断揣摩，不断提升，争取读懂顾客的“秋波”。

活动设计

一、活动条件

工作服、笔、纸、药品的空包装盒、工作台等道具，在 GSP 模拟药房进行。

二、活动组织

1. 首先根据服务标准和要求按步骤进行训练，2 人一组，其中 1 人扮演药店店员、1 人扮演顾客，顾客表现出不同的成交信号，店员能及时发现并说出成交信号的模拟操作。

2. 每组按照步骤进行情景模拟实训，2 人进行角色轮换操作，反复练习。

3. 完成一个操作步骤之后，每组同学及时点评纠错，老师进行总结和纠错，再进行下一步骤的情景训练。

三、活动实施

序号	步骤	操作说明	操作标准
1	仪容仪表相互自查	仪容仪表自查并相互整理 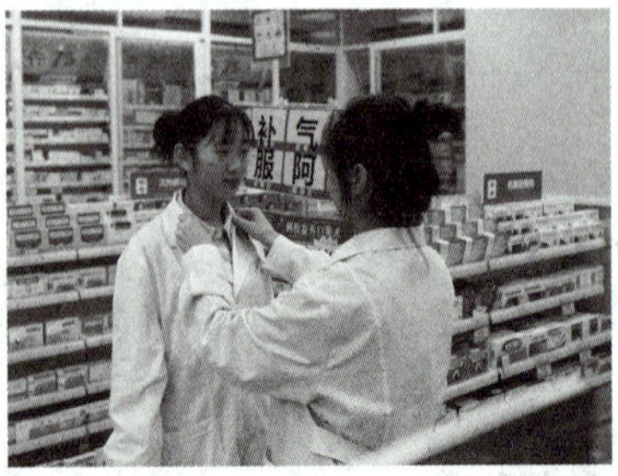	①精神饱满，精力充足；②着装规范，统一工作服，服装干净、整洁；③保持个人清洁卫生，面容干净。男生不留长发、前不过眉，后不过领，禁止剃光头、不留胡须、不得有纹身，不染有色发型。女生化淡妆、指甲不超过 2mm、不涂指甲油、不染发（黑色除外）烫发、不留奇异发型，女员工留长发以头花或发夹固定，不披发。

续表

序号	步骤	操作说明	操作标准
2	语言成交信号训练	顾客在与店员交谈的过程中适时表达出不同类型的语言成交信号 	熟知典型的语言成交信号，并能及时捕捉相应的语言成交信号
3	动作及表情成交信号训练	顾客在与店员交谈的过程中适时表达出不同类型的动作及表情成交信号 	熟知典型的动作及表情成交信号，并能及时捕捉相应的动作及表情成交信号

情景一

你向顾客介绍完药品后，顾客再次向你确认该药品的价格、并详细询问用法用量以及服用注意事项，并频频点头时，你认为应该怎么办？

店员应注意观察从而发现顾客在语言、动作及表情等的变化，找到成交信号主动向顾客提起成交。

情景二

你向顾客介绍完药品后，顾客从一开始就不断地问各种问题，慢慢地顾客对产品的问题越来越少，甚至过了一段时间后不再发问，表情也由冷漠、怀疑变为目光柔和，同时拿起该药品仔细查看，你认为应该怎么办？

店员应注意观察从而发现顾客在语言、动作及表情等的变化，找到成交信号主动向顾客提起成交。

四、活动评价

评价内容		评价标准	是/否
活动完成情况	活动一：仪容仪表自查	能做到着装整洁，干净	
		能做到发型大方利落、颜面干净、手指甲超于指尖 2mm 以内	
		能做到精神面貌饱满热情，乐观向上	
	活动二：语言成交信号训练	能做到接待言语亲切礼貌、眼神专注、距离合理，语速适中，表达明确	
		能熟知至少 3 种典型的语言成交信号并展示	
		能准确判断顾客的语言成交信号	
	活动三：动作、表情成交信号训练	顾客能较为自然地表现出相应的动作及表情等成交信号	
		能熟知至少 3 种典型的动作成交信号并展示	
		能熟知至少 2 种典型的表情成交信号并展示	
		能准确判断顾客的动作、表情成交信号	

课后作业

1. 常见的语言成交信号有哪些？
2. 在日常生活中，你见过哪些动作成交信号？

职业能力 C－6－2　能使用一定的方法促进成交

PPT　微课

核心概念

成交方法：是指药店店员用来帮助顾客尽快对药品做出购买决定，并最终实现购买行为的销售方法和技巧。

学习目标

能够掌握药店常见的促进成交的方法。

基本知识

一、成交的原则和要求

成交是药品销售的最后一个部分，也是最为关键的部分之一，而要想达成交易，营业员就要遵守以下三个原则。

1. 主动　“主动要求客户购买”这是成交规则第一条。据统计，71% 的营业员没有与顾客达成交易的原因就是因为营业员没有主动向客户提出成交要求。其实许多销售机会就是在营业员迟疑是否应该要求顾客成交时悄悄溜走的。

2. 自信 自信具有感染力，营业员对产品的信心会促使顾客下定决心购买，并坚定其购买的决心。

3. 坚持 当营业员的成交要求遭到顾客拒绝后也不要轻易放弃，只要找到机会就应该再次有技巧地引导顾客成交。

二、成交的方法

在成交的最后时刻，营业员在及时发现顾客成交信号的同时必须巧妙地通过成交方法来帮助顾客尽快实现购买。

1. 直接请求成交法 营业员发现顾客的购买欲望很强烈时，可以直截了当地向顾客提出成交要求。

2. 假定成交法 聪明的营业员总是假设顾客肯定会买，然后向顾客询问一些如果决定购买后会关心的问题，如包装、付款、保管商品等方面的问题来达成交易。

3. 选择成交法 营业员向顾客提出两个或两个以上的购买方案让顾客选择。如，“请问您需要这盒还是那盒?”不管顾客做出何种选择，都意味着销售成功。

4. 推荐法 营业员仔细观察顾客喜好的商品，当发现顾客视线焦点比较集中，顾客多次触摸、特别注意或多次提到的商品时，应投其所好再次向顾客进行大力推荐顾客喜欢的那种商品，帮助其下定购买决心。

5. 排除法 营业员帮助顾客从候选的商品中排除出不符合其需求的商品，并把它们从顾客的视线中拿离开，从而间接促使顾客下决心购买。

6. 动作诉求法 用一些鼓励性的动作对犹豫不决的顾客做工作，促其下定决心。

7. 感性诉求法 为促使顾客下定决心购买，营业员以真诚的语言、恳切的态度与顾客对话，从而使顾客放下犹豫，打开心防而下定购买决心。

8. 最后机会成交法 营业员告诉顾客存货不多，或是即将取消优惠条件等信息，使顾客感觉必须抓住这个最后购买机会，从而促使顾客下决心购买。

活动设计

一、活动条件

工作服、笔、纸、药品的空包装盒、工作台等道具，在 GSP 模拟药房进行。

二、活动组织

1. 首先根据服务标准和要求按步骤进行训练，2 人一组，其中 1 人扮演药店店员、1 人扮演顾客，每组选定药品后，对该药品的成交进行情景设计，并尝试用不同的成交方法进行模拟训练。

2. 每组按照步骤进行情景模拟实训，2 人进行角色轮换操作，反复交叉练习，每个成交方法要求至少练习 3 遍。

3. 完成一个操作步骤之后，每组同学及时点评纠错，老师进行总结和纠错，再进行下一步骤的情景训练。

三、活动实施

序号	步骤	操作说明	操作标准
1	仪容仪表相互自查	仪容仪表自查并相互整理	符合对店员的仪容仪表要求
2	成交方法训练	直接请求成交法	①当老顾客进店时，营业员基于对老顾客购买习惯的了解，有针对性地介绍顾客有需求产品后，就可以直接向顾客提出成交的请求，如“好的，那我就给您拿这三盒啦” ②营业员通过观察发现顾客对于产品已经具有较强烈的购买欲望，但另一方面又在犹豫是否应该立刻购买时，营业员可以直截了当地向顾客提出成交请求，如“您没有其他问题的话，我就给您拿这三盒啦” ③使用该方法时营业员需要观察顾客的成交信号，不可盲目提出成交 ④提出成交时营业员应注意语气自然、态度和蔼，切不可给顾客留下被强迫的感觉，引起顾客反感
2	成交方法训练	假定成交法	①营业员通过观察发现顾客已经具有一定的购买意向时 ②营业员可以试探性地向顾客询问一些诸如购买产品后可能会遇到的问题，是否需要包装、付款方式、售后服务等方面的问题；例如通过假设顾客会购买产品，询问顾客“那么我带您去这边收银台交款吧” ③成交阶段营业员一定要采取主动，以便把销售进程进一步向后推进，通过假设成交的方式，完成试探，引导顾客成交 ④营业员注意语气自然、态度和蔼，切不可给顾客留下被强迫的感觉，引起顾客反感
2	成交方法训练	选择成交法	①营业员通过观察成交信号，发现顾客已经具有一定的购买意向 ②为了更快地达成交易，营业员可以为顾客设计一个可供选择的成交范围，或者是向顾客提出可供选择的成交方案 ③应注意营业员所提供给顾客选择的成交范围或方案，都应是经过精心设计的，是利于顾客做出成交决定的 ④营业员向顾客提出选择范围和方案时，应尽量只提供两个或最多不超过三个的方案供顾客选择，如“请问您是要这种还是那种?”“请问您是要三盒还是五盒呢?” ⑤这种方法看似顾客掌握了成交的主动权，顾客可以做出充分的选择，但实则不管顾客做出何种选择，都意味着销售成功
		推荐法	①营业员仔细观察，发现顾客对商品的喜好 ②当营业员发现顾客视线焦点集中在某一类或某一种商品时 ③当营业员发现顾客多次触摸某一类或某一种商品时 ④当营业员发现顾客特别注意或多次提到的商品时 ⑤营业员应投其所好大力推荐顾客所喜欢的那种商品，帮助顾客快速做出购买决定，如“您真有眼光，这是我们店里销售非常好的一款产品”
		排除法	①营业员发现顾客有购买商品的意向，但却在几种同类商品之间犹豫，难以做出最终购买决定时 ②营业员应该帮助顾客从候选的几种商品中排除出不符合其需求的商品，并把这些不适合的商品，从顾客的视线中移开，从而间接促使顾客下决心购买，达到成交

续表

序号	步骤	操作及说明	操作标准
2	成交方法训练	动作诉求法	①通过观察顾客，营业员发现了成交信号 ②营业员可以用鼓励性的动作对顾客做出购买引导，促使其下定决心购买，如把药品递给顾客“您再看看＊＊药”，或者给顾客拿一个袋子，做出准备把药品装袋的动作，“那么我就帮您拿上这几盒哦” ③通过动作诉求，间接促使顾客下决心购买，达成成交
		感性诉求法	①当营业员与顾客进行了较长时间的接触，并与顾客之间形成了较为融洽的关系时 ②为促使顾客做出最终购买决定，营业员应站在顾客的角度与其进行交流，用真诚的语言、恳切的态度，打动顾客的心，让顾客觉得你确实是在为他着想而下定决心购买，如“买不买都没有关系的，您可以再考虑考虑”，或者“送礼送健康，您母亲收到您的礼物，感受到您的这份心意，一定会非常感动的”
		最后机会成交法	①营业员主要是通过为顾客营造一种商品数量有限的感觉来促使顾客尽快下定决心购买，这个方法特别适合于在门店促销活动期间使用 ②营业员告诉顾客存货不多，或是即将取消优惠条件等信息，使顾客感觉必须抓住这个最后的购买机会，如“我们店的库存也不多了，就剩下最后5瓶，刚才一位阿姨说马上过来拿2瓶，现在就只有3瓶了，再晚一点估计这3瓶也都没有了”

情景一

你正在给顾客推介店里的一种促销产品，顾客也表现出比较明显的成交信号，请问你认为应该运用哪些成交方法尽快地促成交易的达成呢？

观察到顾客的成交信号后，店员要主动向顾客提起成交，因为正是促销阶段，可以运用最后机会成交法、动作述求法等成交方法提交顾客购买。

情景二

当顾客询问了几种功效类似的产品后，你发现顾客视线焦点比较集中，顾客多次触摸、特别注意或多次提到其中的某一种商品时，请问你认为应该运用哪些成交方法尽快地促成交易的达成呢？

应使用推荐法投其所好再次向顾客进行大力推荐顾客所喜欢的那种商品，帮助其下定购买决心；并使用排除法，帮助顾客从候选的其他商品中排除出不符合其需求的商品，并把它们从顾客的视线中拿离开，从而间接促使顾客下决心购买。

四、活动评价

评价内容		评价标准	是/否
活动完成情况	活动一：仪容仪表自查	能做到着装整洁，干净	
		能做到发型大方利落、颜面干净、手指甲短于指尖	
		能做到精神面貌饱满热情，乐观向上	

续表

评价内容		评价标准	是/否
活动完成情况	活动二：直接请求成交法训练	能正确运用礼貌用语招呼顾客	
		能通过观察，分析顾客不同的成交信号	
		能掌握直接请求成交法的使用条件	
		能掌握使用直接请求成交法时的语言	
	活动三：假定成交法训练	能通过观察分析顾客不同的成交信号	
		能正确使用假定成交法对顾客进行成交试探	
		能正确使用假定成交法时的语言	
		营业员使用假定成交法时不应引起顾客的反感	
	活动四：选择成交法训练	能观察分析顾客不同的成交信号	
		能根据具体情况为顾客设计可供选择的成交范围，或者是向顾客提出可供选择的成交方案	
		能正确使用选择成交法的技巧达成交易	
	活动五：推荐法成交训练	营业员能准确观察到顾客对商品的喜好	
		能观察分析顾客不同的成交信号	
		能正确使用推荐成交法的语言达成交易	
	活动六：排除法成交训练	能通过观察分析发现顾客的成交信号	
		能把不适合顾客的商品，从顾客视线中移开	
		使用排除法成交法时不应引起顾客的反感	
	活动七：动作诉求成交法训练	能使用不同的动作引导顾客达成交易	
		使用动作诉求成交法时注意避免引起顾客的反感	
	活动八：感性诉求成交法训练	能站在顾客的角度与其进行交流	
		能使用真诚的语言、恳切的态度接待顾客	
		能通过观察分析，发现顾客的成交信号	
	活动九：最后机会成交法训练	能掌握最后机会成交法的使用技巧	
		能掌握使用最后机会成交法时的语言	

课后作业

1. 作为店员，面对犹豫不决的顾客时，你将如何促进成交？
2. 在促进成交过程中，店员应遵守哪些原则？

工作任务 C-7　药店收银

职业能力 C-7-1　能正确识别人民币的真伪

PPT　微课

核心概念

人民币：人民币（RMB）是中华人民共和国的法定货币，人民币的单位为元，人民币的辅币单位为角、分，人民币符号为“￥”。1948 年 12 月 1 日，我国开始发行第一套人民币，至今我国已发行了五套人民币。目前市场上流通的人民币主要为第五套人民币，第五套人民币的票面年号分别有1999版、2015版、2019版和2020版。它的发行面额分别为100元、50元、20元、10元、1元面额的纸币以及1元、5角和1角面额的硬币。

学习目标

能够识别真伪人民币。

基本知识

一、识别人民币真伪前的准备工作

1. 熟悉第五套人民币的不同票面年号版本的防伪特征。
2. 掌握药店收银时顾客的常见心理。

二、鉴别人民币真伪的方法

人民币真伪鉴别通常采用的方法为“一看、二摸、三听、四测”的方法。药店收银员鉴别纸币最为常用的方法是“看”和“摸”。

1. “看”就是采用看水印、看安全线、看光变油墨、看颜色和阴阳互补图案、看缩微文字。

2. “摸”即是摸纸币的纸质、人像、盲文点以及中国人民银行行名。

3. “听”，即通过手持纸币用力抖动、手指轻弹或两手一张一弛轻轻对称拉动，使其发出声响，真币能听到清脆响亮的声音，以此来分辨人民币真伪。但是由于在药店收银台往往会聚集较多顾客，环境比较嘈杂，而且顾客拿的来的纸币多数比较旧，这就容易行造成“听”不清的问题，所以“听”在药店中用得较少。

4. “测”，即借助一些简单的工具和专用的验钞仪器来分辨人民币真伪。药店中要求收银员在收银台能快速完成收银作业，在为顾客收银时往往使用仪器进行验钞。

活动设计

一、活动条件

工作服、笔、各种面额的人民币纸币和硬币、药品的空包装盒、工作台等道具，在GSP模拟药房进行。

二、活动组织

1. 首先根据服务标准和要求按步骤进行训练，2人一组，其中1人扮演药店收银员、1人作评价员，要求能够快速识别各种面额的货币，特别是面额100元和50元的纸币。

2. 每组按照步骤进行情景模拟实训，2人进行角色轮换操作，反复交叉练习，要求快速用“看”和“摸”的方法进行验钞。

3. 完成一个操作步骤之后，每组同学及时点评纠错，老师进行总结和纠错，再进行下一步骤的情景训练。

三、活动实施

序号	步骤	操作说明及操作标准
1	“看”光变数字	2015 版人民币在 100 元、2019 版人民币 50 元、20 元、10 元以及 2020 版人民币 5 元票面正面中部印有“光彩光变面额数字”；2005 版人民币在 100 元和 50 元两种票面正面左下方印有“光变油墨印刷数字” ①2015 版 100 元、2019 版 20 元人民币正面中部印有面额数字“100”、“20”，改变钞票观察角度，数字“100”、“20”的颜色在金色和绿色之间交替变化，并可见到一条亮光带在数字上下滚动 ②2019 版 50 元、2019 版 10 元人民币正面中部印有相应面额数字“50”、“10”，改变钞票观察角度，面额数字“50”、“10”的颜色在绿色和蓝色之间变化，并可见一条亮光带上下滚动 ③2005 版 100 元正面左下方印有面额数字“100”，将垂直观察的票面倾斜到一定角度时，100 元券的面额数字会由绿变为蓝色 ④2005 版 50 元正面左下方印有面额数字“50”，将垂直观察的票面倾斜到一定角度时，50 元券的面额数字会由金色变为绿色
2	“看”安全线	第五套人民币纸币在各券别票面正面中间偏右，均有一条安全线，2015 版和 2019 版为动感光变镂空开窗安全线，2005 版为全息磁性开窗安全线 ①手持 2015 版和 2019 版人民币各券别安全线，改变钞票观察角度，颜色在红色和绿色之间变化 ②2015 版和 2019 版人民币为光变镂空开窗安全线，即安全线局部埋入纸张中，局部裸露在纸面上，手持人民币透光观察，安全线开窗部分可见正反交替排列的镂空票面数字，如“￥100”“￥50”“￥20”“￥10”或“￥5”字符 ③手持 2005 版 100 元、50 元、20 元和 10 元人民币透光观察，钞票背面中间偏右，有一条开窗安全线，开窗部分可以看到由缩微字符“￥100”“￥50”“￥20”“￥10”或“￥5”组成的全息图案，仪器检测有磁性
3	“看”水印	双手拿第五套人民币迎光透视，看票面正面左侧的空白处的“人像水印”和“花卉水印” ①100 元、50 元纸币的固定水印为毛泽东头像图案 ②20 元纸币的固定水印为荷花水印
4	“看”白水印	双手拿人民币正面透光观察，可以看到透光性很强的水印面额数字“100”“50”“20”“10”“5” ①100 元、50 元纸币的白水印位于人民币各券别纸币的票面正面横号码下方 ②透光观察，可以看到透光性很强的水印面额数字“100”“50”“20”“10”“5”。
5	“看”胶印对印图案	手持人民币透光观察，第五套人民币正背面图案组成一个完整的面额数字“100”或是“古钱币”图案 ①2015 年版第五套人民币 100 元、50 元、20 元和 10 元纸币票面正面左下方和背面右下方均有面额数字“100”“50”“20”“10”的局部图案。透光观察，正背面图案组成一个完整的面额数字“100”“50”“20”“10” ②阴阳互补对印图案应用于 2005 版 100 元、50 元、20 元和 10 元这三种券中，胶印对印图案（阴阳互补对印图案），这三种券别的正面左下方和背面右下方都印有一个圆形局部图案。迎光透视，两幅图案准确对接，组合成一个完整的古钱币图案
6	“摸”	通过“摸”准确识别、不同票面年号人民币的真伪（特别是面额为 100 元和 50 元纸币的真伪） ①票面正面毛泽东头像、国徽、“中国人民银行”行名、装饰团花、右上角面额数字、盲文面额标记及背面主景等均采用雕刻凹版印刷，触摸有凹凸感 ②摸纸币是否薄厚适中，挺括度好
7	“听”	手持人民币纸币，抖动钞票使其发出声响，根据声音来分辨人民币真伪 人民币的纸张，具有挺括、耐折、不易撕裂的特点。手持钞票用力抖动、手指轻弹或两手一张一弛轻轻对称拉动，能听到清脆响亮的声音

续表

序号	步骤	操作说明及操作标准
8	“测”	  小型便携验钞笔  验钞机 借助专用的仪器来分辨人民币真伪，用紫外灯光照射票面，可以观察钞票纸张和油墨的荧光反映；用磁性检测仪可以检测黑色横号码的磁性

情景一

你接收到顾客拿给你的一张面额100元的人民币，而顾客表示自己要着急去办事，时间很紧，让你动作快一点，请问你要如何接待这位顾客呢？

根据100元纸币的不同版本，查看相应版本的不同防伪特征，细心、快速地完成货币的辨别。

情景二

一天晚上，药店里顾客比较多，收银台前等待结账的顾客排起了队。一对情侣来到了收银台前准备买单，他们总共购买了23.6元的药品，那位男朋友说没有零钱直接先拿了100元的现金给收银员，收银员验过钞后正想放进收银机钱箱，他的女朋友又对收银员说：把100元给我，我这里有零钱。收银员就把100元给回了他的女朋友。于是那位女朋友开始翻她的包包和口袋，在这位女朋友找零钱的过程中后面排队的顾客不断地大声催促：“快点、怎么这么慢…”，女朋友找了半天却只凑足了21.2元，只好说零钱不够，又把她手里一直拿着的100元给回了收银员，请问如果你是那位收银员，你该怎么做呢？

只要是收到顾客的人民币都应认真重新去识别真伪，不要认为前面已经看到了，为了节省时间就不再去辨别真伪了，防止人民币被调包，收银员被蒙在鼓里！

四、活动评价

评价内容		评价标准	是/否
活动完成情况	活动一：“看”光变数字	能通过“看”光变数字，快速、准确识别人民币真伪	
	活动二：“看”安全线	能通过“看”安全线，快速、准确识别人民币真伪	
	活动三：“看”水印	能通过“看”水印，快速、准确识别人民币真伪	
	活动四：“看”白水印	能通过“看”白水印，快速、准确识别人民币真伪	
	活动五：“看”胶印对印图案	能通过“看”胶印对印图案，快速、准确识别人民币真伪	
	活动六：通过“摸”识别人民币真伪	能通过“摸”快速、准确识别人民币真伪	
		能解决识别货币过程中与顾客产生的各种矛盾	
	活动七：通过“听”识别人民币真伪	在条件允许的情况下，能熟练通过“听”识别人民币真伪	
	活动八：通过“测”识别人民币真伪	能熟练运用验钞机通过“测”识别人民币真伪	
		能解决识别货币过程中与顾客产生的各种矛盾	

课后作业

1. 鉴别人民币真伪的方法有哪些？
2. 为了防止收到假币，你还有哪些方法？

职业能力 C－7－2 能正确快速点钞

核心概念

点钞：点钞是指整理和清点钞票的工作。

PPT 微课

学习目标

1. 能够掌握手持式单指单张点钞法。
2. 能够掌握伏案式单张点钞法。

基本知识

一、点钞的原则和要求

收银员在收银过程中或者收银交接班时都需要运用到点钞技巧。点钞的关键是“准”，“准”就是清点和计数的准确，是点钞的基本要求。“快”是在“准”的前提下加快点钞速度，提高工作效率。所以点钞就要注意精神集中，手点、脑记，手、眼、脑紧密配合，才能达到较好的效果。

二、点钞的常用方法

点钞一般可以分为机器点钞和手工点钞两种，在点钞中我们最常用的是手工点钞的方法。而手工点钞的方法也是多种多样，最常用的是手持式单指单张点钞法和伏案式单指单张点钞法。

活动设计

一、活动条件

工作服、笔、各种面额的点钞券、橡皮筋、收银台等道具，在 GSP 模拟药房进行。

二、活动组织

1. 首先根据服务标准和要求按步骤进行训练，2 人一组，其中 1 人扮演药店收银员、1 人作评价员，要求能够准确、快速地清点出教师所给的 1 扎各种面额点钞券的张数及具体金额。

2. 每组按照步骤进行情景模拟实训，2 人进行轮换操作。

3. 完成一个操作步骤之后，每组同学及时点评纠错，老师进行总结和纠错，再进行下一步骤的情景训练。

4. 各组之间进行交换点钞券进行练习，进一步熟练手工点钞操作。

三、活动实施

序号	步骤	操作说明	操作标准
1	整理点钞券	快速把混着各面额的一扎点钞券进行分类整理、以方便后面快速清点钞票	①把同一面额纸币集中放在一起； ②要求所有纸币铺平、并且所有同一面额纸币沿纸币四个角对齐
2	手持式单指单张点钞法	步骤 1：手持钞票	①左手横执钞票，钞票背面向上，将钞票放在中指和无名指之间，示指、中指与拇指同时捏住钞票 ②左手拇指放在钞票正面右端约四分之一，食指伸直 ③用右手将钞票另一端向上翻折，左手拇指压住钞票正面右上端四分之一处，食指与中指放在钞票背面与拇指同时捏住票币，将钞票压成瓦形（左手手心面向点钞人员胸口），右手放开 ④无名指与小指自然弯曲并伸向钞票前左下方，与中指夹紧钞票，右手拇指做好点钞准备
		步骤 2：清点	①左手将钞票从桌面上擦过，拇指顺势将钞票向上翻成微开的扇形，钞票正面斜对自己面前 ②用右手拇指指尖向下逐张捻动钞票正面右下角（幅度不宜过大） ③右手食指在钞票背后，配合拇指捻动，同时用无名指将捻起的钞票往怀里弹，即完成了一次点钞动作，依次连续操作 ④点钞的同时察看货币真伪，做到不错不乱，准确无误
		步骤 3：计数	①边点边计数，依次连续操作，计数采用 1、2、3、4、5、6、7、8、9、1（即 10）；1、2、3、4、5、6、7、8、9、2（即 20）；1、2、3、4、5、6、7、8、9、3（即 30）；...1、2、3、4、5、6、7、8、9、9（即 90）；1、2、3、4、5、6、7、8、9、100 ②计数不要念出声，心中默记即可，做到脑、眼、手密切配合，既准确又快速
3	伏案式单指单张点钞法	步骤 1：手按钞票	①把钞票正面向上横放在桌面上，钞票对在点钞人员正胸前 ②用左手无名指、小指斜按压住钞票的左上角，约占票面四分之一处，右手做好清点准备
		步骤 2：清点	①用右手拇指从钞票背面托起右下角的适量钞票 ②用右手食指捻动第一钞票正面右下角盲文部分 ③右手食指每捻起 1 张，左手拇指旋即配合把捻起的 1 张钞票往上拨动 ④与此同时，左手食指立即指向前转动，接住左手拇指拨起的这一张钞票，并把这张钞票夹在食指和中指之间，即完成了一次点钞动作，依次连续操作 ⑤点钞的同时察看货币真伪，做到不错不乱，准确无误

续表

序号	步骤	操作说明	操作标准
3	伏案式单指单张点钞法	步骤3：计数	①边点边计数，依次连续操作，计数采用1、2、3、4、5、6、7、8、9、1（即10）；1、2、3、4、5、6、7、8、9、2（即20）；1、2、3、4、5、6、7、8、9、3（即30）；...1、2、3、4、5、6、7、8、9、9（即90）；1、2、3、4、5、6、7、8、9、100 ②计数不要念出声，心中默记即可，做到脑、眼、手密切配合，既准确又快速

情景

你在收银台为顾客结账，收到顾客交给你1625.80元的现金，你会怎么办？

使用手持式单指单张点钞法或伏案式单指单张点钞法，快速地完成点钞工作，点钞的同时有察看货币真伪的动作。

四、活动评价

评价内容		评价标准	是/否
活动完成情况	活动一：整理现金	把所有纸币铺平、对齐，按照大面额纸币在下，小面额在上，从小到大依次叠放的顺序，快速整理纸币	
	活动二：手持式单指单张点钞法	掌握手持式单指单张点钞的手法	
		掌握手持式单指单张点钞计数方法	
		能在点钞的同时有意识地去关注货币的真伪	
	活动三：伏案式单指单张点钞法	掌握伏案式单指单张点钞的手法	
		掌握伏案式单指单张点钞计数方法	
		能在点钞的同时有意识地去关注货币的真伪	

课后作业

1. 练习两种常用的点钞方法。
2. 在点钞过程中如何识别货币的真伪？

职业能力C－7－3　能按收银标准操作流程规范操作

PPT　微课

核心概念

收银服务：指是收银员根据顾客的购买情况运用连带销售技巧、找零技巧等收银工作技巧用收银机为顾客进行结账服务的过程。

学习目标

1. 能根据药店收银操作流程为顾客提供服务。
2. 面带微笑地为顾客进行收银服务。
3. 能根据不同类型的顾客，做好收银过程中的接待服务工作。
4. 能根据顾客的需求，灵活进行收银台的连带销售。

基本知识

一、收银前准备

1. 清点备用金。
2. 检查用于收银的各种机器是否能正常工作，并进行相关收银耗材的准备。
3. 查看当日变更的收银信息。
4. 收银员登录收银机。
5. 清洁整理收银台。

二、收银的方法和技巧

1. 连带销售：收银员应具有销售意识，抓准时机，结合药店正在进行的促销活动根据顾客购买药品的类型、用途、季节、疗程以及金额等，根据顾客的购买情况主动进行连带销售，达到提升顾客满意度及提高药店的客单价的目的。

2. 货币找零：收银员能运用“凑五、凑十原则”为顾客找补零钱。

3. 商品装袋：根据顾客所购买商品的数量多少及商品的体积大小为顾客进行合理的装袋。

4. 收银台防损：收银员能够掌握避免漏结账、防止收银台附近的商品被盗、防止货币被顾客调包等收银台的防损技巧。

三、收银应掌握的标准话术

1. 唱会员卡

标准用语：女士（先生），您好，请问有没有会员卡

服务要领：点头微笑、主动招呼顾客。

2. 扫描商品

标准用语：请您稍等

服务要领：准确、迅速地扫描商品条形码，边扫描边核对商品信息是否正确。

3. 唱促销内容

标准用语：现在我们店里＊＊＊商品正进行促销，您看需要的话，可以看一下；这个季节，您看还需不需要来点＊＊＊商品；我们现在有新到货的＊＊＊商品，您要不要看一下；我们将在＊＊＊时候举办＊＊＊活动，欢迎您的参与。

服务要领：态度友善，热情，稍作提醒，拿出促销宣传单页介绍给顾客，指引顾客到推荐的区域。避免强硬推销或推介时语气敷衍，不能引起顾客兴趣。

4. 唱报

标准用语：总共＊＊＊元，谢谢

服务要领：清楚地报出总金额。禁止催促顾客付款。

5. 唱收

标准用语：收您＊＊＊元

服务要领：双手接过顾客现金或卡。

6. 唱付

标准用语：女士（先生），找您＊＊＊元

服务要领：双手递给顾客零钱，并清楚报数。

7. 感谢顾客、道别

标准用语：这是您的小票和药品，请您核对一下并保管好，谢谢，请慢走。

服务要领：礼貌道别，微笑目送顾客离开。

活动设计

一、活动条件

模拟药房、一体式收银 POS 机、药店收银操作软件、收银工作台、已经入库可供销售的药品。

二、活动组织

模拟药店收银现场，学生三人一组，一人扮演顾客，一人扮演收银员，一人作为评价员，教师保证收银机的正常使用，并准备好相应的空白收银单据及收银耗材。

（1）教师讲解收银机的主要构成部件及其功能。

（2）教师演示收银软件的主要功能。

（3）教师演示现金收银操作过程。

（4）教师按收银工作考核模块的要求依次向学生进行演示。

（5）教师讲解快速收银的一些小窍门，包括收银机快捷键的使用等。

（6）学生分小组练习收银，注意在收银过程中运用销售话术、收银标准用语，找零技巧等进行收银操作。

（7）教师验收学生学习成果，并进行点评。

三、活动实施

序号	步骤	操作说明及操作标准
1	迎接顾客	①招呼语："您好，请问有没有会员卡" ②双手接过顾客手中商品  ①面带微笑距离顾客 1.5 米左右应该主动问好 ②双手接过顾客商品
2	扫描商品、录入商品信息	①招呼语："请您稍等" ②扫描商品，录入商品信息  ①准确、快速录入商品信息 ②边扫描边核对商品信息是否正确 ③运用装袋技巧为顾客进行装袋
3	连带销售	通过观察顾客，找准顾客需求，并选择适当的时机，进行连带销售  根据顾客购买药品的类型、用途、季节、疗程以及金额等方面适当地进行连带销售（如：可以从会员专享、健康提示、疗程用药、新品推荐等几个方面展开连带销售）
4	唱收唱付	①进行验钞 ②操作收银机 ③运用找零技巧收银   ①唱收唱付时声音洪亮 ②准确、快速操作收银机 ③快速识别货币真伪 ④准确使用找零技巧进行现金收银

续表

序号	步骤	操作说明及操作标准
5	送客	招呼语："这是您的小票和药品，请您核对一下并保管好，谢谢，请慢走"  ①提醒顾客核对所购买商品信息 ②收银员微笑送客

情景一

如果你是收银员，有一新顾客来到收银台结账，应如何进行接待？

首先询问顾客有没有会员卡，如果顾客还没有会员卡，收银员应该向顾客推荐本店会员卡，并协助顾客办理本店会员卡。

情景二

如果你是收银员，有一顾客购买了一些感冒药来到收银台结账，应如何进行接待？

收银员能够为顾客介绍相应收银政策，如买满＊＊元可以得到＊＊优惠，或者是向顾客介绍一些清咽含片、维生素咀嚼片等，完成收银台的连带销售。

四、活动评价

评价内容		评价标准	是/否
活动完成情况	活动一：迎接顾客	着装整洁，干净能准确判断并在距离顾客 1.5 米左右时恰当地微笑迎接顾客	
		能做到正确地称呼顾客	
		能向新顾客介绍办理会员卡	
		双手交接顾客手中的商品	
	活动二：录入商品信息	能正确扫描商品录入信息	
		能手输商品条形码，录入商品信息	
		注意核对商品信息	
	活动三：连带销售	能根据顾客及商品的情况灵活地运用连带销售技巧	
	活动四：唱收唱付	能熟练操作收银机	
		能熟练运用话术，声音洪亮地为顾客进行唱收唱付	
		对于现金结账的顾客要注意快速进行手工验钞	
		对于现金结账的顾客要注意使用找零技巧进行收银	
	活动五：送客	能做到面带微笑、双手递物时说"谢谢"，目送顾客	
		能正确提醒顾客核对小票及商品信息是否一致	

课后作业

1. 收银的标准话术有哪些？
2. 收银中如何实现连带销售？

职业能力 C－7－4　能用不同的结算方式进行收银操作

PPT　微课

核心概念

结算方式：是指药店向顾客销售商品时款项收付的程序和办法，包括使用现金收银、支付宝收银、微信收银、银联卡收银、医保卡收银、商保卡收银以及网络交易服务第三方平台收银等方式。

学习目标

能用不同的结算方式进行收银操作。

基本知识

在收银工作中顾客往往会提出不同的消费结算要求，因此收银的结算方式也可以说是多种多样的，比较常用的收银结算方式有现金结算、银联卡结算、医保卡结算、微信结算、支付宝结算等方式，以及近年来兴起的网络交易服务第三方平台新型的结算方式也开始普及。但这里需要说明的是每个企业所使用的收银操作系统或软件各不相同，而且随着各个软件的不断升级换代，因此在实际操作中可能会存在一些差异。

活动设计

一、活动条件

模拟药房、能正常运行的一体式收银机、收银工作台、已经入库可供销售的药品，并准备一定数额的现金以及微信收款码和支付宝收款码。

二、活动组织

模拟药店收银现场，学生三人一组，一人扮演顾客，一人扮演收银员，一人作为评价员，教师保证收银机的正常使用，并准备好相应的收银耗材。

1. 每组按照不同情景模拟进行实训，每位角色轮换操作。
2. 每组用收银机模拟不同结算方式下的收银操作过程，完成一种类型的收银结算后，互相点评及时纠错，接着进行下一种类型收银结算的模拟操作。

3. 巩固不同收银结算的操作熟练程度，进一步举一反三进行其他情景的训练。

三、活动实施

序号	步骤	操作说明	操作标准
1	现金收银	为顾客提供现金收银结算服务 	①识别货币真伪 ②点清现金数量 ③能使用收银机快捷键快速为顾客完成收银服务
2	微信支付	为顾客提供微信收银结算服务 	①在微信收银支付界面输入金额 ②收银员扫描顾客的微信付款码 ③为顾客打印收银销售小票
3	支付宝支付	为顾客提供支付宝收银结算服务 	①在支付宝收银支付界面输入金额 ②收银员扫描顾客的支付宝付款码 ③为顾客打印收银销售小票
4	银联卡收银	操作银联 POS 机为顾客提供银联卡收银结算服务 	①双手接递顾客的银联卡 ②注意核对屏幕显示卡号是否与顾客银联卡卡号一致 ③请顾客输入金额并确认 ④请顾客在打印好的消费凭单上签字 ⑤把其中的顾客联交给顾客保存
5	医保卡购药	为顾客提供医保卡收银结算服务 	①问清顾客医药卡的类型 ②收银员审核顾客欲购买药品中属于医保目录的药品 ③收银员接到顾客医保卡后在医保 POS 机上插卡、读卡 ④查看顾客医保卡内的余额是否足够结账 ⑤请顾客输入密码 ⑥收银员输入顾客所购医保药品的名称，再次检查无误后，打印两联单据

续表

序号	步骤	操作说明	操作标准
6	通过网络交易服务第三方平台线上购药	为顾客提供网络交易服务第三方平台线上购药收银结算服务 	①及时查看门店系统收到的网络交易服务第三方平台发送到门店的顾客用药需求订单信息 ②查看是否满足销售条件 ③按订单拣货、核对、装袋 ④打印收银销售小票等待顾客到店自取或第三方平台骑手配送 ⑤核对订单信息无误后交给顾客或骑手
7	药店微信小程序商城在线购药	为顾客提供本药店在微信小程序中的网上商城购药时的收银结算服务 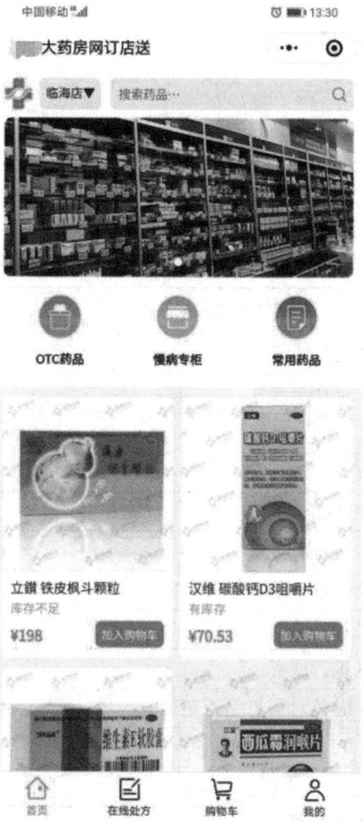 	①及时查看门店系统接收到的本药店微信小程序商城所发来的顾客订单信息 ②查看是否满足销售条件 ③按订单拣货、核对、装袋 ④打印收银销售小票等待取货 ⑤门店人员核对订单信息无误交给上门取货的顾客或骑手或直接联系给顾客送货上门
8	商保卡购药	商保卡是企业为员工个人购买的商业补充医疗保险，作为这类“商保卡”的持有人，可以直接在指定药店刷卡，由保险公司直付，与社保卡功能基本一致 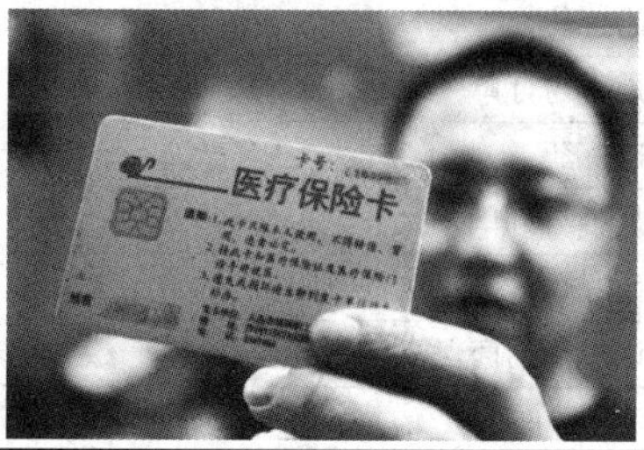 	①问清顾客商保卡的类型 ②向顾客说明该商保卡购药的注意事项 ③协助顾客进行购药 ④刷商保卡 ⑤打印收银销售小票 ⑥对照收银小票与顾客共同核对药品信息

情景一

当顾客在门店需要结账时，你该如何接待？

应面带笑容，点头示意，主动打招呼。

标准用语：先生，您好！女士，早上好（中午好，下午好，晚上好）！一共是 * * 元，请问您是用现金还是微信、支付宝结账呢？谢谢！

服务要领：如果顾客表示是用微信结账，礼貌请顾客出示微信付款码，收银员扫描为顾客结账，打印收银销售小票。积极主动地打招呼，微笑及目光与顾客接触，亲切开朗的语气，态度诚恳。

情景二

当顾客通过网上下单购药时，你该如何处理？

及时查看门店系统接收到的订单信息，查看是否满足销售条件，按订单拣货、装袋并打印收银销售小票，等待顾客到店自取或第三方平台骑手配送，核对订单信息无误后交给顾客或骑手。

四、活动评价

评价内容		评价标准	是/否
活动完成情况	活动一：现金收银	礼貌招呼顾客、双手接递物品	
		能快速识别货币、正确清点现金	
		能清楚大声地唱收唱付	
		能在规定时间内完成收银操作	
	活动二：微信支付	礼貌招呼顾客、双手接递物品	
		能流利按照收银标准话术进行服务	
		能扫描顾客付款码时能及时核对信息是否正确	
	活动三：支付宝支付	礼貌招呼顾客、双手接递物品	
		能流利按照收银标准话术进行服务	
		能扫描顾客付款码时能及时核对信息是否正确	
	活动四：银联卡收银	接待顾客态度亲切	
		能熟练操作银联 POS 机	
		注意及时核对银联卡的相关信息	
	活动五：医保卡购药	掌握医保刷卡的操作流程	
		熟悉店内医保目录产品	
		接待顾客耐心、热情	
	活动六：顾客通过网络交易服务第三方平台线上购药	能根据顾客订单信息快速拣药	
		注意及时核对所拣药品是否与订单一致	
	活动七：药店微信小程序商城在线购药	能根据顾客订单信息快速拣药	
		注意及时核对所拣药品是否与订单一致	
		送货上门时注意提前联系好顾客确认送货时间	
	活动八：商保卡购药	能准确掌握本药店内允许使用的商保卡类型	
		掌握商保卡收银的操作流程	

课后作业

如果在顾客刷医保卡时，突然出现网络中断，你该如何处理?

职业能力 C－7－5　能正确填制各种收银相关单据

PPT　微课 1　微课 2

核心概念

收银单据：是指药店收银员在收银过程中会涉及到的一些记录或体现工作过程的单据，如发票、收银缴款单、销售长短款报告、收银交接记录、门店借货记录等单据。

学习目标

1. 能够规范填写发票、收银缴款单、销售长短款报告、收银交接记录、门店借货记录等票据。
2. 掌握收银相关单据填写的注意事项。

基本知识

一、发票的填写要求

发票是单位和个人在购销商品、提供或者接受服务以及从事其他经营活动中，开具、取得的收付款凭证。目前药店所开的发票主要有两种类型，一种是由国税部门规定的税控发票开票软件开具的机打发票（表 C－7－1）；另一种是已经在药店中逐渐普及的电子发票。电子发票是顾客通过药店的微信扫码开发票功能自己申请获得电子发票（表 C－7－2）。机打发票时应注意以下问题。

1. 在增值税普通发票的购方信息栏中应注意：名称项不能空白，必须填写，且必须填写单位全称或个人全名，不能是简写。“地址、电话”栏，可以不填，但开票时建议最好填写顾客或企业的电话号码。如购货方是个人，可以不用填写“纳税人识别号”和“开户行及账号”，如购货方是企业，则必须按发票管理办法的规定如实填写“纳税人识别号”和“开户行及账号”。

2. 在商品信息栏中的“货物或应税劳务、服务名称”项，应该按照销售货物名称或劳务名称逐项如实填写，不得虚开或改变内容。

3. 收银员所开发票金额必须与顾客消费金额一致，不得多开。

4. 开票方应在规定的使用范围内开具发票，不准买卖、转借、转让和代开。

5. 安装税控装置的单位和个人，应当按照规定使用税控装置开具发票，并按规定及时向主管税务机关报送开具发票的数据。

表 C－7－1　××增值税普通发票

发票联　　　　　　NO12345678

校验码：　　　　　　开票日期：

<table>
<tr><td>购买方</td><td colspan="4">名　　称：
纳税人识别号：
地 址、电 话：
开户行及账号：</td><td colspan="2">密码区</td><td colspan="2"></td></tr>
<tr><td>货物或应税劳务、服务名称</td><td>规格型号</td><td>单位</td><td>数量</td><td>单价</td><td>金额</td><td>税率</td><td>税额</td></tr>
<tr><td>合　计</td><td></td><td></td><td></td><td></td><td></td><td></td><td></td></tr>
<tr><td>价税合计（大写）</td><td colspan="7">（小写）</td></tr>
<tr><td>销售方</td><td colspan="4">名　　称：
纳税人识别号：
地 址、电 话：
开户行及账号：</td><td colspan="2">备注</td><td colspan="2"></td></tr>
</table>

收款人：　　复核：　　开票人：　　销售方：（章）

第二联：发票联　购买方记账凭证

表 C－7－2　××增值税电子普通发票

发票代码：

机器编号：1234567890　　　　发票号码：NO12345678

开票日期：　　　　校验码：

<table>
<tr><td>购买方</td><td colspan="4">名　　称：
纳税人识别号：
地 址、电 话：
开户行及账号：</td><td colspan="2">密码区</td><td colspan="2"></td></tr>
<tr><td>货物或应税劳务、服务名称</td><td>规格型号</td><td>单位</td><td>数量</td><td>单价</td><td>金额</td><td>税率</td><td>税额</td></tr>
<tr><td>合　计</td><td></td><td></td><td></td><td></td><td></td><td></td><td></td></tr>
<tr><td>价税合计（大写）</td><td colspan="7"></td></tr>
<tr><td>销售方</td><td colspan="4">名　　称：
纳税人识别号：
地 址、电 话：
开户行及账号：</td><td colspan="2">备注</td><td colspan="2">（小写）</td></tr>
</table>

收款人：　　复核：　　开票人：　　销售方：（章）

二、销售长（短）款报告单

在收银过程中往往会因为一些原因导致实际收到的金额与收银机中显示的应收金额之间存在差异，我们称之为收银差异。通常来说如果发生实收金额多于应收金额称为长款，长款需要上交公司，而反之实收金额少于应收金额的称为短款，短款则需要当班收银员自己来负责补足。但是无论是长款还是短款都是发生了收银差异，都需要向公司进行说明，应填制“收银长（短）款报告单”（表 C－7－3）。

表 C－7－3　收银长（短）款报告单

门店：　　　　　　　　　　　　　　　　　　　　　　　　　　年　月　日

应收金额		实收金额		长（短）款余额	
原因分析					
审批意见					

店长：　　　　　　　　　　　　　　　　　　　　　收银员：

三、收银缴款单

当班收银员在交接班前应根据实际情况填写收银缴款单（表 C－7－4），对当班各项营业款项进行清点，准确填写公司专用的收银缴款单，收银缴款单一般一式两份，一份门店留存，一份复写上交公司财务部门。收银员填写完成后交由当班负责人进行审核，当班负责人应仔细核对本班收到的营业款项、卡单及票据等信息是否与收银员填写的收银缴款单内容一致，审核无误后在缴款单上签字确认。

表 C－7－4　收银缴款单

门店：　　　　　　　　　　　　　　　　　　　　　　　年　月　日

摘　要	金　额							摘　要	金　额						
	万	千	百	拾	元	角	分		万	千	百	拾	元	角	分
现金								代金券							
银联								其他储值卡							
省医保								微信商城							
市医保								第三方平台							
微信								合计人民币（大写）							
支付宝															

当班负责人：　　　　　　　　　　　　　收银员：

四、收银交接记录

收银员交接班记录是收银员交接班时进行工作确认的重要记录，收银员应认真对待，如实填写，收银交接记录（表 C－7－5）。

表 C－7－5　收银交接记录

时间	现金	银联	省医保	市医保	微信	支付宝	微信商城	第三方平台	其他储值卡	合计	其他事项	移交人签字	接收人签字	备注

五、门店借货记录

在连锁药店的经营与管理中常常会遇到顾客来店要货而本店又刚好缺货的情况，如果这时再到配送中心调货时间长顾客必定不愿意等待，在这种情况下往往会采取到离本店最近的本连锁的其他门店借货的情况，在这种情况下借货门店必须做好登记，妥善保管以备查验。借货登记表见表 C－7－6。

表 C－7－6　借货登记表

日期	商品编码	商品品名	规格	生产厂家	单位	数量	金额	借货门店	借货人	经手人	审核人

活动设计

一、活动条件

工作服、头花、笔、纸、药品的空包装盒、各种类型的空白单据，收银台、工作台等道具，在 GSP 模拟药房进行。

二、活动组织

1. 2 人一组，其中 1 人扮演药店营业员、1 人作为评价员，首先发给每组 2 套各种收银单据的空白表格，根据单据填写要求进行规范填写训练。

2. 每组按照填写要求顺序进行指定单据的填开情景模拟实训，填写完成后，进行相互自查。

3. 老师进行总结和纠错，再进行下一种单据的情景训练。

三、活动实施

序号	步骤	操作说明	操作标准
1	发票的填写	严格按照国家有关规定要求进行发票的填写 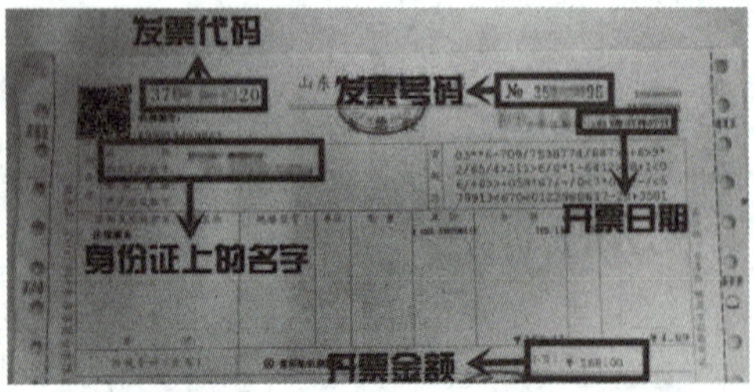 	①仔细核对电脑里面显示的发票种类、代码、号码与将要放入打印机打印的空白纸质机打发票的种类、代码、号码是否一致 ②发票的客户名称、开户银行及账号、商品名称或经营项目、计量单位、数量、单价、大小写金额、开票人、开票日期、开票单位（个人）名称（章）等项目逐一规范填写，要求所有项目都真实、准确 ③发票的填写完成后收银员再次检查，并交与顾客确认后，方可盖本店的收银专用章，发票交给顾客完成操作
2	填写销售长（短）款报告单	发生收银差异时要及时填写销售长（短）款报告单 收银长（短）款报告单 门店：　年　月　日 应收金额　实收金额　长（短）款余额 原因分析 审批意见 店长：　收银员：	①填写时保证数据的真实性和准确性 ②原因分析到位 ③各责任人及时签字

续表

<table>
<tr><th>序号</th><th>步骤</th><th>操作说明</th><th>操作标准</th></tr>
<tr><td>3</td><td>填写收银缴款单</td><td>当班收银员在交接班前应当对本班各项营业款项进行清点，并填写收银缴款单

表7-4 收银缴款单
门店：　　　　　　年　月　日
<table>
<tr><td rowspan="2">摘　要</td><td colspan="7">金　额</td></tr>
<tr><td>万</td><td>千</td><td>百</td><td>十</td><td>元</td><td>角</td><td>分</td></tr>
<tr><td>现金</td><td></td><td></td><td></td><td></td><td></td><td></td><td></td></tr>
<tr><td>银联</td><td></td><td></td><td></td><td></td><td></td><td></td><td></td></tr>
<tr><td>省医保</td><td></td><td></td><td></td><td></td><td></td><td></td><td></td></tr>
<tr><td>市医保</td><td></td><td></td><td></td><td></td><td></td><td></td><td></td></tr>
<tr><td>微信</td><td></td><td></td><td></td><td></td><td></td><td></td><td></td></tr>
<tr><td>支付宝</td><td></td><td></td><td></td><td></td><td></td><td></td><td></td></tr>
</table></td><td>①表格中所有项目的填写都应该抱着严谨的态度，认真仔细进行填写
②当出现误差时应该耐心逐项进行检查、直到核对无误方可上交</td></tr>
<tr><td>4</td><td>收银交接记录</td><td>收银交接班记录要清楚记录需要下一班收银员去重点关注的事项

收银交接记录
<table>
<tr><td>时间</td><td>现金</td><td>银联</td><td>省医保</td><td>市医保</td><td>微信</td><td>支付宝</td><td>微信商城</td><td>第三方平台</td><td>其他储值卡</td><td>合计</td><td>其他事项</td><td>移交人签字</td><td>接收人签字</td><td>备注</td></tr>
<tr><td></td><td></td><td></td><td></td><td></td><td></td><td></td><td></td><td></td><td></td><td></td><td></td><td></td><td></td><td></td></tr>
<tr><td></td><td></td><td></td><td></td><td></td><td></td><td></td><td></td><td></td><td></td><td></td><td></td><td></td><td></td><td></td></tr>
<tr><td></td><td></td><td></td><td></td><td></td><td></td><td></td><td></td><td></td><td></td><td></td><td></td><td></td><td></td><td></td></tr>
</table></td><td>收银员应认真对待，对需要交待的事项如实填写，表达清晰</td></tr>
<tr><td>5</td><td>门店借货记录</td><td>连锁药店各分店之间普遍存在着临时性的借货，以满足因突发性的销售增长而带来的产品库存不足的问题

借货登记表
<table>
<tr><td>日期</td><td>商品编码</td><td>商品品名</td><td>规格</td><td>生产厂家</td><td>单位</td><td>数量</td><td>金额</td><td>借货门店</td><td>借货人</td><td>经手人</td><td>审核人</td></tr>
<tr><td></td><td></td><td></td><td></td><td></td><td></td><td></td><td></td><td></td><td></td><td></td><td></td></tr>
<tr><td></td><td></td><td></td><td></td><td></td><td></td><td></td><td></td><td></td><td></td><td></td><td></td></tr>
<tr><td></td><td></td><td></td><td></td><td></td><td></td><td></td><td></td><td></td><td></td><td></td><td></td></tr>
<tr><td></td><td></td><td></td><td></td><td></td><td></td><td></td><td></td><td></td><td></td><td></td><td></td></tr>
</table></td><td>①通过电话确认其他门店是否有本店所需借货的产品
②认真核对借货人工作牌等信息
③要求写清商品名称、规格、厂家，点清数量，并认真核对
④双方要及时签字确认相关信息</td></tr>
</table>

情景一

当有本连锁药店其他分店的营业员到本店借货时，你该如何处理？

电话确认借货人身份，再次核对借货人的工作牌，请借货人在借货记录单登记表上签字。

情景二

当顾客结账后要求开发票时，你该如何处理？

应请顾客稍等，并严格按照发票填开流程和注意事项完成发票的填写，核对无误后加盖门店发票专用章，交给顾客。

四、活动评价

<table>
<tr><th colspan="2">评价内容</th><th>评价标准</th><th>是/否</th></tr>
<tr><td rowspan="6">活动完成情况</td><td rowspan="3">活动一：发票的填写</td><td>礼貌询问清楚顾客相关信息</td><td></td></tr>
<tr><td>注意核对空白发票号码是否与电脑里面显示的发票号码一致</td><td></td></tr>
<tr><td>根据顾客购买情况按规定如实填开发票</td><td></td></tr>
<tr><td rowspan="3">活动二：填写销售长（短）款报告单</td><td>金额填写清楚</td><td></td></tr>
<tr><td>原因分析深刻</td><td></td></tr>
<tr><td>签名处不能空白</td><td></td></tr>
</table>

续表

评价内容		评价标准	是/否
活动完成情况	活动三：填写收银缴款单	数字填写清晰	
		项目不能留空	
	活动四：收银交接记录表	金额核对准确	
		事项交待清楚	
	活动五：填写门店借货记录表	仔细核对表格内容填写是否正确	
		签名处不能空白	

课后作业

1. 为系统掌握发票的填制，请用纯手工的方式填写 3 份空白发票，并上交。
2. 在发票填写中，有哪些注意事项？

职业能力 C－7－6　能对收银机进行正确地维护与保养

PPT　微课

核心概念

收银机：是指药店为顾客结账时进行收款的机器，一般包括主机、显示器、钱箱、顾客显示屏、小票打印机，键盘等部分。

学习目标

1. 能按步骤正确对收银机进行维护和保养。
2. 能对收银机的常见故障进行处理。

基本知识

一、收银机的维护和保养

虽然不同的收银 POS 机的操作规程有所差异，但其在维护和保养方面的要求基本一致。主要应做到以下几个方面。

1. 应保持机器外表的整洁，不允许在机器上摆放物品，做到防水、防尘、防油。
2. 动作要轻，特别是在开启、关闭银箱时要防止震动。
3. 电源线的连接应安全和固定，不能随意搬动机器和拆装内部器件。
4. 断电关机后，至少在一分钟后开机，不能频繁开、关机，并及时更换打印纸，保持打印机内部的清洁。
5. 定期清洁机器，除尘、除渍。

6. 应指定专人负责日常的维护工作，做到能熟练排除一般故障，保持机器的正常运转。

二、收银机常见故障的处理

当遇到收银机开机后显示器不亮、小票打印机不打印、开机或使用过程中显示脱网、收款箱不能正常开关、扫描枪不能扫描等收银机常见故障时，收银员应注意检查显示器开关、电源线、网线、数据线是否接触正常以及相应的耗材是否已经用完，并检查收银软件中相应的设备设置参数是否正确等方法来解决收银机常见故障。

活动设计

一、活动条件

工作服、头花、笔、纸、收银机、抹布、电源插座等道具，在 GSP 模拟药房进行。

二、活动组织

1. 首先根据收银 POS 机的维护和保养步骤进行训练，2 人一组，其中 1 人扮演药店收银员、1 人作为评价员。

2. 每组按照步骤进行情景模拟实训，2 人进行角色轮换操作，反复练习。

3. 完成一个操作步骤之后，每组同学及时点评纠错，老师进行总结和纠错，再进行下一步骤的情景训练。

三、活动实施

序号	步骤	操作说明	操作标准
1	收银机的维护和保养	按步骤进行维护和保养 	①注意收银机外表的清洁和干燥；②使用收银机时不要用力过猛，防止机器震动；③不能频繁开、关机
2	收银机常见故障的处理	收银机无法启动 	注意检查显示器开关、电源线、网线、数据线是否接触正常

续表

序号	步骤	操作说明	操作标准
2	收银机常见故障的处理	收银机死机 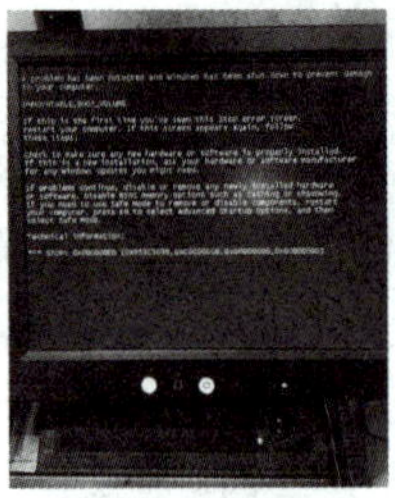	尝试重新启动收银机
		耗材用完 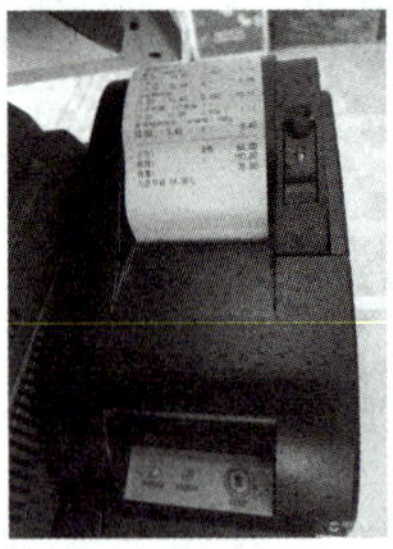	注意是否已经用完相应的耗材
		收银软件设置错误 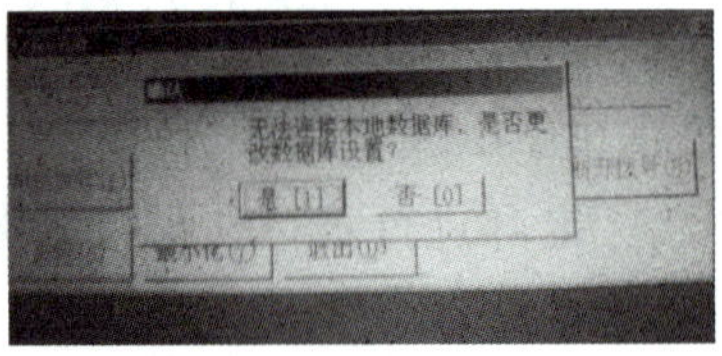	检查收银软件中相应的设备设置是否正常

情景一

当出现收银机无法开机的情况时，如何做？

收银员应检查收银机电源线是否松脱。

情景二

出现收银机鼠标移动无反应时，如何做？

应该尝试重新启动收银软件，如果收银软件重启无效可以尝试重启收银机。

四、活动评价

评价内容		评价标准	是/否
活动完成情况	活动一：收银机的维护和保养	能快速清洁收银机表面	
		能在使用收银机时动作较轻，不野蛮操作	
		能掌握收银机的各部件的正确使用方法	

续表

评价内容		评价标准	是/否
活动完成情况	活动二：收银机常见故障的处理	熟知收银机的常见故障	
		能灵活地处理遇到的收银机故障	
		能通过观察推测出收银机可能存在故障的部位、原因并及时处理	

课后作业

通过走访门店与查阅资料的方法，把收银机的常见故障及处理方法一一罗列出来。

工作任务 C－8　售后服务

职业能力 C－8－1　能按规定进行药品退换货的处理

PPT

核心概念

退换货服务：是指药店销售人员能耐心、周到地为要求退换货顾客解答疑问，按照规定的退换货流程处理退换货事件，并形成记录。

学习目标

1. 能掌握药品退换货原则。
2. 能按规定进行药品退换货的处理。

基本知识

一、药品退换货原则

药品是一种特殊商品，涉及到人的生命安全和身体健康，一般情况下药店拒绝退、换药品。但这又容易引起顾客对门店服务的不满。因此，当顾客要求退货时，门店遵循以下原则。

1. 需有本店购物电脑小票或发票。顾客无电脑小票（发票）原则上不退换货。

2. 存在药品质量问题且购物时间不超过七天的，无条件退换货；非药品质量问题的，原则上不退换货。但若有其他特殊情况，如商品经检查质量无异常、内外无破损、包装批号无问题，在确保不影响第二次销售的前提下，若纯属顾客选择误差，经权衡考虑可作换货处理，但互换商品必须遵循换出商品价格等于或略高于换回商品价格的换货原则。

二、药品退换货流程

1. 核查 顾客要求退货时，当班负责人核查是否符合退换货原则、是否为本店出售的商品。①核对电脑小票（或发票）。②核对品名、规格、生产厂家、批号（可向采购部或物流配送部查询）等。③检查商品内外包装是否完整、本店专用标价签是否存在、是否在有效期内及商品质量情况。

不符合商品退换货原则的，如非商品质量问题或人为损坏或自购物日至今超过七日（含七日）等情况，不予退货。门店向顾客委婉做好解释，取得顾客的谅解。

2. 当班负责人确认退换货的，输入授权密码，收银员按以下办理

（1）回收电脑小票、发票（已开发票的一定要回收，并在原发票上注明"作废"字样），小票（发票）上还有其他商品的，如顾客需要，可将其他商品开发票给顾客。

（2）填写《顾客退换货登记表》。并按以下操作：①退货操作，用红笔、红复印纸开具销售小票（即红票）并请当班负责人在红票上签名，红票一式三联（一联留底贴在《顾客退换货登记表》背面、一联交给收银员留底、一联交给顾客），将退货的凭证（原始电脑小票或发票、红票中三联中的一联）一起贴在《顾客退换货登记表》的背面。填写《顾客退换货登记表》相关项，退回货款，请顾客签名确认。②换货操作，请顾客重新挑选商品，实行退货、销售操作。

（3）按退换货时间先后顺序，整理《顾客退换货登记表》。每班结束后在《收银交接班本》上记录退换货情况以及退款货收（付）差额情况。

（4）完善《顾客退换货登记表》相关项目（如回访及顾客反馈等工作）。

（5）区域经理每月定期核查《顾客退换货登记表》及退货商品，发现问题及时指正并处理。

3. 退回药品的处理

（1）检查退回商品的同批号是否存在同样的质量问题（无法鉴别的，请商品质量部门核检），将所有不合格商品放入不合格品区。

（2）填写退货申请单（注明原因），退回物流配送部。

（3）填写《门店商品质量问题报告表》。

活动设计

一、活动条件

模拟药房、一体式收银 POS 机、药店收银操作软件、收银工作台、已经入库可供销售的药品。

二、活动组织

模拟药店退换货现场，学生四人一组，一人扮演顾客，一人扮演收银员，一人扮演当班负责人，一人作为评价员，教师保证收银机的正常使用，并准备好相应的《顾客退换货登记表》及《门店商品质量问题报告表》。

（1）教师讲解药品退换货原则。

（2）教师演示退换货流程。

（3）教师指导退换货收银操作过程。

（4）教师验收学生学习成果，并进行点评。

三、活动实施

序号	步骤	操作说明	操作标准
1	核查	当班负责人双手接过要求退换货的顾客手中商品，核查是否符合退换货原则、是否为本店出售的商品 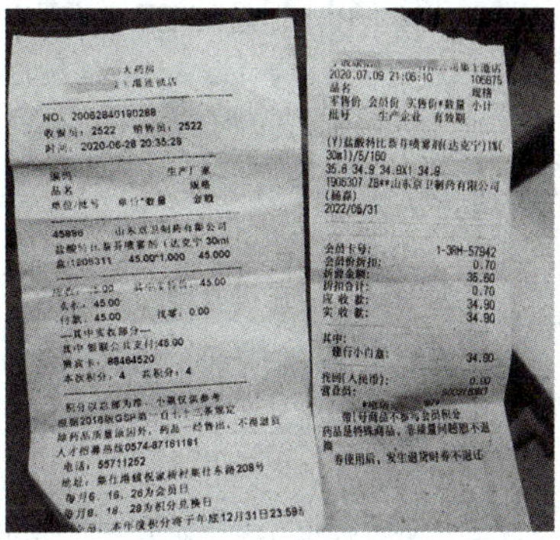	①核对电脑小票（或发票）。②核对品名、规格、生产厂家、批号（可向采购部或物流配送部查询）等。③检查商品内外包装是否完整、本店专用标价签是否存在、是否在有效期内及商品质量情况，如非商品质量问题或人为损坏或自购物日至今超过七日（含七日）等情况，不予退货。门店向顾客委婉作好解释，取得顾客的谅解
2	确认	当班负责人确认退换货的，输入授权密码，收银员按规定办理 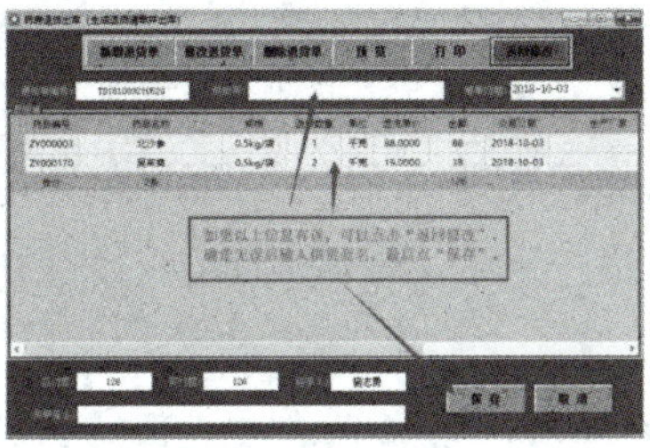	核实无误，确认，授权收银员办理
3	回收发票或小票	回收电脑小票、发票 	已开发票的一定要回收，并在原发票上注明“作废”字样；小票（发票）上还有其他商品的，如顾客需要，可将其他商品开发票给顾客
4	填写《顾客退换货登记表》	①退货操作 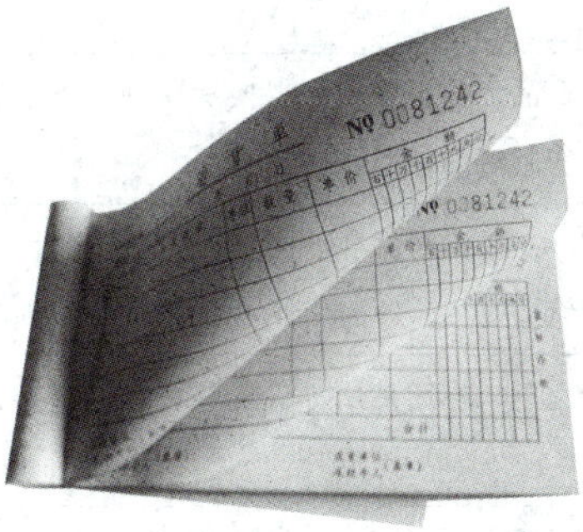	①退货操作，用红笔、红复印纸开具销售小票（即红票）并请当班负责人在红票上签名，红票一式三联（一联留底贴在《顾客退换货登记表》背面、一联交给收银员留底、一联交给顾客），将退货的凭证（原始电脑小票或发票、红票中三联中的一联）一起贴在《顾客退换货登记表》的背面。②填写《顾客退换货登记表》相关项，退回货款。③请顾客签名确认

续表

序号	步骤	操作说明	操作标准
4	填写《顾客退换货登记表》	②换货操作：请顾客重新挑选商品 	先按上述进行退货操作，再进行销售操作
5	整理《顾客退换货登记表》	按退换货时间先后顺序，整理《顾客退换货登记表》 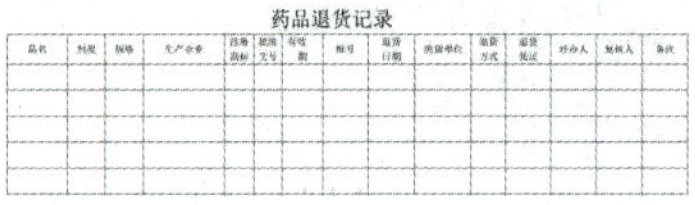 	每班结束后在《收银交接班本》上记录退换货情况以及退款货收（付）差额情况 完善《顾客退换货登记表》相关项目（如回访及顾客反馈等工作）。 区域经理每月定期核查《顾客退换货登记表》及退货商品，发现问题及时指正并处理

情景

某天，一顾客拿着一盒药品来到店里，要求退货，营业员仔细检查后发现，不符合退换货条件，但顾客坚持要求，并说“都是七天“无条件退换”的，药品为什么不行?”如果你是营业员，你该如何理解顾客的话呢?

药品是一种特殊商品，售后服务也具备一定的特殊性和复杂性。在我国的药品管理法和GSP中规定，药品是特殊产品，除非是发生了质量问题，否则不要求店方退换货给消费者。

从技术的角度看，药品的退换并没有什么难度；但从服务角度，从药品的二次销售负责的角度考虑，如果药品也像电器一样可以七天内“无条件退货”却存在着隐患，如一些药品的存放要求非常严格，不知情的消费者如果退回没有启封但是却因存放不当而变质的药品，由于店内的鉴别设备、店员的鉴别能力有限，这些药品有可能会损害下一位消费者的健康，并对药店造成较大的损失；另外，也不排除药品被调包的可能性，这可能导致各药房之间恶意竞争。

四、活动评价

评价内容		评价标准	是/否
活动完成情况	活动一：核查	能核查是否为本店出售的商品。不符合商品退换货原则的不予退货，并向顾客委婉作好解释，取得顾客的谅解	
		①核对电脑小票（或发票）；②核对品名、规格、生产厂家、批号（可向采购部或物流配送部查询）等	
		能检查商品内外包装是否完整、本店专用标价签是否存在、是否在有效期内及商品质量情况	
	活动二：确认	当班负责人确认退换货的，输入授权密码，收银员按规定办理	

续表

评价内容		评价标准	是/否
活动完成情况	活动三：回收发票（小票）	回收电脑小票、发票（已开发票的一定要回收，并在原发票上注明“作废”字样），小票（发票）上还有其他商品的，如顾客需要，可将其他商品开发票给顾客	
	活动四：退换货操作	①退货操作，用红笔、红复印纸开具销售小票（即红票）并请当班负责人在红票上签名，红票一式三联（一联留底贴在《顾客退换货登记表》背面、一联交给收银员留底、一联交给顾客），将退货的凭证（原始电脑小票或发票、红票中三联中的一联）一起贴在《顾客退换货登记表》的背面。填写《顾客退换货登记表》相关项，退回货款，请顾客签名确认 ②换货操作，请顾客重新挑选商品，实行退货、销售操作	
	活动五：整理《顾客退换货登记表》	按退换货时间先后顺序，整理《顾客退换货登记表》	
		每班结束后在《收银交接班本》上记录退换货情况以及退款货收（付）差额情况 完善《顾客退换货登记表》相关项目（如回访及顾客反馈等工作） 区域经理每月定期核查《顾客退换货登记表》及退货商品，发现问题及时指正并处理	

课后作业

药店为了提高售后服务质量，避免不必要的退换货，对药品质量应做哪些处理？

职业能力 C－8－2　能按规定处理顾客投诉

PPT　微课

核心概念

顾客投诉也称顾客抱怨，通常是顾客在购买或使用商品过程中对所购商品本身、对门店所提供服务感到不满意时，向工作人员诉求解决办法的一种常见行为。一般情况下，顾客向门店投诉，由店长或领班负责处理，遇到解决不了的问题，应及时上报区域经理解决。如果顾客向总部投诉，接待人员应及时将问题交由区域经理处理，重大问题需及时报公司相关部门协助处理。

学习目标

1. 能掌握处理顾客投诉的原则。
2. 能按规定处理顾客投诉。

基本知识

一、处理顾客投诉原则

当顾客投诉时，门店应遵循以下原则。

（一）保持心情平静

顾客投诉是经营活动中的正常现象，投诉是顾客应有的权利，换位思考，理解顾客的行为与观点。顾客投诉可以帮助门店发现自身问题以改进工作、提高工作质量。因此，药店人员要重视顾客的投诉行为对企业形象的潜在影响，不必过分激动，保持心情平静，有助于冷静地解决问题，避免处理不当进一步激化矛盾。

（二）有效地倾听与道歉

1. 听 通过倾听，既要弄清楚顾客的真实意图，又要及时安抚顾客，防止事态的进一步恶化。想方设法地平息顾客的抱怨，先处理情感，后处理事件。一方面，由于顾客的投诉多数属于发泄性质，需要得到店方的同情和理解，消除了怨气，心理平衡后再解决事情就容易了。因此，接待人员在开始面对顾客投诉时，必须耐心地倾听顾客的抱怨，避免与其发生争辩，先听他讲，多听少说，让顾客把心中的不满发泄出来。另一方面，顾客投诉时情绪通常容易激动，对投诉问题的表述也可能不够清楚，因此工作人员应该更加耐心、细致地倾听顾客的意见，设法搞清楚客户的怨气从何而来，以便对症下药，有效地平息顾客的抱怨，发现实质性的原因。

2. 问 等顾客的情绪平息后，选择适当时机详细询问事实情况。不要在顾客情绪激动甚至愤怒时询问事实情况，这样做容易使顾客的情绪更加难以控制。

3. 道歉 在顾客叙述结束时，接待人员必须站在顾客的立场上将心比心，诚心诚意地对顾客表示理解和同情，对所有的客户投诉处理，要先表示道歉，“不好意思让您多跑一趟，给您添麻烦了！”这才是最重要的。对顾客真诚地道歉，才能使顾客感到自己的意见得到听者的尊重和重视，激动的情绪逐渐平静下来，为协商解决问题的办法创造条件。

（三）提供可执行的解决方法

在寻求解决之道时绝不能轻易承诺。在双方僵持不下时，可以采取把难题丢给对方的方法，态度诚恳地询问“您希望我们怎么处理呢？”，化被动为主动。在劝导顾客时，最好采取三个理由来说明，因为三点最容易留存在人们的记忆里。

二、处理顾客投诉的方法

（一）顾客直接投诉的处理

处理过程中应根据顾客的陈述预测顾客的心情和需求，以设定期望值，提供选择方案。常用的解决方案如下。

1. 药品质量造成的投诉 向顾客诚恳地道歉，按顾客要求替顾客退货或换货，奉送顾客一份礼品；药品造成顾客的物质损失、人身伤害和精神损失，应按有关规定适当给予赔偿和安慰；仔细调查发生药品问题的原因，清查核对同批号的药品，杜绝类似事件的再度发生。

2. 因药品使用不当造成的投诉 诚恳地向顾客道歉，如果确定店方的责任让顾客受损，应予退换，如果顾客不接受退换，店方应给予一定的补偿和安慰。如确由顾客使用不当而造成，切忌“得理不让人”。

3. 因服务态度不佳造成的投诉 这类投诉往往没有确凿的证据，同时也与顾客的不同心理感受有关，所以这类抱怨处理起来比较困难。但有一点必须确定：正常人不会无缘无故地抱怨，所以，只要产生了这类抱怨，药店就必须承担责任，并作出相应处理：①店经理听完顾客陈述后，向顾客保证今后一定加强对药品销售人员的教育，杜绝类似情形的再度发生；②经理陪同当事人当面向顾客赔礼道歉，以期获得谅解；③加强对销售人员的优质服务教育，并建立相应的监督机制。

4. 重大投诉 如药物不良反应、药疗事故等，请公司领导协助处理。

5. 无法当场解决的投诉 有些顾客可能对任何的处理结果都不接受，此时应感谢顾客投诉，并婉转地留下顾客资料，承诺在最短时间内给予答复解决，这样可能缓解顾客的不满情绪。如需要用信件处理，应注意措辞一定要恭敬有礼，无错、漏字，直接进入主题，先向顾客致以诚恳的歉意，肯定顾客的意见有建设性，将门店需要说明的事件详加解释，再次道歉；最后把门店的处理方法说明，以利顾客决定。必要时可由主要责任人员前往道歉，以表示门店处理事情的诚意，并希望能借此让顾客对门店产生好感，使问题得以缓和解决。如顾客不接受处理意见应继续与其商讨解决方案至达成协议，再向上级汇报。

（二）电话投诉的处理

顾客投诉的电话应由店长或领班接听，用礼貌的言语向顾客道歉，平息顾客的情绪，如在电话中未能处理解答，应及时做好相关记录（切记应留下顾客的电话号码），并在24小时内跟踪处理。如门店不能解决，应及时上报上级领导。

处理顾客电话投诉的具体步骤是：准备做好投诉记录→介绍自己及询问对方称呼→聆听对方所反映的问题及意见并作相关记录→向顾客道歉以缓和对方情绪→向顾客解释公司对该问题的一贯立场和处理方法→向顾客承诺了解情况并作出处理后再作答复→感谢顾客及时反映问题→把问题交给有关人员负责跟进处理→跟踪处理结果→回复顾客并再次向顾客致歉及道谢→投诉记录归档。

活动设计

一、活动条件

模拟药房、一体式收银POS机、药店收银操作软件、收银工作台、已经入库可供销售的药品。

二、活动组织

模拟药店顾客投诉现场，学生四人一组，一人扮演顾客，一人扮演收银员，一人扮演当班负责人，一人作为评价员，教师保证收银机的正常使用，并准备好相应的《投诉记录表》。

（1）教师讲解处理顾客投诉原则。

（2）教师指导顾客投诉服务标准话术。

（3）教师讲解处理顾客投诉方法。

三、活动实施

序号	步骤	操作说明及操作标准	
1	保持心情平静	保持心情平静，有助于冷静地解决问题 	不必过分激动，避免处理不当进一步激化矛盾
2	倾听	多听少说，耐心、细致地倾听顾客的意见，并配合点头、标准用语：“好的，好的”；“是的，是的”；“嗯”；“噢”等 设法搞清楚客户的怨气从何而来，以便对症下药，有效地平息顾客的抱怨，发现实质性的原因 	诚恳、仔细地倾听顾客投诉的内容，点头回应，不要打断其说话或立即予以反驳，让顾客讲清楚问题，便于进一步处理
3	问	等顾客的情绪平息后，选择适当时机详细询问事实情况 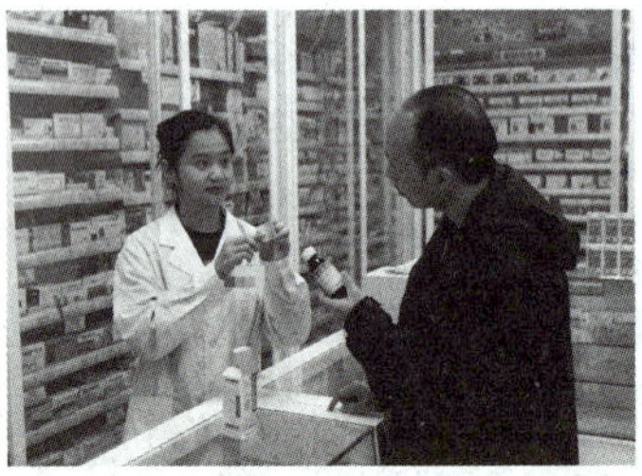	不要在顾客情绪激动甚至愤怒时询问事实情况，这样做容易使顾客的情绪更加难以控制
4	道歉	诚心诚意地对顾客表示理解和同情，承认过失，表示道歉，“对不起，不好意思让您多跑一趟，给您添麻烦了！请问有什么可以帮到您?” 对顾客真诚地道歉，使顾客感到自己的意见得到听者的尊重和重视，激动的情绪逐渐平静下来，为协商解决问题的办法创造条件  关心顾客的神情，避免因害怕顾客抱怨而回避	

续表

序号	步骤	操作说明及操作标准
5	处理直接投诉	1. 药品质量造成的投诉 再次向顾客致歉并说明情况 标准用语："真的对不起，给您添麻烦了！"；"您使用＊＊＊商品，出现这种情况是……"；"这个问题我们将立即……请您先停止使用，改用……" 重视顾客的问题，耐心说明情况，避免让顾客感觉推卸责任。态度诚恳地致谢顾客提出问题，重新树立顾客的信任。  针对事件的原因加以探讨、判断，同时婉转地向顾客说明、解释，以取得顾客的理解与谅解；针对问题症结加以说明，接着提出合理的解决方法，为避免顾客更为不满，一定要多考虑顾客的立场而使事情得以圆满解决
		2. 因药品使用不当造成的投诉 诚恳地向顾客道歉，标准用语："真的对不起，您使用＊＊＊商品，出现这种情况是……，请您先停止使用……。"  此种投诉，切忌"得理不让人"。耐心地说明正确的使用方法，注意事项等。 如果确定店方的责任让顾客受损，应予退换药品，如果顾客不接受，店方应给予一定的补偿和安慰
		3. 因服务态度不佳造成的投诉 店长听完顾客陈述后，陪同当事人当面向顾客赔礼道歉，以期获得谅解；并向顾客保证："今后一定加强对药品销售人员的教育，杜绝类似情形的再度发生。"  加强对销售人员的优质服务教育，并建立相应的监督机制
		4. 重大投诉　如药物不良反应、药疗事故等 向顾客致歉标准用语："真的对不起，给您添麻烦了！"；"您使用＊＊＊商品，出现这种情况是……"；"这个问题我们将立即……请您先停止使用……。"  停止药物使用，并上报主管部门，请上级领导协助查明原因并处理

续表

序号	步骤	操作说明及操作标准
5	处理直接投诉	5. 无法当场解决的投诉 态度温和地向顾客道歉，标准用语：“真的对不起，您使用＊＊＊商品，出现这种情况是……，请您先停止使用……，留下您的资料，保证在最短时间内给予答复解决，非常感谢您的反映。”  态度良好可以缓解顾客的不满情绪，表示出门店处理事情的诚意，并希望能借此让顾客对门店产生好感，使问题得以缓和解决
6	电话投诉	“您好！我是店长或领班，请问您有什么问题？……，”“真的对不起，您使用＊＊＊商品，出现这种情况是……。”  真诚道歉，平息顾客的情绪，如在电话中未能处理解答，应及时做好相关记录（切记应留下顾客的电话号码），并在24小时内跟踪处理。如门店不能解决，应及时上报上级领导
7	再一次致歉	标准用语：“真的对不起，给您添麻烦了！”；“再次向您道歉，感谢您的反映，我们会根据问题进行整改，直到您满意为止。”  态度诚恳认真，重新树立顾客对门店的信任
8	投诉记录归档	将投诉记录填好，以备再查  当同样问题出现时有可借鉴的处理方法

情景

处理顾客投诉时在与顾客交谈过程中还应注意哪些方面？

注意：①尽量避免在人多的地方接待顾客投诉，应采取“隔离”政策，把顾客带离现场，请到休息室单独处理，以免造成对门店的不良影响；②不要在顾客情绪不稳定时与其发生争论，这样只会更加火上浇油，适得其反；③要注意与顾客谈话时的距离，并关切地望着顾客以表示自己的诚恳，用点头等恰当的肢体语言，多用“是的”“我知道”“我很理解”等表示认同和肯定的语言，必要时简单重复顾客的意见以表示确实准确地了解了顾客的意见等；④谈话时切忌左顾右盼、表现得心不在焉或者不礼貌地上下打量顾客、盯视顾客躯体的其他部位，这些会加重顾客的抵触情绪，极易导致顾客愤怒，使问题解决的难度加大。⑤营业员应采取诚恳而不卑不亢的态度，可以道歉但注意不要盲目认错。

四、活动评价

评价内容		评价标准	是/否
活动完成情况	活动一：保持心情平静	能冷静地解决问题	
		能不过分激动，避免处理不当进一步激化矛盾	
	活动二：倾听	能耐心、诚恳细致地倾听顾客的意见	
		能设法搞清楚客户的怨气从何而来，以便对症下药，发现实质性的原因	
		不要打断其说话或立即予以反驳，让顾客讲清楚问题，便于进一步处理	
	活动三：问	能选择适当时机详细询问事实情况。避免在顾客情绪激动甚至愤怒时询问事实情况，这样做容易使顾客的情绪更加难以控制	
	活动四：道歉	能诚心诚意地对顾客表示理解和同情，承认过失，表示道歉	
		能关心顾客的神情，使顾客感到自己的意见得到听者的尊重和重视，激动的情绪逐渐平静下来	
	活动五：解决问题	能针对事件的原因，问题症结加以探讨、判断，同时婉转地向顾客说明、解释，以取得顾客的理解与谅解	
		能提出合理的解决方法，多考虑顾客的立场而使事情得以圆满解决	

课后作业

1. 药店处理顾客投诉问题的办法应遵循哪些原则？
2. 通过调查，了解门店中最易发生投诉的事项有哪些？该如何处理？

职业能力 C－8－3　能进行中药饮片代客加工服务

PPT

核心概念

中药饮片代客加工服务：是指某些药店为方便消费者，设有代客煎药的服务，以满足顾客因汤剂操作方法难以掌握无法保证药品质量而设定的服务。

学习目标

1. 能掌握汤剂制备的一般方法。
2. 能进行中药饮片代客加工服务。

基本知识

一、汤剂制备的一般方法

汤剂是将中药饮片加水煎煮一定时间后，去渣取汁制成的液体剂型，主要供内服，少数可作洗浴、熏蒸、含漱用。将煎煮得到的汤液进一步加热浓缩至一定稠度，即可得流浸膏。添加蜂蜜、饴糖等制成煎膏。汤液浓缩的操作过程即成为煎膏，这种加工要求目前在门店中还比较少见。

汤剂制备的方法如下。

（一）一般煎法

1. 冷浸 指将处方中的各味中药加入药量 5～8 倍量的冷水（或浸过药面 1～2cm），浸泡 15～30 分钟。

2. 煎煮 指将浸泡好的中药用“武火”加热至沸腾，再用“文火”保持微沸直至规定的时间。煎煮过程的火力与时间是控制汤剂质量的关键。

3. 过滤 指将煎好的中药进行去渣取汁的操作。必要时可用纱布作滤材进行过滤。

4. 复煎 为保证尽可能多地提取中药的有效成分，某些中药需重复煎煮数次，成为复煎。

5. 合并滤液 多次煎煮得到的滤液浓度不同，需将其混合均匀后再按服用要求分成数等分单剂量包装。

（二）特殊煎法

为保证汤剂质量，确保疗效，制备汤剂时，某些中药需根据其特性进行特殊处理。

1. 先煎 是将中药先行煎煮一定时间后，再加入其他中药按常规共煎，以有利于有效成分的充分提取还可降低中药的毒性。凡药材坚硬、水不易渗入组织内部的中药如石膏、牡蛎，毒性中药如生半夏、生川乌等，均应先煎。有些中药如火麻仁、天竹黄、石斛等，需先煎才有效，因此也必须先煎。

2. 后下 指其他中药煎煮一定时间后，再加入该药共煎的操作。后下的目的主要是缩短加热时间，以防止有效成分损失、破坏。故需要后下的中药主要是：含芳香挥发性成分的中药如薄荷、砂仁，不宜久煎的中药如大黄、麦芽、神曲、鸡内金等，均需后下。

3. 包煎 指将中药用布包裹后再进行煮煎。包煎目的主要是防止中药悬浮于液面或沉浮于锅底不利于煎煮，或防止中药中附着的绒毛状组织落入汤液中刺激咽喉，引起咳嗽。需要包煎的中药有：组织柔嫩疏松的粉末、花粉、细小的种子，如青黛、蒲黄、苏子、葶苈子；含淀粉、黏液质较多的中药如车前子；附绒毛的中药如旋覆花等。

4. 另煎 指将药材单独煎煮取汁后再兑入其他中药的煎液，合并服用。如人参、鹿茸等贵重中药。

5. 烊化 指将胶质类中药加入其他中药的煎液中。或将胶类中药放入容器中，加入适量开水，加热熔化再与其他中药煎液混合服用。需要烊化的中药主要是胶质类、半固体、水溶性矿物药如阿胶、蜂蜜、芒硝等。

6. 冲服 指某些贵重中药、挥发性极强的中药或不溶解的中药加工成细粉，用其他中药的煎液冲服，以避免煎煮过程中有效成分损失。如麝香、珍珠、三七、人参等均可用这种方法服用。

二、能进行中药饮片代客加工服务

（一）收到需代煎的中药

1. 要向顾客核对、询问来料中药的名称、数量、代煎剂数、顾客姓名、联系电话、取药时间等，作好记录并由顾客签名确认。

2. 门店按煎药程序操作，将煎好的中药按规定放置。

3. 顾客取药时，出示凭证，发药人员收回凭证，根据记录仔细查对，交待有关事项。

（二）收到需切片的中药

1. 要向顾客当面称量、核对药品的重量，向顾客说明药材切片后可能会有一定的损耗。

2. 得到顾客的认可后，按切片机的操作程序操作。

3. 切片完毕，包装好交给顾客。如顾客需事后取药，则应事前问清顾客姓名、联系电话、取药时间等，作好记录并由顾客签名确认。顾客取药时需凭证取药。

（三）收到需粉碎的中药材或饮片

1. 要向顾客当面称量、核对药品的重量，向顾客说明药材或饮片粉碎后可能会有一定的损耗。

2. 对顾客需要粗粉的，可用冲筒冲打至所需程度；顾客需细粉的则用打粉机打碎。以上得到顾客认可，按粉碎程序操作。

3. 粉碎完毕，包装好交给顾客。如顾客需事后取药，则应事前问清顾客姓名、联系电话、取药时间等，作好记录并由顾客签名确认。顾客取药时需凭证取药。

（四）其他要求

1. 门店一般不进行外来中药材或饮片的干燥（烘烤）加工，烘（烤）箱只用于切片、粉碎前的处理。

2. 煎药、切片、粉碎均按门店的相关操作程序或规定进行操作。

3. 按规定填写有关记录。

活动设计

一、活动条件

模拟药房、中药煎药机、切片机、粉碎机等临方炮制的工具、药店收银工作台。

二、活动组织

模拟药店中药饮片代客加工服务，学生四人一组，一人扮演顾客，一人扮演收银员，一人扮演当班人员，一人作为评价员，教师保证收银机的正常使用，并准备好相应的《中药饮片代客加工服务记录本》。

1. 教师讲解汤剂制备的一般方法。

2. 教师演示临方炮制工具。
3. 教师指导中药饮片代客加工操作过程。

三、活动实施

序号	步骤	操作说明及操作标准
1	代煎	1. 要向顾客核对、询问来料中药的名称、数量、代煎剂数、顾客姓名、联系电话、取药时间等，作好记录并由顾客签名确认 2. 门店按煎药程序操作，将煎好的中药按规定放置 3. 顾客取药时，出示凭证，发药人员收回凭证，根据记录仔细查对，交待有关事项：①准确核对顾客基本信息。②准确核对电脑小票及处方。③规范操作 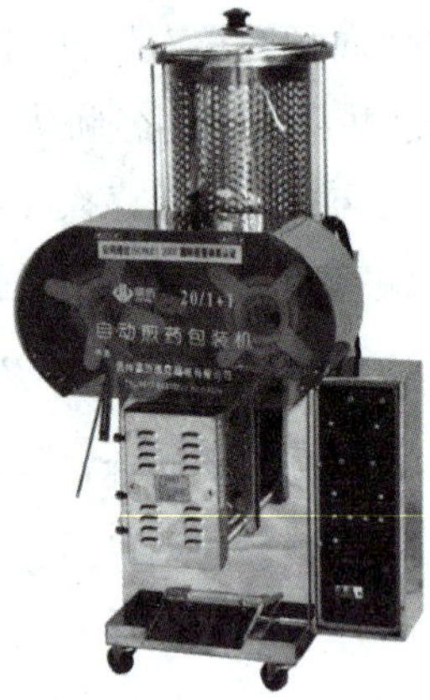
2	代切片	1. 要向顾客当面称量、核对药品的重量，向顾客说明药材切片后可能会有一定的损耗 2. 得到顾客的认可后，按切片机的操作程序操作 3. 切片完毕，包装好交给顾客。如顾客需事后取药，则应事前问清顾客姓名、联系电话、取药时间等，作好记录并由顾客签名确认。顾客取药时需凭证取药 核实无误，规范操作 
3	代粉碎	1. 要向顾客当面称量、核对药品的重量，向顾客说明药材或饮片粉碎后可能会有一定的损耗 2. 对顾客需要粗粉的，可用冲筒冲打至所需程度；顾客需细粉的则用打粉机打碎。以上得到顾客认可，按粉碎程序操作 3. 粉碎完毕，包装好交给顾客。如顾客需事后取药，则应事前问清顾客姓名、联系电话、取药时间等，作好记录本并由顾客签名确认。顾客取药时需凭证取药   核实无误，按要求规范操作

情景

在门店为顾客进行中药的粉碎加工时，基本的原则是什么？

粉碎是借机械力将大块固体物质破碎成适宜大小的碎块或细粉的过程。其操作目的在于：增加药物的表面积，促进药物的溶解与吸收，提高药物的生物利用度；有利于进一步制成各种剂型，如散剂、丸剂等；便于混合、加工及服用；有利于药材中有效成分的浸出。

药物粉碎的过程依药物的性质、医疗用途及制备的剂型决定。门店中常见的粉碎在粉碎度方面要求不高，主要是某些质地坚硬的中药或种子类中药配方时需要打碎。为方便浸出，一般的中药加工成饮片即可，不需要过度粉碎。但有些中药可能要求有较高的粉碎度，如珍珠要求制成极细粉。也有些顾客为服用方便要求将中药代加工成粉末状。因此，应根据中药的用途适当控制粉碎程度。

四、活动评价

评价内容		评价标准	是/否
活动完成情况	活动一：代煎	能准确核对顾客基本信息、电脑小票及处方	
		能按煎药程序规范操作，将煎好的中药按规定放置	
		能检查顾客取药凭证并收回凭证，根据记录仔细查对，交待有关事项	
	活动二：代切片	能向顾客当面称量、核对药品的重量，向顾客说明药材切片后可能会有一定的损耗	
		能按切片机的操作程序规范操作	
		切片完毕，能包装好交给顾客。如顾客需事后取药，则应事前问清顾客姓名、联系电话、取药时间等，作好记录并由顾客签名确认。顾客取药时需凭证取药并收回凭证，交待相关事项	
	活动三：代粉碎	能向顾客当面称量、核对药品的重量，向顾客说明药材或饮片粉碎后可能会有一定的损耗	
		能按顾客要求粉碎，规范操作	
		能包装好交给顾客。如顾客需事后取药，则应事前问清顾客姓名、联系电话、取药时间等，作好记录并由顾客签名确认。顾客取药时需凭证取药并收回凭证，交待相关事项	

课后作业

1. 药店进行中药饮片代客加工服务类型包括哪些？
2. 代客加工最需要跟顾客强调说明的是什么？

职业能力 C－8－4　能进行会员卡的办理与录入操作

PPT

核心概念

会员卡的办理与录入服务：是指药店的会员制营销，通过发展会员，为会员提供差别化的精准的营销服务，对办理了会员卡的顾客提供商品折扣优惠、累计积分、年终返利、礼品兑换等优惠活动，以提高顾客对本药店的忠诚度，最终达到增加药店利润的目的。

学习目标

能进行会员卡的办理与录入操作。

基本知识

一、药店会员卡的办理与录入

为了不断增加药店的会员人数，收银员在收银时应主动询问顾客是否有会员卡，若有则请顾客出示会员卡或报出会员卡号或个人电话号码，按会员消费进行收银操作；若没有则应主动协助顾客办理。

二、药店会员卡的办理与录入流程

1. 核查　顾客是否有会员卡，若没有则应主动协助顾客办理。

2. 办理　会员卡实行实名制办理，会员应填写真实信息资料，如姓名、年龄、地址、手机号码等，药店必须对会员信息保密。以此不断扩大药店会员人数，为后续的会员开发和管理打下坚实基础。新会员应填写会员登记表。

会员登记表

会员卡号＊		发卡机构			
申请日期		类型		普通卡	白金卡
持卡人姓名＊		性别		年龄	
身份证号码					
地址					
移动电话＊		固定电话			
常用药类型		推荐人卡号			
最关心病种					
□ 高血压	□ 小儿保健	□ 肝病		□ 痛风	
□ 糖尿病	□ 胃病	□ 孕产期用药		□ 营养保健	
□ 风湿疼痛	□ 肾病	□ 高脂血症		□ 常见疾病	
□ 冠心病	□ 妇科保健	□ 肿瘤病症			

活动设计

一、活动条件

模拟药房、一体式收银 POS 机、药店收银操作软件、收银工作台。

二、活动组织

模拟药店会员卡办理现场，学生四人一组，一人扮演顾客，一人扮演收银员，一人扮演当班人员，一人作为评价员，教师保证收银机的正常使用，并准备好相应的《会员登记表》。

1. 教师讲解《会员登记表》的填写。
2. 教师演示会员卡的办理与录入操作。

三、活动实施

序号	步骤	操作说明及操作标准
1	核查	顾客是否有会员卡 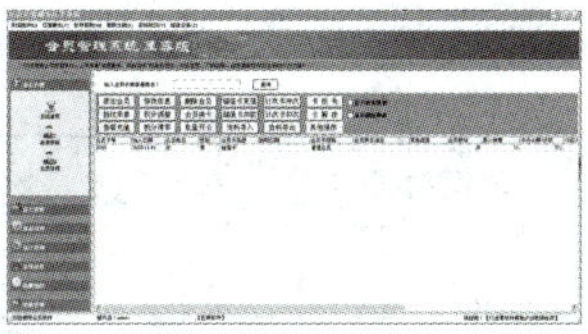 核查电脑会员管理界面，若没有会员卡则应主动协助顾客办理
2	办理	新会员应填写会员登记表 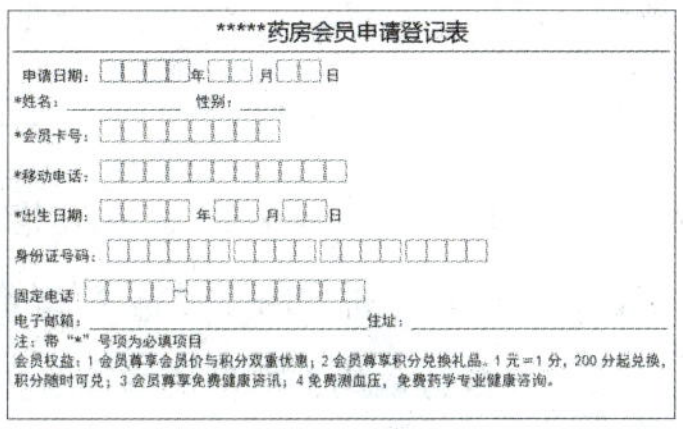 *****药房会员申请登记表 申请日期：年 月 日 *姓名： 性别： *会员卡号： *移动电话： *出生日期：年 月 日 身份证号码： 固定电话 电子邮箱： 住址： 注：带“*”号项为必填项目 会员权益：1 会员尊享会员价与积分双重优惠；2 会员尊享积分兑换礼品。1 元＝1 分，200 分起兑换，积分随时可兑；3 会员尊享免费健康资讯；4 免费测血压，免费药学专业健康咨询。  会员卡实行实名制办理，会员应填写真实信息资料，如姓名、年龄、地址、手机号码等，药店必须对会员信息保密
3	录入	打开会员管理界面操作 ①增加新会员，会员名称默认“新会员”，在表格中修改即可。会员名称修改后，要点击［重新产生拼音码］，拼音码才会根据姓名产生。 ②自编码是门店对会员自行编码，再次销售时，如果是按自编码查询，需要在自编码前加“＋”。否则是默认以会员 ID 查询。 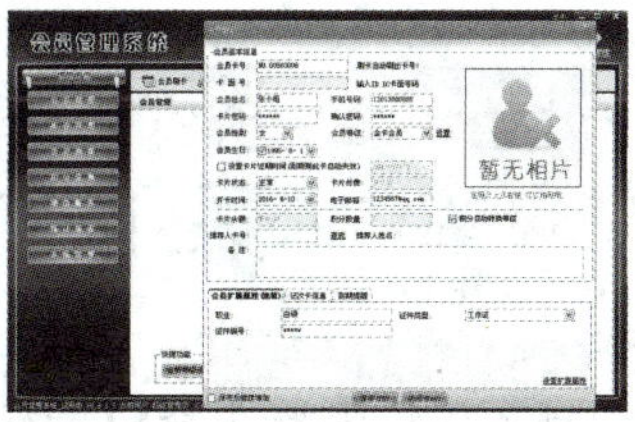 ③累计金额是指销售金额，每次销售会自动累加。可以由工作人员修改累计金额。如兑奖后，将累计金额修改为 0。并在说明里写上：某年某月某日新兑奖多少。此功能类似是会员积分。 ④会员 ID 的设置，在［系统设置］中设置起始号，如 51900001，系统在增加新会员时，ID 会从 51900002 开始

情景

现在的老百姓渐渐形成了“大病去医院，小病上药店”的观念。在经营药店中，可以采用会员管理制度，这样可以使经营更加合理，并且可以吸引更多顾客。那么在药店信息管理系统会员管理模块中，都做了哪些设定？

记录会员姓名、性别、联系方式以及其他等数据。当会员再次消费时，只要刷卡操作员就知道该会员的详细信息，为精准的会员服务提供了很好的参考数据。会员消费过后，软件自动记录会员以往每笔购买药物的种类和购买时间，有助于进一步帮助导购做销售。另外，一般的会员管理模块中也具有分级管理功能，即不同级别的会员可以设定不同的积分和打折规则，不同店面也可设定不同的积分和打折规则，还可灵活设定会员日、周末等特殊时段的积分和打折规则。与此同时，还要求设定会员的支付方式，会员可以选择现金消费和储值消费，储值消费可以配合会员自己输入密码使用。最后，会员管理模块还应具备“短信/微信通知功能”。比如，会员储值消费后，短信自动通知；节假日自动发短信祝福通知；会员生日自动短信祝福；会员登记自动短信提醒；会员积分自动兑换等。

四、活动评价

<table>
<tr><th colspan="2">评价内容</th><th>评价标准</th><th>是/否</th></tr>
<tr><td rowspan="4">活动完成情况</td><td rowspan="2">活动一：核查</td><td>能核查顾客是否有会员卡</td><td></td></tr>
<tr><td>会核对电脑会员管理界面，若没有会员卡则应主动协助顾客办理</td><td></td></tr>
<tr><td>活动二：办理</td><td>能指导新会员应填写会员登记表</td><td></td></tr>
<tr><td>活动三：录入</td><td>能进行如下操作：
①增加新会员，会员名称默认“新会员”，在表格中修改即可。会员名称修改后，要点击［重新产生拼音码］，拼音码才会根据姓名产生
②自编码是门店对会员自行编码，再次销售时，如果是按自编码查询，需要在自编码前加“＋”。否则是默认以会员 ID 查询
③累计金额是指销售金额，每次销售会自动累加。可以由工作人员修改累计金额。如兑奖后，将累计金额修改为 0。并在说明里写上：某年某月某日新兑奖多少。此功能类似是会员积分
④会员 ID 的设置，在［系统设置］中设置起始号，如 51900001，系统在增加新会员时，ID 会从 51900002 开始。</td><td></td></tr>
</table>

课后作业

一般药店会为办理了会员卡的顾客提供哪些服务以增加营业额？

习题

D 门店拓展

工作任务 D－1　门店促销

职业能力 D－1－1　能进行促销策划方案的书写

PPT　微课

核心概念

所谓促销，即促进销售，是指企业通过一定的方法和手段向顾客传递产品信息、并与顾客进行信息沟通，帮助和说服消费者关注自己的产品，激发购买欲望，并促使其实现最终购买，促进企业产品销售目的的营销活动。

促销策划书是企业在进行产品或服务的销售之前，为使销售达到预期目标而进行的各种促销活动的整体性策划文书。

撰写促销策划书时，必须对市场进行分析和预测，而在这一部分写作中，不能只谈市场的优势而忽略劣势方面的考虑与分析。

学习目标

能设计促销活动方案，撰写促销策划方案书。

基本知识

一、促销活动的分类与主要方式

按促销主题不同，常可以把促销活动分为：开业促销活动；店庆促销活动；节假日促销活动；会员促销活动；竞争性促销活动。

药店促销活动的主要方式包括店头促销、健康讲座、社区推广、会议交流和公益活动五种。

二、促销时间、范围及人员

促销活动的时间选择得当会令促销活动事半功倍。通常消费品的促销时间大多参照节日列表，或者消费者有空闲参与的时间段。

不同的地理位置表现出不同的市场需求，各地区的经济水平影响药品的需求层次。门店可根据地区来划分促销对象和范围，可以使工作重点突出，有的放矢。

促销人员包括：工作人员、活动人员、工作对象三种。

三、编制促销方案

门店应采用组合促销的策略，把广告促销、人员推销、营业推广及公共关系四种基本促销方式组合为一个策略系统，使企业的全部促销活动互相配合，协调一致，最大限度地发挥整体效果，从而顺利实现促销目标。

活动设计

一、活动条件

白板、圆形会议桌、电脑、笔等设备及用品，在智慧教室进行。

二、活动组织

1. 全班同学，分为若干小组，每组4~6人，并推荐一名组长；
2. 以小组为单位，根据产品特点确定宣传文案；
3. 在明确活动主题、人员分工的情况下，落实活动场地、活动形式和活动内容；
4. 完成策划方案的书写，各组同学互相点评、纠错，并及时改正。

三、注意事项

1. 促销活动的执行方案和细则包括：什么时间，由谁来做，做什么，做的结果怎么样等；
2. 做好必要的方案执行的培训工作，让参与人员心中都明白促销方案如何执行；
3. 在执行方案过程中，实施全程监控和跟踪服务；
4. 及时发现和纠正存在的问题，发挥促销的最大效果。

四、活动实施

序号	步骤	操作说明	操作标准
1	确定促销目标	在促销前，要明确促销目标 	（1）有明确的促销目标，促销目标包括长期目标和短期目标 （2）根据不同的目标，选择不同的促销方式
2	设计促销活动主题	这是促销很关键的一环，依据促销目标，确定促销主题 	主题要有广泛关注的社会意义 主题传达的信息清楚明白 主题通俗顺口，容易明白与记忆

续表

<table>
<tr><th>序号</th><th>步骤</th><th>操作说明</th><th>操作标准</th></tr>
<tr><td>3</td><td>确定促销内容</td><td>设计促销活动的内容
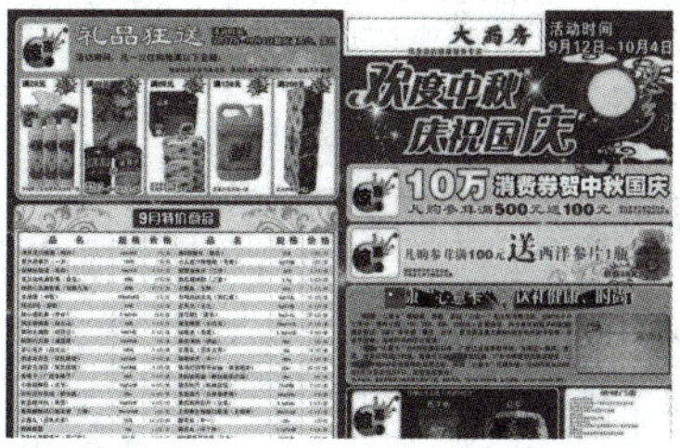
</td><td>(1) 简单、简洁、明了，不能太复杂、太高深、太花哨，模棱两可或是太难以理解
(2) 具有可操作性
(3) 方案内容必须给目标对象留下深刻印象</td></tr>
<tr><td>4</td><td>设计促销时间</td><td>促销活动的持续时间
举办促销活动的时机
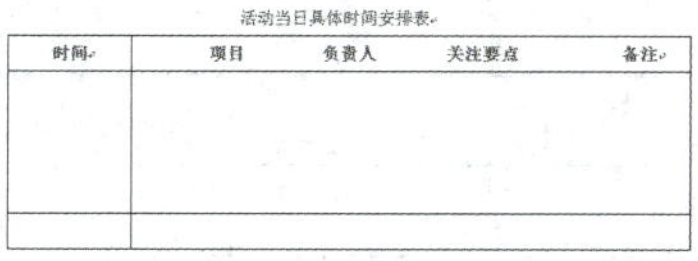
活动当日具体时间安排表
| 时间 | 项目 | 负责人 | 关注要点 | 备注 |</td><td>促销计划与季节、月份、日期、天气、温度等相匹配
需要足够的时间，持续时间不能太短，但也不能拖延太久</td></tr>
<tr><td>5</td><td>选择促销产品</td><td>促销商品一般都是在销售量前 20% 的商品中选择，尤其是一些价格敏感的商品
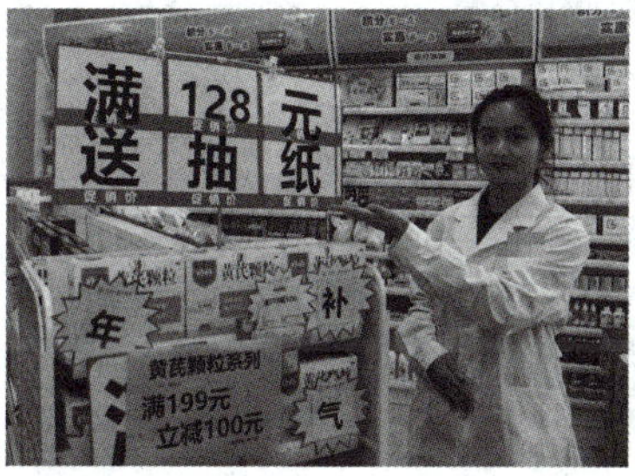
</td><td>商品符合主题需求
供应商积极配合，有具体促销方案
商品与竞争店冲突小</td></tr>
<tr><td>6</td><td>编制促销预算</td><td>列出各促销支出及事项
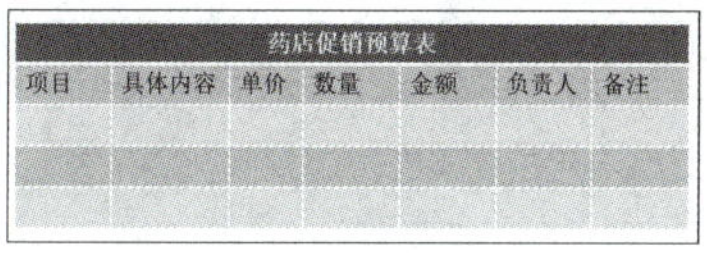
药店促销预算表
| 项目 | 具体内容 | 单价 | 数量 | 金额 | 负责人 | 备注 |</td><td>预算费用合适
包括促销广告、商品展示等成本
将退货损失列入促销费用</td></tr>
</table>

情景

节假日促销活动，“假日经济”在超级市场中得以充分体现，假日形成了旺季，例如：女性享有的“三八妇女节”、教师学生的寒暑假以及中国传统节日等也都体现出了日益明显的假日消费效应。如果你是店员，你能为这些节日推荐一个促销主题吗？

主题促销有社会意义，才会引起消费者关注、公众关注、媒体关注，才会有人气。如：

元旦：新年新气象 积分当钱花。

三八妇女节：祝天下女人更健康更美丽。

六一儿童节：孩子健康 妈妈放心 孩子安全 妈妈需要。

重阳节：团圆心 健康礼。

教师节：感念师恩 颂扬师德。

春节：收获一年 健康一生。

五、活动评价

评价内容		评价标准	是/否
活动完成情况	活动一：确定促销目标	是否有明确的促销目标	
		是否能根据不同的目标，选择不同的促销方式	
	活动二：设计促销活动主题	主题是否有广泛关注的社会意义	
		主题传达的信息是否清楚明白	
		主题是否通俗顺口，容易明白与记忆	
	活动三：确定促销内容	是否简单、简洁、明了	
		是否具有可操作性	
	活动四：设计促销时间	促销时间是否合适	
		促销时机是否合适	
	活动五：选择促销产品	商品是否符合主题需求	
		供应商是否积极配合，有具体促销方案	
		商品是否与竞争店冲突小	
	活动六：编制促销预算	预算费用合适	
		是否包括促销广告、商品展示等成本	
		将退货损失列入促销费用	

课后作业

1. 在日常生活中，最常用的促销方式有哪些？
2. 利用周末时间去参与体验一次门店的促销活动。

职业能力 D-1-2　能进行促销活动的组织、实施与评价

PPT

核心概念

药店促销是指药店通过向广大消费者传递有关本药店、药品和服务的各种信息，使消费者对药品或服务产生好感和信任，引导、启发和刺激消费者产生购买动机，做出购买决策，采取购买行动以达到扩大销售量的一系列活动的总称。

学习目标

1. 能组织门店促销活动。
2. 能够独立从事产品推销工作。
3. 能对促销情况进行总结与评价。

基本知识

一、门店促销的组织与实施

（一）信息发布

1. 选择媒体

①视听媒体易于激发受众的注意力和兴趣，有利于提高传播效率和效果；②网络媒体可以使受众产生比接受传统媒体的报道更加逼真的“沉浸感”，从事使宣传效果最大化；③纸质媒体包括报纸、杂志、图书、宣传单等；④直接邀请指通过各种方式直接与目标顾客取得联系并邀请其参加活动。

2. 途径与方法 常用的信息发布途径与方法有：邀请；播报；人员派发；公告。

（二）材料准备

1. 宣传材料

①影视资料是围绕企业文化、先进事迹等在活动现场播放；②渲染材料分为宣传单、POP、吊旗、台卡、立牌、橱窗、厂商的宣传海报及橱窗空盒展示等；③活动方式介绍则是介绍此次活动的内容、活动方式、优惠政策、方便程度及给顾客带来的利益等。

2. 产品资料

①产品说明书是对产品的介绍和说明；②现场销售产品即现场销售人员运用一定的技巧，使顾客产生购买的欲望；③奖品与礼品需按照以下原则设计：有用性原则、珍惜性原则、迫切需求性原则、趣味性原则。

（三）场地布置

1. 区域布置 根据场地的具体情况进行合理布局：①场地布置应有立体感，突出促销活动的氛围；②场地布置应结合选点的位置，布置便于为顾客服务同时对整个场地有控制感，以便应付突发事件；③展示用促销商品堆头的布局；④拉好横幅、展板，要按规格集中摆放起来；⑤咨询桌上要整洁无杂物；台布要干净。

2. 营造气氛 气氛渲染有利于聚集人气，加上国人普遍的从众心理，也可以增加销售；可以用以下手段渲染现场气氛：视觉手段、听觉手段、现场表演秀等。

（四）人员组织

1. 确认岗位与职责

①促销活动准备责任到人，现场活动责任到人，跟踪检查工作责任到人；②前期对每个人的工作分工，并进行反复沟通培训；③做到一人多能多职安排；④严肃纪律，统一行动，保证执行效果。

2. 人员培训

①培训人员仪容仪表、言行举止得体规范；②统一宣传口径，清楚活动商品及内容；③要求现场工作人员做好顾客的信息收集工作；④培训人员的服务意识，服务态度要积极。

二、门店促销的评价

对促销活动进行效果评估，是促销工作的一项重要内容，有利于门店总结经验，找出促销安排、预算分配及促销实施的优缺点，扬长避短，为企业改进促销工作提供依据。主要有营业推广效果评价和广告效果评价两种评价方法。

活动设计

一、活动条件

影视宣传材料、宣传单、POP海报、吊旗、台卡、立牌、橱窗、厂商的宣传海报、药品包装盒、产品说明书、活动桌子、工作牌、小礼品等，在GSP模拟药房进行。

二、活动组织

1. 首先根据促销要求按步骤进行训练，全班同学，分为若干小组，每组3～4人，并推荐一名组长。

2. 一名同学扮演店长，一名同学扮演顾客；两名同学扮演促销工作人员，一名负责宣传，一名负责组织。

3. 每组按照步骤进行情景模拟实训，小组成员进行角色轮换操作，反复练习，每组动作要求至少2遍。

4. 完成一个操作步骤之后，每组同学及时点评纠错，老师进行总结和纠错，再进行下一步骤的情景训练。

三、注意事项

（1）准备工作完善，包括商品、特价、POP牌、赠品、店前宣传、广告、人员培训等。

（2）要求每个员工都要理解促销活动内容，并且表达口径一致。

（3）促销活动设计要尽量迎合顾客占利的心理。

（4）促销活动及时总结及分析，提出问题和差距。

四、活动实施

序号	步骤	操作说明	操作标准
1	信息发布阶段	选择适当的媒体及途径传播促销活动的消息 	制作、发放宣传资料 选择合适的时间段、位置播放宣传资料
2	材料准备阶段	货品准备、场地布置、陈列促销商品 	（1）要求材料准备齐全，包括准备POP海报、宣传材料、商品、小礼品等 （2）促销资料使用规范、合理、有效 （3）促销商品陈列摆放正确且整齐

续表

序号	步骤	操作说明	操作标准
3	人员组织阶段	确认岗位职责，人员培训 	（1）小组分工明确，责任到人 （2）成员有服务意识，态度积极 （3）掌握促销品的卖点、销售技巧
4	接待顾客阶段	语言训练，迎送顾客  	（1）接待顾客主动、热情、积极 （2）讲求顺序和逻辑性，清晰、准确地表达意思 （3）突出重点和要点，引起顾客的兴趣和注意 （4）不讲多余的话，店员语言必须服从顾客的购买行动 （5）不夸大其词，诚恳客观地介绍推荐 （6）因人而言，根据接待对象选择表达方式和技巧 （7）讲普通话，也可用与顾客相同的方言 （8）避免用命令式，多用请示式 （9）话术举例：“您好，……大促销，请问有什么可以帮到您？”
5	促销服务阶段	活动促销方式演练 	（1）熟记促销商品价格和促销方式 （2）话术举例：“您好，……大促销，维生素 C 买两盒得三盒”
6	送别顾客阶段	赠送礼品并礼貌送别 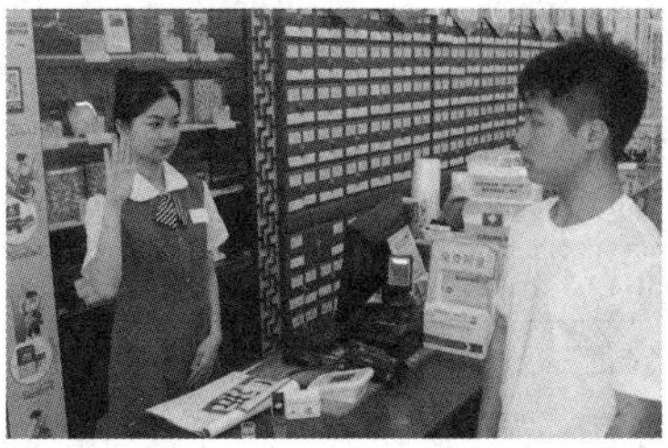	做好顾客的信息收集工作 接收、递送给对方礼品时，应双手递接，并点头致意说：“请慢走”

情景

小王是新入职的店员，没有工作经验，对促销程序不熟，你该如何帮她？

按照以下对话内容进行情景演练。

营业员：“您好，本店今天十周年店庆，很多商品都有促销活动，请问有什么能够帮到您？”

顾客：“我昨天看你们的宣传单上面写的进店就能免费送鸡蛋是吗？”

营业员：“是的，阿姨，您进店我们就可以免费送一小盒鸡蛋给您；如果您购买商品的话，我们会送得更多。”

顾客：“真的吗？你们都送些什么呢？”

营业员：“看您需要购买一些什么商品？不同价格的产品促销方案都不一样。”

顾客：“我家里的钙片吃完了，我想再买一些。”

营业员：“您看看这个氨糖软骨素钙片，我们现在有促销活动，买二得三。”

顾客：“我以前都是吃的普通钙片，这个会不会效果不好？”

营业员：“不会的，这个氨糖软骨素钙片，补软骨，护关节，科学五合一配方，促进软骨修复。氨糖是人体骨骼和软骨的重要组成部分。不但可以刺激软骨细胞合成胶原蛋白，还可以修复磨损的关节软骨以及生成新的软骨细胞，因此在人体缺乏氨糖的情况下，关节就会失去保护，形成各种关节问题。”

顾客：“那行，帮我拿两盒这个吧，买两盒这个还送什么吗？”

营业员：“这两盒药的价格加在一起能送一瓶漱口水给您，您还需要其他什么药品吗？”

顾客：“不用了，就这些吧。”

营业员：“好的，谢谢，收银台在这边。”

五、活动评价

评价内容		评价标准	是/否
活动完成情况	活动一：信息发布阶段	是否制作、发放宣传资料	
	活动二：材料准备阶段	材料是否准备齐全	
		促销资料是否使用规范、合理、有效	
		是否能配合门店布置场地	
		相关人员是否统一着装、穿戴整齐、大方得体	
	活动三：人员组织阶段	小组是否分工明确，责任到人	
		成员是否有服务意识，态度积极	
		是否掌握促销品的卖点、销售技巧	
	活动四：接待顾客阶段	接待顾客主动、热情、积极	
		是否主动宣传促销活动	
		是否突出重点和要点，引起顾客的兴趣和注意	
	活动五：促销服务阶段	是否熟记促销商品价格和促销方式	
		是否完成自己的促销任务	
	活动六：送别顾客阶段	是否赠送礼品并礼貌送别	
		是否做好顾客的信息收集工作	

课后作业

积极参与企业的促销活动，并写一个工作小结。

工作任务 D－2　药店商圈调查及分析

职业能力 D－2－1　能撰写调查方案

PPT

核心概念

药店商圈是指以药店所在地为中心，沿着一定的方向和距离扩展，吸引顾客的辐射范围。也就是说，药店吸引其顾客的地理区域或来药店购买商品的顾客所居住的地理范围。

学习目标

1. 会药店商圈调查方案的基本格式。
2. 能根据商圈的实际情况，制定出相应的切实可行的调查方案。

基本知识

一、商圈调查方案的内涵

调查方案就是根据调查研究的目的和调查对象的性质，在进行实际调查之前对整个调查工作的各个方面和整个过程进行统筹考虑和人，财、物的总体安排，以制订相应的调查实施方案，安排合理的工作程序。在调查方案中，对本次调查的主题、目的、主要内容、对象、样本的抽样、时间、地点、方法、进度等各方面的工作进行详细周到的谋划。

二、药店商圈调查方案的基本格式

1. 前言部分　简明扼要地介绍整个调查项目出台的背景原因。

2. 调查的目的和意义　应指出项目背景、研究主题等，指明该项目的调查结果能给企业带来决策价值、经济效益或社会效益等内容。

3. 调查的内容和具体项目　指明调查的主要内容，规定必需的信息资料，并列出主要的调查问题，明确界定此次调查的对象以及范围。

（1）确定商圈范围。

（2）确定资料的收集与整理，包括顾客流量、顾客群体构成、交通状况、商店分布情况及特色、竞争对手等。

4. 调查进度和有关经费开支预算 进度和预算设计得具有一定弹性和余地，以应付可能的意外事件的影响。

5. 附件部分 列出调查项目的负责人及主要参与人名单，并可简要介绍团队的专长和分工情况。指明抽样方案的技术说明和细节说明、调查问卷设计中有关的技术参数、数据处理方法和所采用的软件，以及其他补充性内容等。

活动设计

一、活动条件

活动场地——智慧教室。所需要设备、用品：纸、笔、讨论圆桌、椅子。

二、活动组织

1. 全班同学，4～6 人为实训单位进行分组，并选出组长。
2. 活动过程：
(1) 由老师确定活动的主题，学生自己商量确定调查的范围。
(2) 结束后，各组及时点评，积极改进。
(3) 各组长把撰写的调查方案发老师存档。

三、注意事项

1. 不遗漏内容；
2. 调查方案的制订必须建立在对调查课题背景的深刻认识上；
3. 调查方案要尽量做到科学性与经济性的结合；
4. 调查方案的格式方面可以灵活，不一定要采用固定格式；
5. 调查方案的书面报告是非常重要的一项工作。一般来说，调查方案的起草与撰写应由课题的负责人来完成。

四、活动实施

序号	步骤	操作说明	操作标准
1	确定调查方案主题	确定调查目的、意义和主题 	列出所能实现的社会意义和经济意义 调查内容的确定要全面、具体，避免把无关的内容列入其中

续表

<table>
<tr><th>序号</th><th>步骤</th><th>操作说明</th><th>操作标准</th></tr>
<tr><td rowspan="4">2</td><td rowspan="4">确定调查项目</td><td>顾客容量与顾客群体构成
</td><td>需要商圈内人口数量、人口密度、人口增长率等数据
包含年龄、教育程度、经济收入等基本情况</td></tr>
<tr><td>交通状况
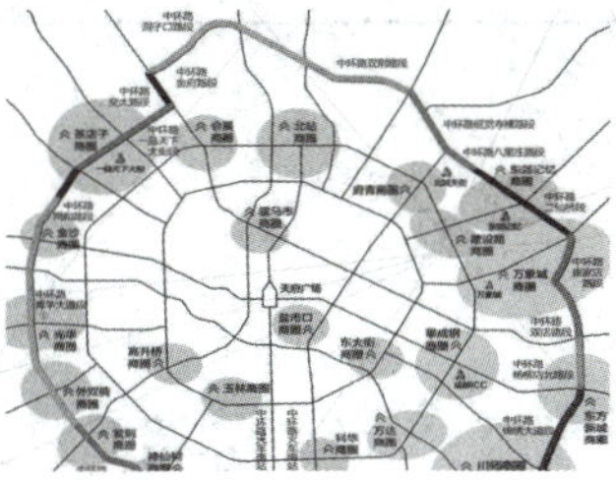</td><td>商圈内交通的顺畅度
公交车的线路安排、站点设置，道路限制等</td></tr>
<tr><td>商店分布情况及特色

</td><td>建筑形态、行业形态、分布情况及地点类型等
竞争店和互补店的相关情况
住宅特色与集会场所类型</td></tr>
<tr><td>竞争对手情况
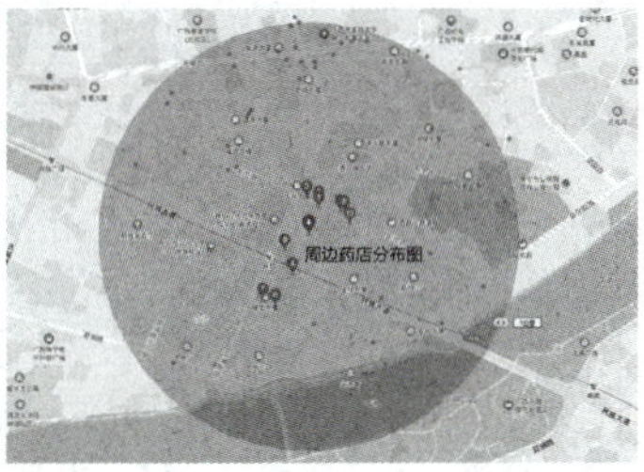
</td><td>分析现有竞争者的业态、位置、数量、规模、营业额、营业方针、经营风格等</td></tr>
<tr><td>3</td><td>确定调查内容</td><td>确定调查时间、地点、人员安排
编制调查进度安排和经费预算表
调研活动费用预算
<table>
<tr><th colspan="6">费用预算明细</th></tr>
<tr><th colspan="2">项目内容</th><th>单价（元）</th><th>单位</th><th>数量</th><th>合计（元）</th></tr>
<tr><td rowspan="2">交通</td><td>长途汽车</td><td>48</td><td>7</td><td>2</td><td>672</td></tr>
<tr><td>当地公交等</td><td>5</td><td>7</td><td>14</td><td>490</td></tr>
<tr><td>住宿</td><td>标间</td><td>80</td><td>3.5</td><td>14</td><td>3920</td></tr>
<tr><td>餐饮</td><td></td><td>20</td><td>7</td><td>15</td><td>2100</td></tr>
<tr><td rowspan="8">调研报告会</td><td>传单</td><td>0.15</td><td></td><td>2000</td><td>300</td></tr>
<tr><td>宣传展板</td><td>40</td><td></td><td>16</td><td>640</td></tr>
<tr><td>宣传册</td><td>5</td><td></td><td>50</td><td>250</td></tr>
<tr><td>大海报</td><td>35</td><td></td><td>8</td><td>280</td></tr>
<tr><td>宣传小海报</td><td>10</td><td></td><td>28</td><td>280</td></tr>
<tr><td>DVD 光盘</td><td>5</td><td></td><td>50</td><td>250</td></tr>
<tr><td>矿泉水</td><td>1</td><td></td><td>24</td><td>24</td></tr>
<tr><td>横幅</td><td>150</td><td></td><td>1</td><td>150</td></tr>
<tr><td rowspan="3">其他</td><td>笔、笔记本</td><td>10</td><td>7</td><td>1</td><td>70</td></tr>
<tr><td>调研期间打印费用</td><td></td><td></td><td></td><td>50</td></tr>
<tr><td>应急药品（防中暑、擦伤、感冒等）</td><td></td><td></td><td></td><td>50</td></tr>
</table></td><td>包含整个调查工作和活动所需的时间
详细估算全部费用</td></tr>
</table>

续表

序号	步骤	操作说明	操作标准
4	制定商圈调查方案	以小组为单位，讨论本小组调查方案的可行性，对调查方案进行改进，并提交一个完整的调查方案 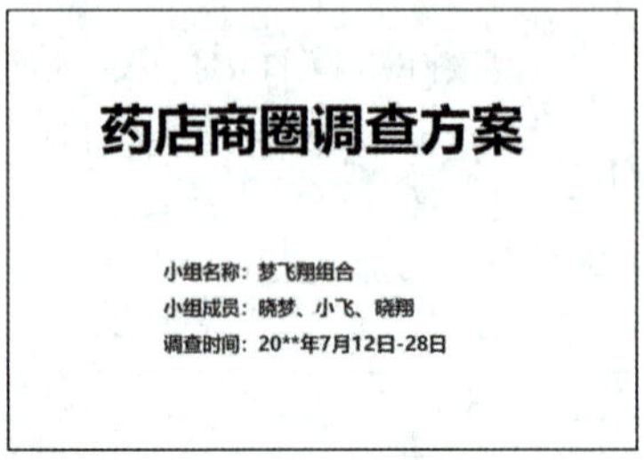 药店商圈调查方案 小组名称：梦飞翔组合 小组成员：晓梦、小飞、晓翔 调查时间：20**年7月12日-28日	(1) 页边距：上2.5cm、下2.1cm、左2.5cm、右2.1cm (2) 正文字体为五号宋体字，行间距为20磅；标题为小四号宋体，加粗 (3) 调查方案书中标明小组成员及完成本子项目的任务分工和完成情况

情景一

对顾客购物倾向进行调查

调查目的：了解各居住地的住户的年龄、职业、收入水平、所购商品类别、购买倾向，以调查可能的商圈范围。

调查对象：学校或家庭。

调查方法：邮寄问卷或直接访问的方式均可，或依据居住地点进行家庭抽样调查。

调查事项：居住地名、家庭构成、户主、年龄、职业、工作地点、所购商品类别、购物倾向。

调查优缺点：容易比较各居住地住户的购物倾向和对预定地点的评价，但调查费用偏高。

情景二

对顾客购物动向调查

调查目的：了解预定地点的通行人流或连锁主力顾客。

调查对象：设定预定地的通行人流或连锁店主力顾客。

调查方法：在设店预定地采取面谈的方式，按一定的时间间隔对通过的行人进行抽样调查，时间以10分钟为佳。

调查事项：居住地、年龄、职业、上街目的、使用的交通工具、上街频率、各类商品的购买动向。

调查优缺点：调查费用较低，但难以明确把握居住地和设店预定地之间的购物关联性。

情景三

对顾客流量进行调查

调查目的：在设店预定地分日期、分时间段对人流量进行调查，作为确立营业体制的参考 。

调查对象：在不同时间段通过设店预定地的行人总数。

调查方法：实地调查。

调查事项：通过调查地点的男性、女性（包括儿童、青年、中年、老年的人数）。

调查优缺点：调查费用较低，所需时间较长，要分不同的时间段进行调查。

五、活动评价

评价内容		评价标准	是/否
活动完成情况	活动一：确定调查方案	是否列出本次调查的具体目的、要求	
		是否列出所能实现的社会意义和经济意义	
		调查内容的确定是否全面、具体	
		调查内容是否把无关的内容列入其中	
	活动二：确定调查项目	商圈内交通是否顺畅	
		公交车的线路安排、站点设置，道路是否受到限制等	
		是否分析商圈内人口数量、人口密度、人口增长率等	
		是否分析年龄、教育程度、经济收入	
		是否分析建筑形态、行业形态、分布情况及地点类型等	
		是否分析竞争店和互补店的相关情况	
		是否分析现有竞争者的业态、位置、数量、规模、营业额、营业方针、经营风格等	
	活动三：确定调查内容	费用预算是否符合实际	
		是否包含整个调查工作和活动所需的时间。	
		是否详细估算全部费用	
	活动四：制定商圈调查方案	书写格式是否正确	
		方案是否具有可行性	

课后作业

什么叫药店圈？商圈中哪些因素对未来的销售有直接的影响？

职业能力 D－2－2　能设计调查问卷

PPT

核心概念

问卷：又称调查表，是以书面形式系统地记录调查内容，了解调查对象的反应和看法，以此获得资料和信息的一种载体。

问卷设计：是依据市场调查的目的，列出所需了解的问题，并以一定的格式将其有序地排列组合成问卷的活动过程。

学习目标

1. 能进行问卷问题设计。
2. 能对问卷进行有效编排。
3. 能结合实际对问卷进行评价。

基本知识

问卷调查是目前调查业中广泛采用的调查方式，是调查机构根据调查目的设计各类调查问卷，通过调查员对样本的访问，完成事先设计的调查项目，并经统计分析后得出调查结果的一种方式。

一、药店商圈调查问卷类型及结构

根据调查中使用问卷方法的不同进行分类，我们将调查问卷分成自填式问卷和代填式问卷两大类。调查问卷由问卷标题、问卷说明、甄别内容、调查项目、编码、被访者项目、结束语、调查者项目这八个部分构成。

二、调查问卷设计的程序

在设计问卷调查的时候，应遵循如下几个程序：①明确调查目的和调查内容；②确定数据收集方法；③确定问题回答形式；④决定问题的措辞；⑤设计调查项目；⑥确定问题的排列顺序；⑦问卷排版；⑧评估问卷；⑨预先测试和修订；⑩问卷付印。

活动设计

一、活动条件

活动场地——智慧教室。所需要的设备、用品——纸、笔、白板、模拟问卷、圆形讨论桌、电脑等。

二、活动组织

1. 全班同学按每4～6人为一个学习小组，指定小组负责同学。

2. 每个学习小组通过集体讨论，集思广益，由负责同学收集大家的意见加以整理，以小组为单位设计问卷。

3. 由教师指导并进行小组互评和整体评价总结。

最后修改完毕的问卷设计，还要在小组之间实行互评。具体互评步骤如下。

（1）分配小组互评对象；

（2）各小组针对分配到的问卷测试、讨论，并提出修改意见；

（3）交换意见，集体商议，通过修改方案。

4. 每个学习小组按规定交一份调查问卷给教师。

5. 教师根据下列标准给予学生评定成绩。

（1）调查问卷的质量；

（2）参与小组讨论的积极性；

（3）参加全班交流的同学给予适当加分。

三、注意事项

（1）要注意问卷内容的有用性和有效性。

（2）要保证问卷长度的适宜性。

（3）要保证被调查者有能力回答问卷中的问题。

（4）要合理设计问题的排列顺序。

（5）用语规范、表达清楚，避免诱导被调查者或用敏感词语刺激被调查者。

四、活动实施

序号	步骤	操作说明	操作标准
1	准备阶段	明确调查目的与内容  	（1）调查目的具体化 （2）明确调查课题的范围和项目，并将所需资料全部列出 （3）将所要了解的信息划分类别，列出资料清单，并归纳出具体的调查项目
		划分所需资料的重要程度 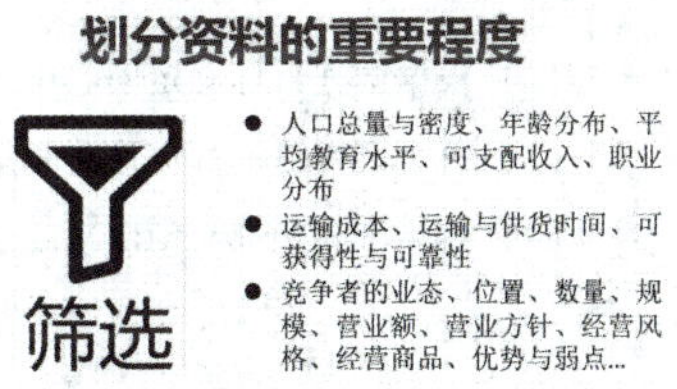 	划分哪些是主要资料，哪些是次要资料； 确定调查人员分工收集资料时的着力点
		选定适当的资料收集方法 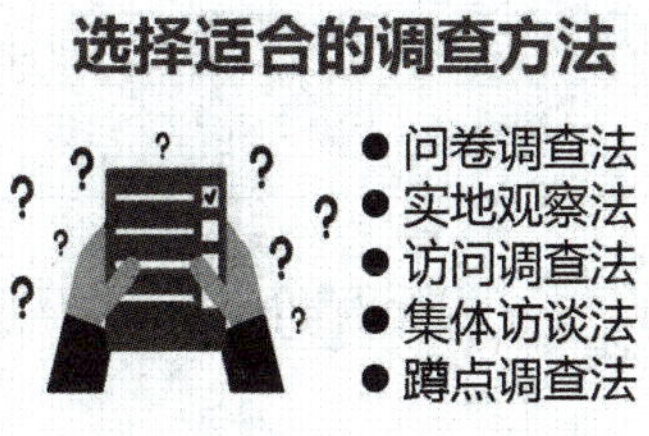 	根据所选择的调查方式选择适合的方法
2	主体设计阶段	确定问题的内容 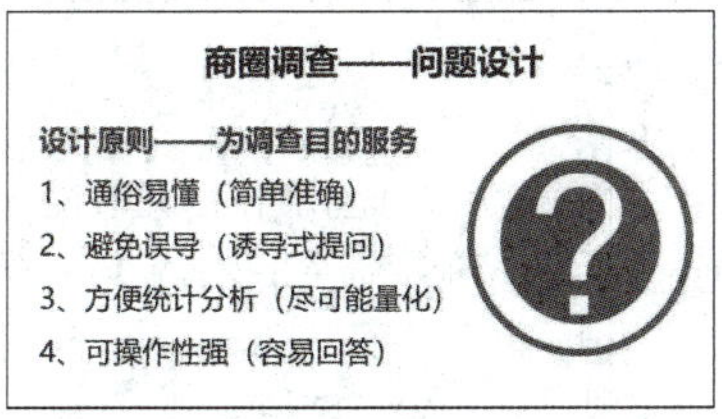 	（1）内容简短，注意用词准确、通俗，一事一问 （2）避免诱导性、否定式询问 （3）具体问题及答案有无问题 （4）将调查项目细分，并根据调查细分来确定问题的具体内容 （5）根据不同方面印象的典型特征来确定问卷问题的主要内容

<table>
<tr><th>序号</th><th>步骤</th><th>操作说明</th><th>操作标准</th></tr>
<tr><td rowspan="3">2</td><td rowspan="3">主体
设计
阶段</td><td>确定问题的结构
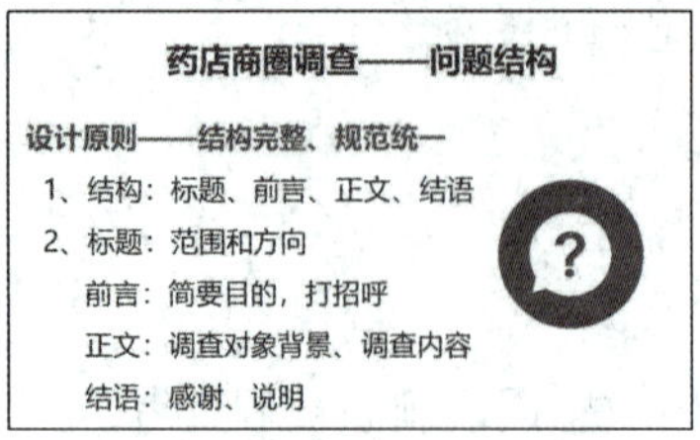</td><td>（1）以封闭型问题为主，少用开放型问题
（2）问卷结构应该符合问卷设计的原则</td></tr>
<tr><td>确定问题的编排
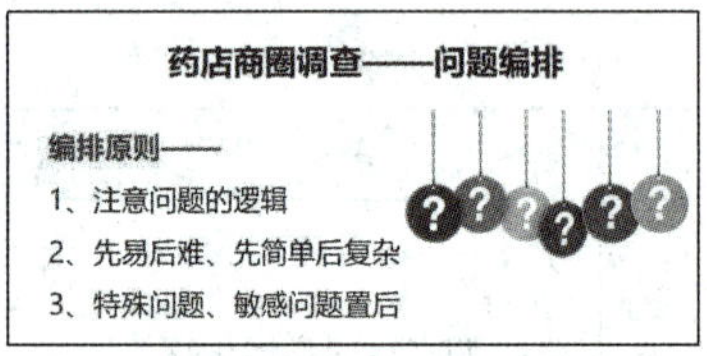</td><td>排列符合逻辑性
排序应先易后难
特殊问题置于问卷的最后</td></tr>
<tr><td>确定问卷的版式
</td><td>问卷排版布局要求整齐、美观，便于阅读、作答和统计</td></tr>
<tr><td rowspan="4">3</td><td rowspan="4">验证
复核
阶段</td><td>问题必要性复核
</td><td>（1）根据调查目标确定问卷中所列的问题是否都是必需
（2）每个调查目标都应该有相应的提问，不能有遗漏
（3）每一个问题都必须服从一定的目的</td></tr>
<tr><td>问题长度验证
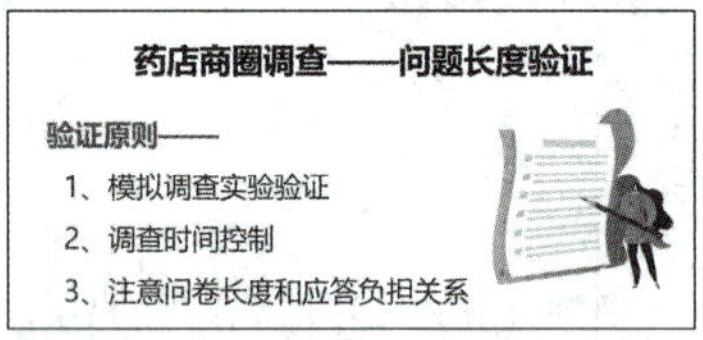</td><td>（1）通过实验来确定问卷的长度
（2）拦截调查，问卷长度控制在 15 分钟之内
（3）电话调查，应控制在 20 分钟之内
（4）入户调查，若超过 45 分钟，应提供一些有吸引力的小礼物。</td></tr>
<tr><td>问卷外观复核
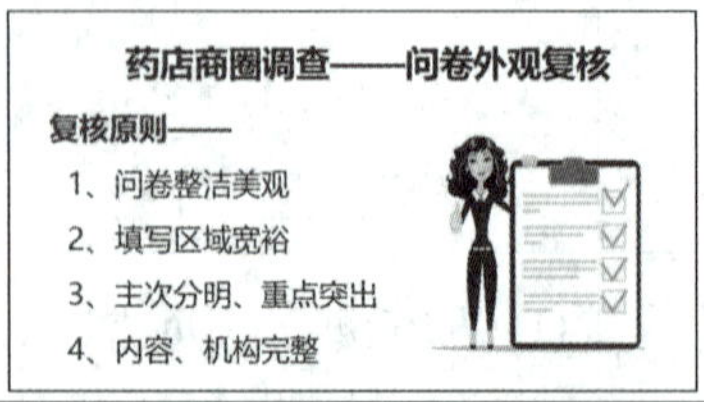</td><td>（1）邮寄问卷和留置问卷等自填式问卷，外表要求质量精美
（2）开放式问题在问卷内部要留出足够的空间
（3）文中重要的地方加以强调</td></tr>
<tr><td>问卷定稿
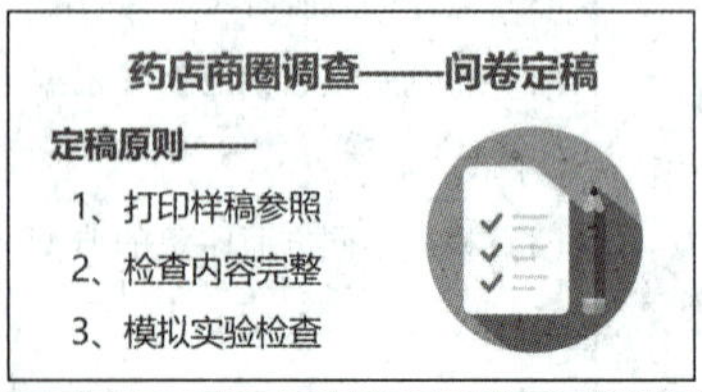</td><td>确定调查问卷说明词、填表说明、计算机编码等
再一次检查问卷中各项要素是否齐全，内容是否完备</td></tr>
</table>

情景一（问卷说明词）

问卷说明是为了引起被调查者的注意和兴趣，以取得他们的配合。

标准用语：说明词主要用来说明调查目的、需要了解的问题及调查结果的用途。要求文字一定要精练并具有很强的吸引力。参见如下样例。

例1：我公司正在开发系列新产品×××感冒灵，我们十分想听听您对新产品的意见。请您协助我们完成这份调查问卷，谢谢您的合作！将我们的心意奉献给您——一份精美的礼品！

例2：我们是××大学的学生，我们正在进行一项××产品市场的调查研究，耽搁您宝贵的时间询问一些问题，请您协助我们搞好这项调查工作，希望能够得到您的合作，谢谢！

情景二（问卷调查题目类型）

调查问卷常用的提问方式：

例1：多项选择题

您购买感冒药通常在：

A 医院　　B 社区卫生站　　C 零售药店　　D 个人诊所

例2：等级量表

当您选择感冒药时，考虑的因素是（按重要程度排列回答并用12345填在括号中）

A. 疗效（　）　B. 价格（　）　C. 品牌（　）　D. 包装（　）　E. 服务（　）

情景三

被调查者项目是指被调查者的基本情况，如姓名、性别、年龄、职业、文化程度、居住地区等有关内容。在设计调查问卷时，被调查者的基本情况究竟选择哪些，要根据调查的目的及要求而定。

1. 您的性别

A. 男　B. 女

2. 您的年龄

A. 18岁以下　B. 19岁~35岁　C. 36岁~60岁　D. 61岁及以上

3. 您的受教育程度

A. 高中　B. 大学　C. 大学本科　D. 研究生

五、活动评价

评价内容		评价标准	是/否
活动完成情况	活动一：准备阶段	调查目的是否具体	
		是否明确调查课题的范围和项目	
		是否将所需资料全部列出	
		是否划分主要资料、次要资料	
		是否根据所选择的调查方式选择适合的方法	

续表

评价内容		评价标准	是/否
活动完成情况	活动二：主体设计阶段	内容是否简短、注意用词准确、通俗，一事一问	
		特殊问题是否置于问卷的最后	
		是否将调查项目细分，并根据调查细目来确定问题的具体内容	
		问卷结构是否符合问卷设计的原则	
		排列是否符合逻辑性	
		排序是否先易后难	
		问卷排版布局是否整齐、美观，便于阅读、作答和统计	
		问句与答案措辞是否准确，明白易懂	
	活动三：验证复核阶段	每个调查目标都是否有相应的提问，没有遗漏	
		每一个问题是否都服从一定的目的	
		时间掌控是否恰当	
		开放式问题在问卷内部是否留出足够的空间	
		文中重要的地方是否加以强调	
		是否确定调查问卷说明词、填表说明、计算机编码等	
		问卷中各项要素是否齐全，内容是否完备	
		问卷是否质量精美	

课后作业

1. 药店商圈调查问卷设计的原则有哪些？
2. 问卷设计中常用的提问形式有哪些？

职业能力 D－2－3　能实施调查方案

PPT

核心概念

实施调查方案的阶段是整个调查过程中最关键的阶段，对调查工作能否满足准确、及时、完整及节约等基本要求有直接的影响。该过程主要是完成数据的收集，是花费较大、进程和质量较难控制的阶段。在完成对调查人员的选拔、培训、监督，对现场工作的核实和评估来进行。督导人员还应对调查人员的实施过程进行督察，包括质量控制、成本控制和进度控制等。

学习目标

1. 能运用一定的技巧按照调查方案进行调查。
2. 会监控调查过程。

基本知识

一、数据资料的收集与调查人员的培训

一般情况下，设计调研的人自己不亲自收集市场调研数据。收集数据的途径主要有两种：组织自己的现场工作组或委托专门的提供现场工作的机构。

一般来说，调查人员的选拔涉及的主要工作包括以下三项：（1）职责具体化：根据数据收集方法的特点，将现场工作职责化；（2）人力资源素质要求：明确现场工作人员应具备的条件；（3）人员招聘：招聘符合职责和素质要求的适当人选。

培训的主要内容一般包括项目背景知识、基本工作准则、工作技能、相关制度规范等。

二、问卷调查法

问卷调查法是采用各种书面形式的调查问卷与被调查者进行沟通交流，搜集相关信息的总称。与其他访问调查法的显著区别在于，问卷调查法是借助问卷来完成“提问到作答”的过程。问卷调查法主要分为直接问卷调查法和间接问卷调查法。

直接问卷调查法：当调研人员希望有效控制问卷的回收率，同时问卷中存在一些需要解释的复杂问题时，应该采取直接问卷调查法。

间接问卷调查法：市场调研机构无须派出调查人员与被调查者直接接触，而是利用调查问卷作为特殊的联系工具与被调查者沟通，搜集市场信息。

活动设计

一、活动条件

笔、纸、纸板、小礼品、工作牌，椅子，在智慧教室进行。

二、活动组织

1. 首先根据调查标准和要求按步骤进行训练，2 人一组，其中 1 人扮演调查者、1 人作为被调查者，相互自查仪容仪表。

2. 每组按照步骤进行情景模拟实训，2 人进行角色轮换操作，反复练习，每组动作要求至少 2 遍。

3. 完成一个操作步骤之后，每组同学及时点评纠错，老师进行总结和纠错，再进行下一步骤的情景训练。

三、活动实施

序号	步骤	操作说明	操作标准
1	仪表检查	仪容仪表自查并相互整理 	着装大方整洁 头发、手指甲干净 所带的手袋不要过大，应适于装下问卷和礼品等访问工具即可
2	自我介绍	保持充满自信的心态，创造良好的、轻松愉快的气氛 	话语简单、明了并且态度友善、有礼貌 介绍本人身份、报出单位名称，主动出示证件
3	提问的技巧	调查者按照一定的原则去提问，防止得到有偏差的答案 	（1）清晰完整地按照问卷题目的原话读出 （2）按照问题的原有顺序提问 （3）让被访者理解题目内容，不可误导被访者、不可过度解释 （4）重读下划线的关键词 （5）较复杂的问题，适当地完整重复问题 （6）读题时，留出适当的时间让被访者理解 （7）提问过程中，留意被访者的反应 （8）过渡句完整地读出，以引导被访者集中注意力 （9）发音清晰，音量和速度控制在适当水平
4	追问的技巧	深入、客观地挖掘被访者所要阐明和理解的意思，防止诱导产生偏差 	（1）将问题重复 （2）重复被访者的回答 （3）利用停顿或沉默 （4）使用中性的追问语句

续表

序号	步骤	操作说明	操作标准
5	记录的技巧	准确记录，以保证不丢失任何可用的信息 	(1) 封闭题：在与答案对应的数字上画圈 (2) 开放题：先听清楚被访者的回答，按原话，逐字逐句记录，不要概括，包括他们的语法错误和俚语
6	结束的技巧	自审问卷 	检查是否有漏洞、错记的地方 让被访者签名、留电话 记录访问结束时间 记录《访问情况登记表》 检查用品、资料是否收拾齐 赠送礼品；感谢被访问者的合作，并礼貌地离开

情景一

访问员在首次面对被访者时所使用的开场白

女士/先生："您好！我叫晓欣，我是×××职业大学药品经营与管理专业的学生，这是我的学生证。我们正在做一项有关医院附近商圈药店的感冒药价格与顾客敏感程度调查项目。您正好是这次调查中经过科学抽样设计选中的被访者之一，您的观点对我们的研究非常重要，我们希望您能够回答下列几个问题。"

女士/先生："您好！我叫凌辰，可以打扰您一下吗？我是×××公司的市场调查访问员，这是我的证件。我们正在进行一项关于住宅区附近药店保健药品的价格与顾客敏感程度调查。耽误您几分钟，有几个问题想问您一下，可以吗？"

情景二

追问的技巧

追问次数通常是1次提问、2次追问，使用中性的追问语句。标准用语如下。

"您的意思具体指什么？"

"您可否进一步解释一下？"

"您为什么这样说？"

"您认为它在哪方面好？"

四、活动评价

评价内容		评价标准	是/否
活动完成情况	活动一：仪表检查	着装是否大方整洁	
		头发、手指甲是否干净	
		是否精神饱满，乐观向上	
	活动二：自我介绍	话语是否简单、明了并且态度友善、有礼貌	
		是否介绍本人身份、报出单位名称，主动出示证件	
	活动三：提问的技巧	是否清晰完整地按照问卷题目的原话读出	
		是否按照问题的原有顺序提问	
		读题时，是否留出适当的时间让被访者理解	
		发音是否清晰，音量和速度控制在适当水平	
	活动四：追问的技巧	是否将问题重复	
		是否重复被访者的回答	
		是否利用停顿或沉默	
		是否使用中性的追问语句	
	活动五：记录的技巧	封闭题：是否在与答案对应的数字上画圈	
		开放题：是否先听清楚被访者的回答，按原话，逐字逐句记录	
	活动六：结束的技巧	是否有漏洞、错记的地方	
		是否让被访者签名、留电话	
		是否记录访问结束时间	
		是否记录《访问情况登记表》	
		是否检查用品、资料是否收拾齐	
		是否赠送礼品；感谢被访问者的合作，并礼貌地离开	

课后作业

利用周末的时间，实地参与企业的调查问卷活动，并记录你的心得体会。

职业能力 D－2－4　能撰写调查报告

PPT

核心概念

调查报告是调查人员以书面形式，反映调查内容及工作过程，并提供调查结论和建议的报告。调查报告是调查研究成果的集中体现，其撰写的好坏将直接影响到整个调查研究工作的成果质量。

学习目标

1. 能知晓药店商圈调查报告的撰写技巧和注意事项。
2. 能根据药店商圈调查的分析结果撰写和完善市场调查报告。

基本知识

一、撰写调查报告

调查报告的撰写是以文字形式表达调查的方法、结果、调查过程以及分析结论的过程。一般要求报告中明确调查对象、调查方法、调查范围、资料的来源与途径等内容。

二、调查报告的结构与内容

调查报告并没有一个统一的格式。但是，调查报告最终的服务对象是阅读者，为了能够将信息及时、准确和简洁地传递给这些受众，在报告本身的结构安排、写作手法上应该有一个大致的标准。一般来讲，书面调查报告的结构、内容以及风格等很大程度上取决于调查的性质、项目的特点、撰写人和参与者的性格、背景、专长和责任。标准的调查报告都应有一个相对固定的结构与内容组成，一般由题目、目录、摘要、正文、结论和建议、附录等几个部分组成。

活动设计

一、活动条件

纸、笔、讨论圆桌、椅子，在智慧教室内进行。

二、活动组织

1. 根据服务标准和要求按步骤进行训练，4 ~ 6 人一组，其中 1 人主持讨论。

2. 完成一个操作步骤之后，每组同学及时点评纠错，老师进行总结和纠错，再进行下一步骤的情景训练。

三、注意事项

在撰写调查报告时，主要注意以下几个方面的问题：①考虑谁是读者；②力求简明扼要，删除一切不必要的词句；③行文流畅，易读易懂；④内容客观、资料的解释要充分和相对准确；⑤报告中引用他人的资料，应加以详细注释；⑥打印成文，字迹清楚、外观美观；⑦切忌将分析工作简单化；⑧提出的建议应该是积极的、正面的。

四、活动实施

<table>
<tr><th>序号</th><th>步骤</th><th>操作及说明</th><th>操作标准</th></tr>
<tr><td>1</td><td>市场调查报告中的口头交流</td><td>讨论整个调查项目的结论和发现
</td><td>由组长主持项目讨论环节，布置组员分工，对模糊或不清楚的问题进行讨论并得出发现。应当注意：
（1）主持人以参与讨论者为中心，充分考虑其偏好、态度、背景、时间等因素
（2）组员之间展开充分的交流和讨论</td></tr>
<tr><td>2</td><td>设计调查报告的主题与封面</td><td>确定报告的主题和封面
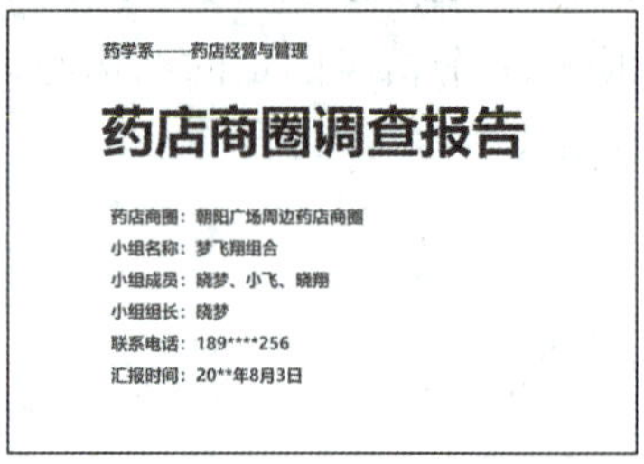
</td><td>封面包括调查单位名称、地址、电话号码、组织，报告提出日期等
封面体现出鲜明的专业形象
标题需清楚说明报告的类型</td></tr>
<tr><td>3</td><td>设计调查报告的目录</td><td>制定报告目录
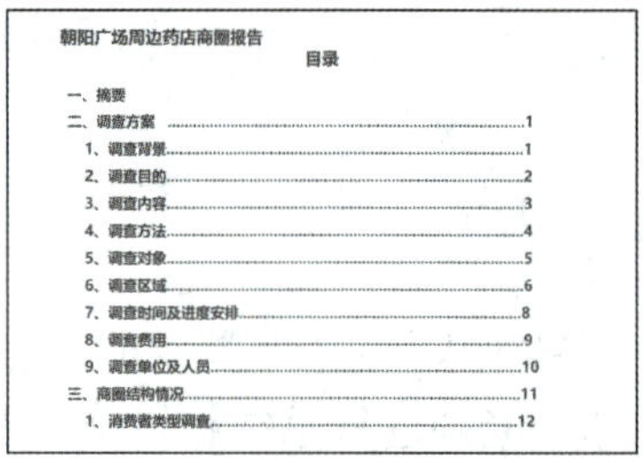
</td><td>市场调查报告需要有一个非常清晰的目录。目录要求
（1）各项内容的标题名称及页码
（2）通常三级标题即可
（3）方便阅读
（4）方便查询资料
（5）篇幅不宜过长，以一页为宜</td></tr>
<tr><td>4</td><td>设计调查报告的正文</td><td>撰写调查报告正文
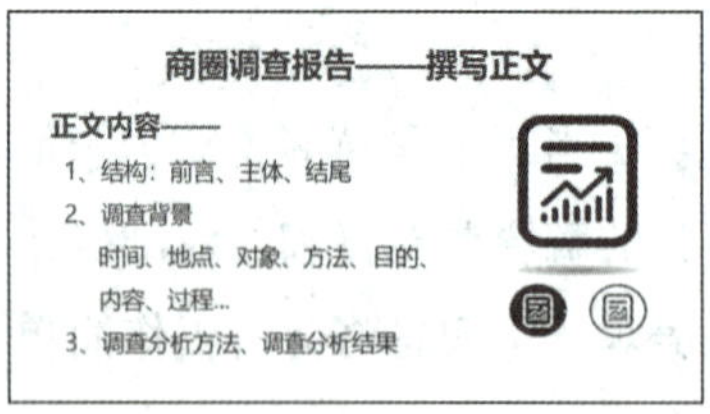
</td><td>正文是市场调查报告的主要部分，包括：
阐明全部有关论据
包括开头部分、论述部分和结语部分
客观、全面地阐述调查所获得的材料和数据
论述部分的结构要求恰当，分为基本情况部分和分析部分
对资料进行质和量的分析，通过分析，了解情况，说明问题和解决问题</td></tr>
<tr><td>5</td><td>确定调查报告的结论与建议</td><td>总结内容，提出建议
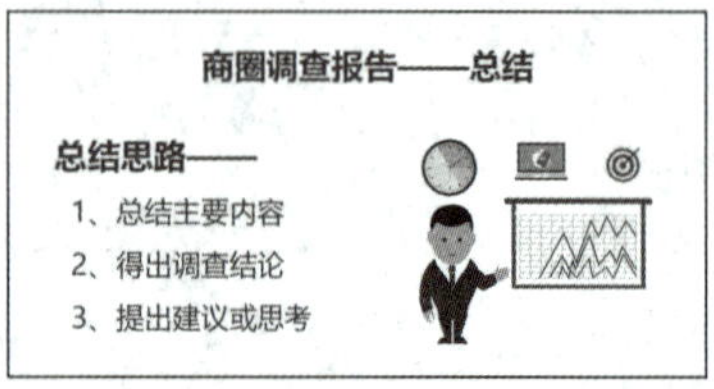
</td><td>结论和建议是撰写综合分析报告的主要目的
对正文部分所提出的主要内容的总结
提出有效的措施和解决某一具体问题可供选择的方案和建议</td></tr>
</table>

续表

序号	步骤	操作说明	操作标准
6	确定附录	罗列附件材料 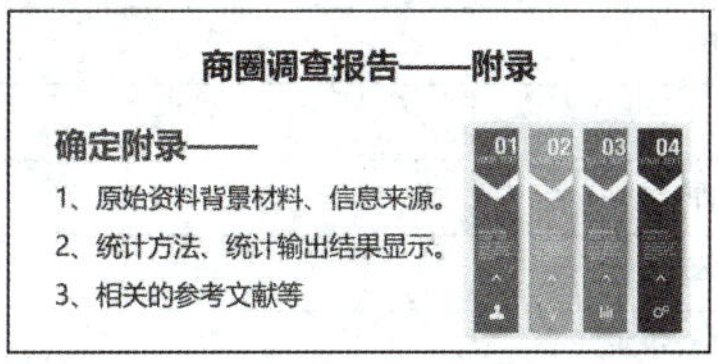	附件是指调查报告正文包含不了或没有提及，但与正文有关必须附加说明的部分调查问卷。具体包含有 原始资料背景材料、信息来源 统计方法、统计输出结果显示 相关的参考文献等
7	提交纸质报告	确定调查的整体编排，交付打印并装订 	(1) 页边距：上 2.5cm、下 2.1cm、左 2.5cm、右 2.1cm (2) 正文字体为五号宋体字，行间距为 20 磅；标题为小四号宋体，加粗 (3) 以纸质打印稿的形式上交市场调查报告

情景一

学生分组，根据前期安排的调查，尝试撰写医院附近药店商圈感冒药的价格与顾客敏感程度调查报告的标题。

(1) 直叙式标题

例如：“××市居民感冒药消费需求的调查”

(2) 表明观点式标题

例如：“对当前××的需求不旺不容忽视”。

(3) 提出问题式标题

例如：“消费者愿意到网上购买药品吗?”

情景二

学生分组，根据前期安排的调查，尝试将有关住宅区附近药店商圈保健药品的价格与顾客敏感程度调查报告的数据，选择用合适的图表的形式来表示。

如：

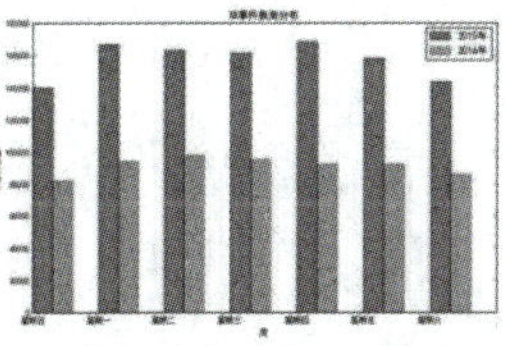

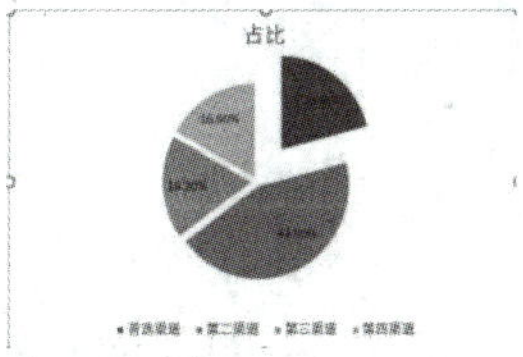

五、活动评价

评价内容		评价标准	是/否
活动完成情况	活动一：调查报告认知	是否对问卷数据进行讨论	
		是否对数据进行分析	
	活动二：调查报告编写认知	提纲的整体排版是否合理	
		是否包括主要的项目内容	
	活动三：调查报告解释认知	团队合作是否积极	
		报告提纲质量是否符合要求	

课后作业

查阅5~8篇市场调查报告，比较它们格式的差异性，并归纳总结各自的优缺点。

工作任务D-3　设计药店营业场所

职业能力D-3-1　能合理设计药店的出入口

PPT

核心概念

药店出入口设计：是综合考虑药店的规模、客流量大小、经营品的特点、所处地理位置及安全管理等要素的基础上进行设计的，既要方便顾客也要美观，其设计的好坏是决定药店客流量的关键。

学习目标

1. 能够分析药店的出入口的影响因素。
2. 能合理设计药店的出入口。

基本知识

一、药店出入口的类型

一般来说，大型药店的出入口可以安置在中央，而小型药店为了提高店内实际使用面积和不影响顾客的自由流通，可根据行人一般靠右走的习惯，将进出口设计在药店门面的左侧。

1. 封闭型　封闭型药店入口（图D-3-1a）尽可能小些，一般面向大街的一面用陈列橱窗或有色玻璃遮蔽起来，顾客在陈列橱窗前大致品评后，进入药店内部，可安静地挑选药品。此类药店大多为经营专用药品的药店，或所经营药品档次较高者。

2. 半开型 半开型药店出入口（图 D－3－1b）比封闭型出入口稍微大一些，倾斜配制橱窗，可使顾客从街上一眼就能看清药店的内部。这种药店一般经营大众价位的药品，橱窗里除了摆放药品外，还把经营的其他物品摆放进去，如化妆品、装饰品等。透过橱窗观看到陈列的商品，吸引顾客进店消费。

3. 开放型 开放型出入口（图 D－3－1c）是把药店面向大街一边全开放的类型，顾客从街上很容易看到店内的药品，顾客可无阻碍地自由出入药店。这种类型的药店除了经营药品外，多兼营生活的必需品，如食品、水果等日用品。

4. 出入分开型 出口和入口通道分开设置，一边是进口，顾客进来之后，必须走完药店才能到出口结算，这种设置比较适用于开放货架，顾客自选药品的药店。

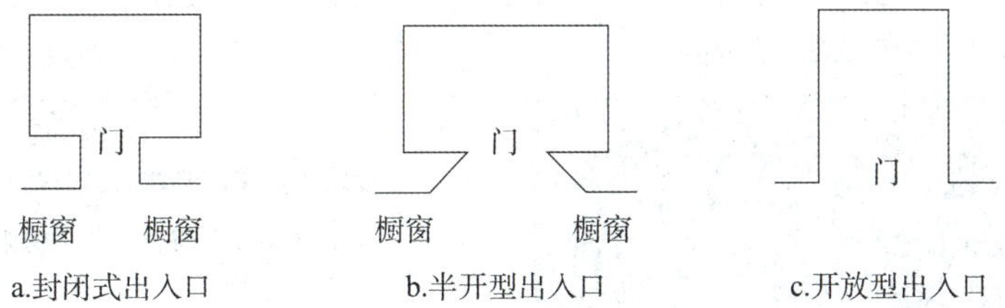

图 D－3－1 药店出入口的类型

二、药店出入口设计应注意的问题

1. 考虑行人流动线 把出入口开在行人最多、路径最顺畅、最引人注目的地方。

2. 出入口指示醒目 对于一些开设在楼上或地下室的药店，入口一定要设立醒目而有特色的标志，引起顾客的注意，增加客源。

3. 方便顾客出入 排除药店门前的一切障碍，如顾客停放的车辆、路牌广告放置的位置、促销展台等，方便顾客进出。

4. 门前地面的设计不要妨碍进出药店 药店出入口的地面设计要具有安全性和便利性。若地面太滑，顾客就会绕开。门前通道不能太狭窄，否则妨碍顾客进入店内。

5. 出入口大小可调 出入口大小设置要根据当地气温情况而发生改变。如果是采用空调调节店内温度，要考虑门的开放程度。

6. 考虑日光照射和灰尘污染情况 很多药物具有光敏性，会在日光照射下引起变质、变色，因此药店出入口尽量考虑减少日光照射。此外，应尽量避免在易扬尘的道路开设出入口。

活动设计

一、活动条件

模拟药房、橱窗、药品的空包装盒、收银台、工作台、笔、纸、尺子、电脑、椅子、门口等道具。

二、活动组织

模拟药店出入口设计，由教师准备好设计用具及一定数量的道具、模型。

（1）首先确定此次设计所用的方式方法。

（2）做好设计前的准备工作，如准备道具、设计现场布置等。

（3）严格按照药店出入口的要求，按设计要求，按步骤进行规划、设计，并画出药店出入口图。

（4）教师检查学生的设计图，同时观察并及时纠正学生在设计过程中不符合规范的步骤及操作。

（5）各组根据设计图，对药店规模、客流量大小、经营品的特点、所处地理位置及安全管理等要素基本情况进行简单的分析。

三、活动实施

序号	步骤	操作及说明	操作标准
1	设计前准备	分析门店的定位、经营范围、客流量等 	要求为：①明确药店经营药品档次；②药店门前无障碍，利于顾客进入药店；③考虑阳光照射和灰尘污染
2	设计图纸	选定出入口类型，并进行设计 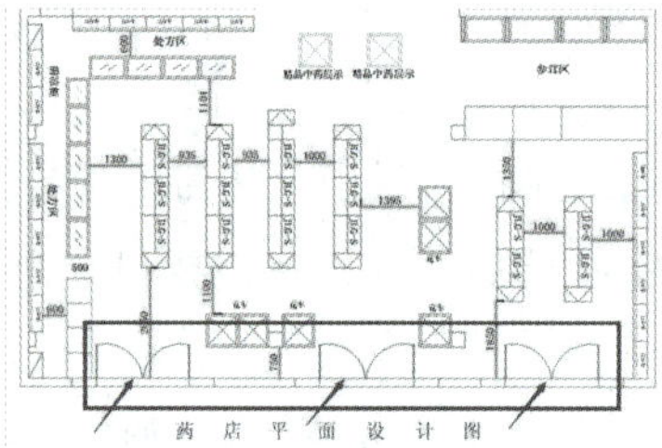	①符合设计图的要求；②符合出入口的要求
3	修订设计	对设计图进行修订 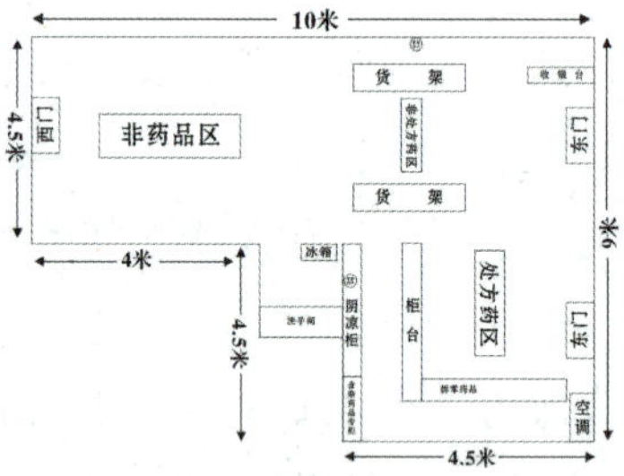	根据老师提的建议进行修订

情景一

如果药店面向大街，销售经营的药品档次较高，应如何设计出入口？

首先分析影响药店出入口的因素，并陈述选择此类出入口的依据。

情景二

如果药店除了经营药品以外，还兼营日用品，应如何设计出入口？

首先要排除药店门前的障碍，方便顾客自由出入，且在街上很容易看到店内的药品。确定选择的出入口类型，并陈述原因。

四、活动评价

评价内容		评价标准	是/否
活动完成情况	活动一：活动前准备	是否考虑客流量	
		是否考虑地理位置	
		是否考虑方便性	
	活动二：设计图纸	能否正确考虑行人流动线	
		能做到方便顾客出入	
		能否做到地面设计利于顾客行走安全便利	
		能否做到出入口大小可调节	
		是否考虑阳光灰尘影响	
	活动三：修订设计	能根据符合设计的尺寸要求	

课后作业

在设计药店出入口时，有哪些因素需要考虑？

职业能力 D－3－2　能合理设计药店的橱窗

PPT

核心概念

药店橱窗：橱窗是药店形象的重要组成部分，通过摆放药品，药店能招来对价格敏感型顾客；通过进行艺术化处理，药店能吸引行人注意，并显示高雅的格调；通过提供公共服务信息，药店能显示其对社会的价值。

学习目标

1. 能够分析药店橱窗设计的影响因素。
2. 能根据陈列要求合理布置橱窗。

基本知识

一、橱窗设计考虑因素

1. 考虑顾客的行走视线　橱窗的设计不仅要考虑顾客静止的观赏角度和最佳视线高度，还要考虑橱窗自远至近的视觉效果，以及穿过橱窗前的“移步即景”的效果。为了顾客在最远的地方就可以看到橱窗的效果，在橱窗的创意上要做到与众不同，主题简洁，夜晚适当加大橱窗里的灯光亮度，一般橱窗中灯光亮度要比店堂中提高50%～100%，照度要达到1200～2500Lx。另外，顾客在街上的行走路线一般是靠右行的，通过药店时，一般是从右侧穿过店面。因此，我们在设计时，要考虑顾客正面和侧面站在橱窗前的展示效果。

2. 橱窗和卖场要形成一个整体 在布局上橱窗要和卖场的整体陈列风格相吻合，形成一个整体。通透式的橱窗还要考虑和橱窗最靠近的几组货架的色彩协调性。

3. 要和卖场中的营销活动相呼应 橱窗传递卖场内的销售信息，这种信息的传递应该和店铺中的活动相呼应。如橱窗里是“新装上市”的主题，店堂里陈列的主题也要以新装为主，并储备相应的新装数量，以配合销售的需要。

二、橱窗陈列设计类型

药店橱窗的设计，既突出药品的特性，又能符合顾客的一般心理，让顾客看后有美感、舒适感和向往心情。

根据药店的规模类型、橱窗结构和商品特点，分为下列几种陈列方式

1. 特写陈列 运用不同的艺术表现形式，集中突出宣传某种或某件商品，适于宣传新药品或其他新商品，陈列时应突出特色商品、品牌与商标两方面。

2. 系统陈列 根据药店商品的类别、性能、用途等因素，将药店商品系统地组织陈列在一起。这种陈列形式既便于观赏，吸引注意，又可以引导观众联想，刺激购买欲望，适合于大中型药店橱窗内药品的陈列。

3. 综合陈列 通过不同的陈列方法把不同种类的药品综合陈列在一起，药品范围充分反映企业的经营，一般适于小型零售药店。可以分为横向橱窗、纵向橱窗、单元橱窗。

4. 季节陈列 根据自然界的季节变化，将应季药品集中在一起宣传陈列。节日的保健品，秋末冬初的感冒类和风湿类药品，春末夏初的肠胃类药品展示。

5. 专题式陈列 专题式陈列是以一个广告专题为中心，围绕某一个特定的事情，组织不同类型的物品进行陈列，向媒体大众传输一个诉求主题。可分为：①节日陈列：以庆祝某一个节日为主题组成节日橱窗专题；②事件陈列：以社会上某项活动为主题，将关联药品组合起来的橱窗；③场景陈列：根据药品用途，把有关联性的多种药品在橱窗中设置成特定场景，以诱发顾客的购买行为。

三、药店橱窗展示的要求

1. 高度要适宜 橱窗的高度应与一般人的身高相近，最好能使橱窗的中心线与顾客视平线相当，橱窗底部的高度以成人眼睛能看见的高度为好，一般离地面 80～130cm。

2. 设计要与整体相适应 橱窗的设计规格应与药店整体建筑和店面相适应，不能影响店面外观造型。

3. 陈列内容要与实际一致 橱窗陈列内容与药店经营实际相一致，橱窗内所展示的商品，除了应该是现在店中实有的，也应该是充分体现药店特色的，使顾客看后就产生兴趣，并产生购买陈列的药品的兴趣。

4. 陈列要表现诉求主题 陈列药品主题要明确，使人能关注到所宣传介绍的药品内容。同种同类或是同种不同类的药品，均应系统地依主题陈列分种分类。

5. 陈列要有丰满感 丰满感是商品陈列的基础，否则顾客就会感到商品单薄，没有什么可买的。

还要做到让顾客从远处近处、正面侧面都能看到商品的全貌。

6. 陈列艺术化 橱窗实际上是艺术品陈列室，运用对称与不对称、重复与均衡、主次对比、虚实对比、大小对比、远近对比等艺术手法，表现商品的外观形象和品质特征。也可利用背景或陪衬物的间接渲染作用，增强商品的艺术感染力，加深消费者对商店的视觉印象并产生购买欲望。

7. 陈列生活化 要让消费者产生亲切的感受，心理趋于同化，可通过在橱窗上设计一些具体的生活画面，使消费者有身临其境的效果，促使消费者产生模仿心理。

8. 保持橱窗清洁 在设计橱窗时，必须考虑防尘、防热、防淋、防晒、防风等措施。橱窗应常打扫，保持清洁。

9. 及时更换过季的展品 一般来说，消费者观赏浏览橱窗的目的是想获得商品信息或为自己选购商品收集有关信息，陈旧的信息资料不能引起消费者应有的注意，更无法激发购买欲望。因此，橱窗展品必须是最新产品或主营商品，以满足消费者求知、求新的心理欲望。

活动设计

一、活动条件

模拟药房、橱窗、药品的空包装盒、收银台、工作台、笔、纸、尺子、电脑、椅子、门口等道具。

二、活动组织

模拟药店橱窗设计，由教师准备好设计用具及一定数量的道具、模型，5 人一组。

（1）首先构思好橱窗达到的效果。

（2）做好设计前的准备工作，如准备道具、设计现场布置等。

（3）严格按照药店橱窗的要求，按设计要求，按步骤进行规划、设计。

（4）教师检查学生的布置图，各组互相点评，对橱窗布置进行讲解。

三、活动实施

序号	步骤	操作说明	操作标准
1	设计前	分析药店规模、商品特点、客流量等，依据某一特定场景进行橱窗构思，设计 	要求为：①明确药店规模；②考虑商品特点；③考虑橱窗设计起到介绍药品、宣传药品、激发顾客的购买欲望作用
2	橱窗设计	确定橱窗类型，分工、布置 	①构思新颖、主题鲜明，不可乱堆乱摆分散消费者视线；②考虑防尘、防热、防淋、防风等；③橱窗高度适宜；④风格独特、装饰美观、色调和谐；⑤橱窗设计规模与药店整体规模相一致；⑥橱窗陈列的药品必须是本店出售的且畅销的药品

续表

序号	步骤	操作说明	操作标准
3	讲解点评	对橱窗布置进行讲解点评 	①对橱窗设计进行讲解分析；②合理考虑顾客流动线，方便顾客出入、笔直平坦无障碍、清洁明亮、“迂回曲折”，留住顾客；③突出商品特色，促进消费

情景一

中秋节临近，如何布置中秋主题的橱窗？

1. 布置：门口做好 POP 宣传提示卡；
2. 收银台陈列做好中秋活动的提示卡，收银端架放合适的商品，方便二次销售；
3. 天花板营造氛围，如悬挂灯笼，吊旗等。

情景二

春夏季节，肠胃类的药品需求比较多，为满足消费者应季购买的心理特点，扩大销售，你应如何进行橱窗布置？

1. 门口橱窗氛围布置：两边门口橱窗整洁张贴清凉一夏图标（如：夏季清凉的板蓝根，手足口病预防知识及用药指导等）；
2. 货品陈列：货架端头，陈列夏季清凉，喉咙痛等商品；
3. 货架端头：货架端头定制夏季 KT 挡板；
4. 收银台陈列：选定夏季常卖品种做收银台陈列，可做满额换购等；
5. 天花板氛围：悬挂柳条，夏季氛围吊旗。

四、活动评价

评价内容		评价标准	是/否
活动完成情况	活动一：设计前	是否考虑药店规模	
		是否考虑地理位置	
		是否考虑方便性	
	活动二：橱窗设计	能否主题鲜明	
		色调与商场风格是否一致	
		能否做到地面设计利于顾客行走安全便利	
		橱窗设计规模与药店整体规模是否相一致	
		是否考虑阳光灰尘影响	
		橱窗高度是否适宜	

续表

评价内容		评价标准	是/否
活动完成情况	活动三：讲解点评	是否考虑顾客流动线	
		是否突出商品特色	
		是否利用药品的销售	

课后作业

1. 橱窗陈列设计的类型有哪些？
2. 注意观察生活中常见的橱窗陈列，说出对你有何启发。

职业能力 D－3－3　能合理进行药店内部的布局

PPT

核心概念

药店内部布局：科学地设计药店内部布局，合理地组织消费者通道，使消费者合理地流动，促进药品消费的实现。

学习目标

1. 能分析药店空间布局的影响因素。
2. 能合理地对药店的空间布局进行规划和布置。

基本知识

一、药品区药品类别面积与位置的配置

1. 药品区药品类别面积的配置　各类药品的面积分配可以根据某类药品所必需的面积来定，还可以根据消费者的购买比例及某类药品的单位面积的利润率来定。各类药品面积分配比例如下图所示。

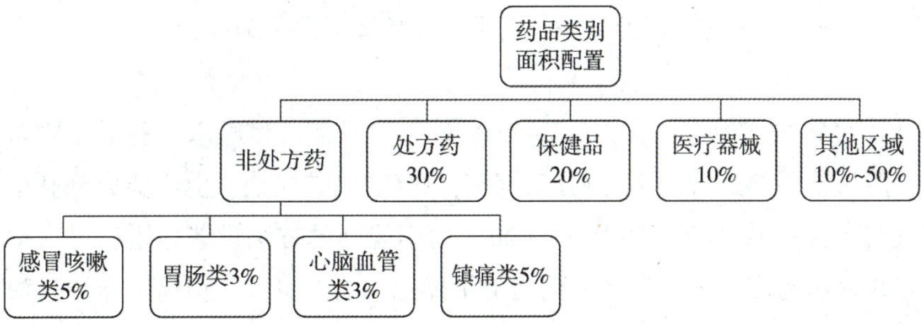

这种面积配置比例不是绝对的，每个经营者需根据自己所处区域的特点（如收入水平、消费习惯和

消费水平和疾病发病率）、竞争的状况、药店的总营业面积和药店多元化经营状况做出药品面积配置的抉择。

2. 药品位置配置 针对药店药品种类繁多的特性，药品位置的配置按消费者的购买习惯来确定较好，并且相对地固定下来，方便消费者寻找。

购买处方药的顾客比较少，一般不需花时间比较，因此通常摆放在各个逆时针方向的入口处或营业场所的四周；而购买频率较高的感冒类和慢性病药品，要花较多的时间来进行挑选，这类药品通常应摆放在距离入口较远的地方；一些生殖性保健用品、治疗传播性疾病的药品应配置在不显眼的地方。

从高度上来说，与视线相平或稍低于视线的位置，最容易引起人的注意，而较高或较低的位置，顾客注意的程度会很低。

二、顾客活动区流动线设计

1. 顾客流动线 顾客流动线是指店内顾客的流动方向。由于店内顾客的流动方向是被店方有计划地引导的，所以也把顾客流动路线称“客导线”。实质上顾客流动线就是药店通道，是顾客购物与药店服务员补货的必要通路，其设计要方便各方人员行走和参观浏览。

2. 药店顾客流动线设计的原则

（1）方便顾客出入 药店内顾客流动主线是主通道，顾客流动的副线是副通道。主副通道的区分是根据药店营销目标和药品的布局及陈列设计安排的。大中型药店主通道的宽度一般在2m以上，副通道在1.2～1.5m，最窄的通道也要大于0.9m，因为这是两个人并行或逆向非侧身避让相遇时的最小宽度，药店的出入口结算台前的通道应适当宽一些，一般在2m以上，以免出现拥挤，造成混乱。

（2）笔直平坦无障碍 通道要平直，避免出现只能止步回走的情况，拉长顾客的回游时间，创造销售机会。药店通道地面应保持平坦，尽量处于同一个平面上，通路不平坦，需要做好标志牌。通道要避免死角，通道内不能放置一些与药品陈列或者促销活动无关的物品，以免阻断药店的通道。

（3）明亮清洁 明亮清洁的药店通道、优雅轻松的购物环境，往往使顾客对店内药品产生一种新鲜优质的感觉。合理运用和安排有效空间内的灯光、音响、摆设、色彩，营造出一派令顾客心旷神怡的物质、精神双重消费场所氛围。

（4）“迂回曲折”，留住顾客 通道设计时应促使顾客在自愿的情况下停留更长时间，促使其消费，这就需要借助于连续展开不间断的药品陈列线来调节顾客的视觉，增强药品存在感，使店内药品最大程度地变得让顾客目之可及，伸手可得。

3. 顾客流动线的设置

（1）直线式通道 直线式通道（图D-3-2a）的起点是药店的入口，终点是药店的收款台。顾客依照货架或柜台排列的方向单向购物，以药品陈列不重复，顾客不回头为设计特点，它使顾客在最短的线路内完成药品购买行为。

（2）斜线式通道 斜线式通道（图D-3-2b）是货架或柜台和通道呈菱形分段布局。这种形式可供顾客看到更多的商品，顾客的流动不受约束，药店的气氛比较愉快，但不能充分利用药店面积。

（3）曲线式通道 曲线式通道（图D-3-2c）用不规则的方法设置通道，可任意布置柜台。顾客可随便采用不同路线到达药店的任何地方从而增加了随意购买的机会。但这种布局易浪费场地面积，顾客寻找货位不够方便，这种布局方式要求药店的规模不要太大，比较适用于开架自选型药店的布局。

（4）“回”字形通道 “回”字形通道（图D-3-2d），通道布局以流畅的圆形或椭圆形按从右到左的方向环绕整个药店，使顾客依次浏览药品，购买药品。顾客进入药店后，从一边沿四周“回”形浏览后再进入中间的货架。它要求药店内部一侧的货位一通到底，中间没有穿行的路口。

（5）“口”字形通道　“口”字形通道（图 D－3－2e）一般适用于中小规模的药店，在店堂内放置货架摆放成口字，这种客导线有利于顾客在店内的回游，让顾客多浏览药品，增加顾客的购买机会。另外，药店也要在店堂内摆放货架，形成“日”字形的通道。

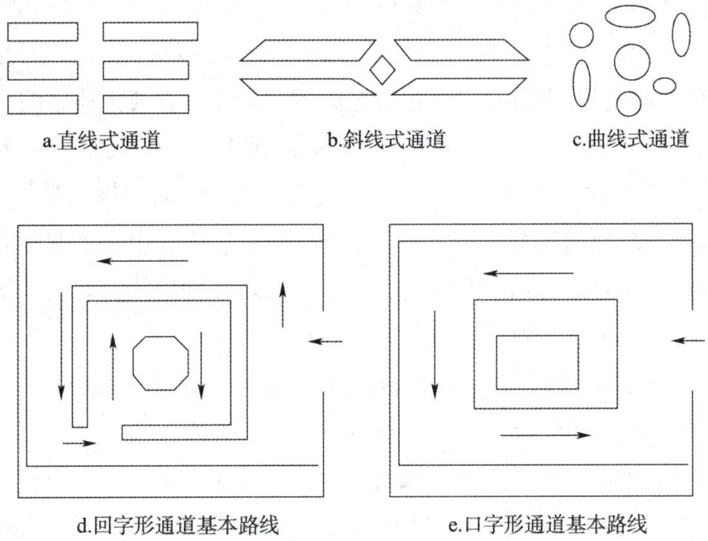

图 D－3－2　药店顾客通道

三、营业场所的内部辅助区域设计

1. 收银台的位置与设计　药店的收银台一般设在出入口处，由收银台在出入口处分隔成出入口通道。结账通道（出口通道）可根据药店规模的大小设置 1～4 条，然后根据营业规模的预测分别配置 2～6 台收银机，最好再设置医保刷卡结账通道。收银台的数量应以满足顾客在购物高峰时能够迅速付款结算为出发点。在条件许可的情况下，还可以设置一条“无购物通道”作为无购物的顾客的专门通道，以免出入口处造成拥挤。

结账通道的宽度常以两位顾客可正常通过的最佳尺寸来设计，一般为 1～1.2m，长度一般为 6m，即扣除了收银台本身约为 2m 的长度之外，收银台与最近的货架之间的距离应该比较宽一点，以保证有足够的空间让顾客等候。

2. 执业药师服务台　各零售药店在营业期间应确保执业药师在岗，并应设立执业药师工作台，一般要求位置显著，有独立的区域空间。执业药师工作台最好能与处方药区域邻近或咨询服务台并列设置。药师的工作台一部分设置成开放型的，一部分设置成封闭型的，这样可以考虑到消费者的隐私性。设施上，除放置药师桌椅外，还要设置顾客座位，提供饮水机，一次性纸杯。环境上要有舒适感。服务区的显著位置要悬挂药师服务的标志，让顾客可以了解到药师的服务内容。

3. 服务台与咨询导购台的设计

（1）服务台　是退货、缺货药品登记、为需要开发票的顾客开具发票、办理会员卡、接待和处理顾客异议的工作台，一般设置在人流较少的地方。

（2）咨询与导购台　咨询导购台一般邻近进口处，主要是引导顾客购物，达到方便顾客的目的，可以采取人员服务与电子设备服务两种形式，实现不同性质顾客的导购方式互补。

4. 存包处的设计 规模比较大的药店，一般要设置存包处，存包处一般设置在药店的入口处，有人工存包和自动存包柜两种方式。

5. 健康服务区设计 健康服务区一般设置顾客休息椅、医药知识宣传栏、提供报纸、书和杂志等、意见簿、垃圾桶、便民盒、触摸屏式电子药师、电子医师系统、多媒体系统、免费体验服务设施，还可布置绿色植物，进行艺术装点，美化环境，来调试顾客的心理，将休闲、娱乐和购药融为一体。

6. 诊所 有些药店为了促进药品销售，会与医疗诊所合作经营。在场所设置方面要保证药店、诊所区域分开，人员通道分开，但要保持药店与诊所之间的关联性，方便消费者的沟通。

7. 行政办公区域与员工培训休息区 药店的办公室，通常也称主控室。它主要有两个功能，一是作为药店POS系统和监控系统的主机房，一是作为药店主管管理药店的指挥平台。因此，办公室的设计可以在药店的一侧，设置为玻璃透视窗，便于药店主管能够对店内发生的事务随时监控和指挥。

员工培训区可以与员工休息区合用一个场所，区域里实现多种功能，如员工培训、更衣、储存、用餐、休息等；在该场所可以不定期地对员工进行知识和技能培训等。

8. 仓库 仓库的布局设计对药店药品布局安排有重大影响。辅助区域的设计重点在于如何最合理、经济地解决后场与药店连接的补给线路规划。应注意以下几个方面。

（1）从仓库到药店的药品补给线路要选择最短距离以减少补货成本。

（2）从仓库到药店的流通路线，要采取单行道方式，减少各种药品补给线的交叉和共用。

（3）仓库、作业场地与药店的地面要平整一致，落差要以缓坡连接，不能出现台阶、门槛等，以保证药品补给的平稳顺畅。

（4）前后场连接处最好使用推拉门，可使出入口宽敞，利于大件药品的运送。

（5）对于实行正规配送货制的药店，仓库中的存货与上架药品之和是药店前一天销售量的1.5倍。

9. 其他辅助区域 根据药店的具体情况，设置一些其他区域，如经营中药材及中药饮片的药店应设置中药标本室（柜）；有与企业规模相适应、符合卫生要求的验收养护室，配备必要的验收和养护用工具及仪器设备；分装中药饮片应有符合规定的专门场所，其面积和设备应与分装要求相适应；大中型药店要设置为顾客服务的辅助区域，如卫生间的设计、公共电话等。

活动设计

一、活动条件

模拟药房、药柜、药品的空包装盒、收银台、工作台、笔、纸、尺子、电脑、椅子、门口等道具。

二、活动组织

模拟药店空间设计，由六人一组。由教师准备好设计用具及一定数量的道具、模型。

（1）首先确定此次设计所用的方式方法。

（2）做好设计前的准备工作，如准备道具、设计现场布置等。

（3）六人一组严格按照空间设计图的要求，按设计要求，按步骤进行规划、设计。并画出空间布局图。

（4）教师检查学生的设计图，同时观察并及时纠正学生在设计过程中不符合规范的步骤及操作。

（5）各组根据设计图，对门店目前的定位、经营范围及发展规划等基本情况进行简单的分析。

三、活动实施

序号	步骤	操作说明及操作标准	
1	设计前准备	设计前讨论，分工 	要求为：①检查设计用具、准备耗材；②合理分工；③对药店空间进行整体考察
2	设计药店空间布局	对药店空间布局进行整体规划  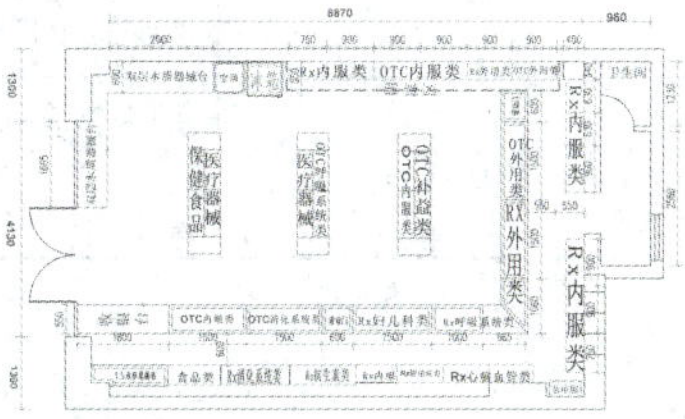 ①对药柜等器具装备进行设计规划；②顾客流动线要方便顾客出入、笔直平坦无障碍、明亮清洁、适当“迂回曲折”，留住顾客；③对空间内部布局进行整体规划；④药店空间辅助区域的设计	
3	修订设计	对设计图进行修订 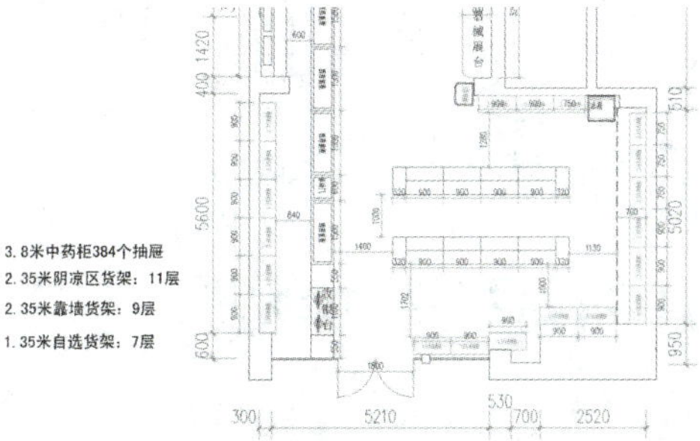	对设计图纸进行修订，标注设计图纸尺寸

情景一

环游型药店，应如何对门店内部的药品陈列空间、营业员工作空间、顾客服务空间、其他辅助区域进行合理分区、规划？

考虑整体性，各区域比例合理，功能完整；药品陈列空间要新颖、美观，起到引导消费的作用；顾客流动线便于出入、挑选商品；营业员工作区域，便于服务。

情景二

如何根据药店的顾客流动空间进行合理分析，设计顾客流动线？
顾客流动线要方便出入，明亮清洁，无障碍，让顾客尽可能地多停留，促进消费。

四、活动评价

<table>
<tr><th colspan="2">评价内容</th><th>评价标准</th><th>是/否</th></tr>
<tr><td rowspan="11">活动完成情况</td><td rowspan="3">活动一：设计前准备</td><td>设计用具是否准备齐全</td><td></td></tr>
<tr><td>是否检查耗材</td><td></td></tr>
<tr><td>是否分工明确</td><td></td></tr>
<tr><td rowspan="6">活动二：设计药店空间布局</td><td>空间整体布局是否符合规范</td><td></td></tr>
<tr><td>能否熟练运用顾客流动线类型进行规划</td><td></td></tr>
<tr><td>药柜、台面高度、尺寸设计是否规范</td><td></td></tr>
<tr><td>药店辅助空间规划是否合理</td><td></td></tr>
<tr><td>药店空间功能是否缺失</td><td></td></tr>
<tr><td>是否符合设计的尺寸要求</td><td></td></tr>
<tr><td rowspan="2">活动三：修订设计</td><td>设计图纸字体、数字标注是否规范</td><td></td></tr>
</table>

课后作业

仔细参观3~5家大型连锁门店，对比其空间布局，指出其优缺点。

工作任务D-4　网上药店

职业能力D-4-1　能运营网上药店

PPT

核心概念

开办网上药店：向个人消费者提供互联网药品交易服务。

学习目标

1. 能写出开办网上药店的条件和流程。
2. 能使用网上药店浏览查询药品，对网上药店的内容进行介绍。
3. 能分析网上药店网页设计的优缺点。

基本知识

一、网上药店的开办条件

①依法设立的药品连锁零售企业；

②提供互联网药品交易服务的网站已获得从事互联网药品信息服务的资格；

③具有健全的网络与交易安全保障措施以及完整的管理制度；

④具有完整保存交易记录的能力、设施和设备；

⑤具备网上咨询、网上查询、生成订单、电子合同等基本交易服务功能；

⑥对上网交易的品种有完整的管理制度与措施；

⑦具有与上网交易的品种相适应的药品配送系统；

⑧具有执业药师负责网上实时咨询，并有保存完整咨询内容的设施、设备及相关管理制度；

⑨从事医疗器械交易服务，应当配备拥有医疗器械相关专业学历、熟悉医疗器械相关法规的专职专业人员。

由此可以看出，开办网上药店首先必须是药品零售连锁企业，并取得《互联网药品信息服务资格证书》和《互联网药品交易服务资格证书》。

二、《互联网药品信息服务资格证书》的审批与管理

拟提供互联网药品信息服务的网站，应当在向国务院信息产业主管部门或者省级电信管理机构申请办理经营许可证或者办理备案手续之前，按照属地监督管理的原则，向该网站主办单位所在地省级药品监督管理部门提出申请，经审核同意后取得提供互联网药品信息服务的资格。省级药品监督管理部门对本辖区内申请提供互联网药品信息服务的互联网站进行审核，符合条件的核发《互联网药品信息服务资格证书》。

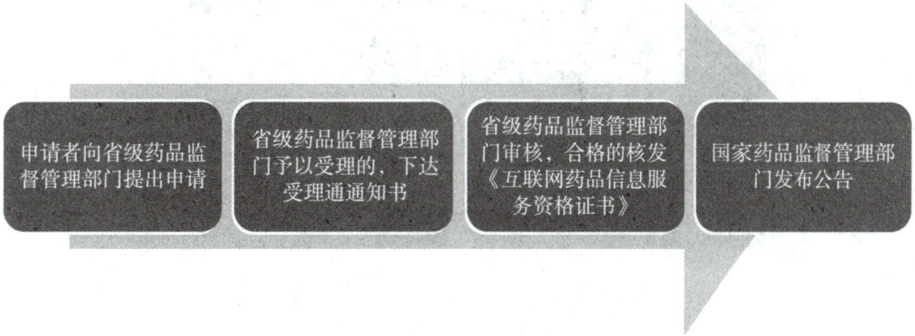

互联网药品信息服务资格申报审批流程图

三、《互联网药品交易服务资格证书》的审批与管理

从事互联网药品交易服务的企业必须经过审查验收并取得《互联网药品交易服务资格证书》。互联网药品交易服务机构的验收标准由国家药品监督管理部门统一制定。

省级药品监督管理部门负责对本行政区域内通过自身网站向个人消费者提供互联网药品交易服务的企业进行审批。收到申请材料后，在5日内对申请材料进行形式审查。决定予以受理的，发给受理通知书，并在20个工作日内做出同意或者不同意进行现场验收的决定，并书面通知申请人。

省级药品监督管理部门同意进行现场验收的，应当在20个工作日内组织对申请人进行现场验收。经验收合格的，省级药品监督管理部门应当在10个工作日内向申请人核发并送达同意其从事互联网药品交易服务的《互联网药品交易服务资格证书》。

《互联网药品交易服务资格证书》由国家药品监督管理部门统一印制，有效期5年。

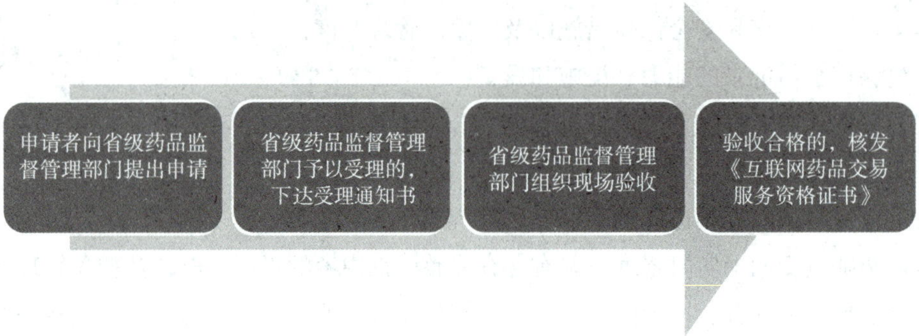

互联网药品交易服务资格申报审批流程图

四、网上药店的网页设计

网上药店要实现其在网页上发布药品信息，以及与消费者进行沟通交流的功能，其网页设计一般应包括以下内容：药店简介、网页框架的基本元素、药品查询功能、网站导航功能、会员功能区、购物指南、购物配套服务等。

药网网上药店页面设计

1. 药店简介 药店简介是网上药店所依托的实体药店的情况介绍，可以增加顾客对网上药店的信任度。

2. 网页框架的基本元素

药品的项目分类区：包括中药材、中成药、化学药品、保健品等主要药品品种。

购物功能区：包括有购物中心或购物车、查看购物车、收银台、订单查看、会员注册、会员中心等。

促销功能区：最新产品（新品上架）、最热产品（热销品）、特价药品区、促销产品、会员专区、销售排行榜等。

药品广告区：药品展示时，通常左边是药品的实物图，右边是药品的名称、市场价、会员价。实物图要清晰、并能全面展示药品，要让消费者有如同看见了实际药品的感觉。

3. 药品查询功能 如何让消费者在很短的时间里就找到要买的药品，这是开办网上药店很重要的功能设计，网页上要有互动查询功能，可以按照药品的总分类目录、药品的科目、药品的名称、药品的功效等进行药品查找。

4. 网站导航功能 网上药店的网页是很丰富的。但这往往可能使消费者在购买药品时，在众多网页的往返过程中迷失方向，因此有一个网站的导航条目是十分必要的。一般导航功能放在网页的左上角。

5. 会员功能区 网上药店一般实行会员制，消费者在购买药品时应先注册成会员，才可以购买药品。会员可以分为：单位会员（电子商务的 B2B 模式）和个人会员（电子商务的 B2C 模式）。网上药店对其进行特定的会员服务如：优惠活动、打折信息、会员价、购物积分活动等。

6. 购物指南 购物指南说明了消费者购药的基本流程。

7. 购物配套服务 购物配套服务包括：订购方式、付款方式、配送方式、交易条款、质量保证、优惠活动、友情链接、订单及历史交易查询、客户服务等。

活动设计

一、活动条件

模拟药房、电脑、投影、笔、纸等。

二、活动组织

（1）学生 5 人为一组，选出组长，实行组长负责制。

（2）每人至少浏览一家网上药店，并在该店内查询教师指定药品。

（3）每组学生对比浏览过的网上药店网页，并将分析比较的结果制作成 PPT。

（4）各组选 1 名同学进行总结陈述，并展示 PPT。

三、活动实施

序号	步骤	操作说明及操作标准
1	网上药店合法性考核	浏览一家网上药店，查看网上药店的资质，判定是否合法 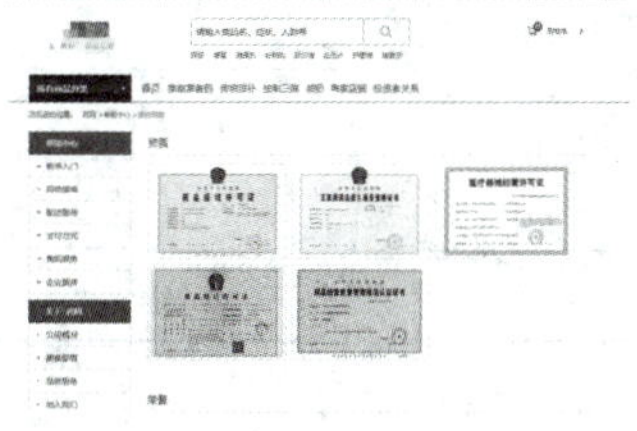 写出合法的网上药店应具备的条件

续表

序号	步骤	操作说明及操作标准
2	网上药店网页浏览对比	对比浏览过的网上药店网页，并分析网页设计的优缺点  从顾客、供应商、药品配送系统、产品分类等几个方面进行分析优缺点
3	PPT 汇报	将分析结果总结，做成 PPT 陈述 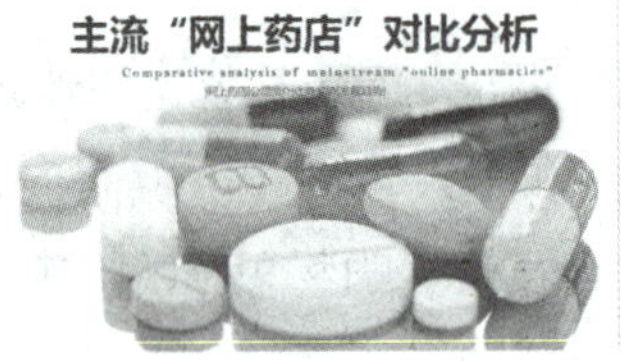 汇报条理清晰，语言简洁准确、PPT 制作精美

情景

浏览老师指定的两家网上药店，有什么不同之处，并简述各自的优缺点。

首先登录网上药店官网，查看网上药店的合法性，对比两个网页的基本设计，在两个网上药店查询到指定药品，查看基本模块功能的完整性，最后进行总结陈述。

四、活动评价

评价内容		评价标准	是/否
活动完成情况	活动一：网上药店合法性考核	是否是药店零售连锁企业	
		是否取得《互联网药品信息服务资格证书》	
		是否取得《互联网药品交易服务资格证书》	
		是否具备基本交易服务功能	
		是否具备药品配送系统	
		是否具备完善的管理制度	
	活动二：网上药店网页浏览对比	是否依托实体药店进行介绍	
		网页导航功能条目是否清晰	
		购物指南是否详细	
		药品查询功能设计是否合理	
		售后是否服务到位	
	活动三：PPT 汇报	条理是否清晰	
		语言是否简洁、准确	

课后作业

网上药店开办的条件有哪些？

职业能力 D-4-2　能运用多种方法提高网上药店的绩效

PPT

核心概念

药店绩效：绩效考核是企业内部管理机制有序运转，实现企业各项经营目标的一项管理要务。不论是实体药店还是网上药店，要调动员工的工作积极性，最大程度地提高药店的效益，就必须用好绩效考核这把利剑。

学习目标

1. 能分析影响网上药店绩效的原因。
2. 能运用合适的方法提高网上药店绩效。

基本知识

1. 加强药店内部信息化建设　全面提高信息化水平，形成低成本、高效运作的广域物流配送网络，通过商品分类、客户关系等信息处理技术的积累，为网上药店打下良好的基础。

2. 进一步拓展连锁规模与物流配送能力　拥有一定的区域规模，才有利于开展联合采购与统一配送。广域配送能力、星罗棋布的药店及配合快递公司与第三方物流公司，才可能满足网上购药的时效与质量保证。

3. 提升服务　信息真实、全面、能提供用户一站式服务，是未来网上药店成功的关键因素，利用连锁企业已有的会员，在网络上提供更多的增值服务，对冷僻品种可以通过网上便民订货，货到通知、门店取货，这些服务都有助于提高企业的综合服务形象。

4. 利用网络技术，增加网上售药的成功率　充分地了解顾客的需要、为顾客提供更好的服务、对顾客的价值进行评估、市场调查和预测。

（1）建立网络互动技术（包括搜索引擎、电子邮件、反馈表单、论坛、网络广告、电子书、电子贺卡、在线调查表）。

（2）全面的服务功能（如网上咨询、健康咨询、用药指南、网上处方信息提供等）。

（3）简化或取消会员登记程序发展网络会员。

（4）与第三方物流合作解决安全性问题，缩短送货时间。

（5）进行必要的网上营销（网站交换广告、交换链接、增加网上搜索、E-mail 营销等）。

5. 退货政策及保证　售后服务及网上信用是客户关心的一大问题，必须有完善的服务策略（主要是退货、换货政策）及服务承诺，并能真实履行。

6. 支持多种支付方式　除了运用现金、汇款支付方式外，还可以用信用卡、借记卡（储蓄卡）、微信、支付宝等进行网上支付。

7. 降低收费 提升管理，和传统医药行业相关方的紧密合作，降低成本，进行合理收费，网上药店才能得以生存与发展。

8. 开发手机 App，为客户提供方便 开发手机 App，使客户可以随时随地借助移动端登录网上药店，实现购药功能。

活动设计

一、活动条件

电脑、纸、笔。

二、活动组织

1. 分组进行任务，5 人 1 组，选定某家网上药店。
2. 针对某一主题进行网上促销设计（如母亲节、父亲节、端午节、中秋节、重阳节等），提高销售额。
3. 以组为单位进行促销方案的书写和 PPT 的汇报。

三、活动实施

序号	步骤	操作说明	操作标准
1	促销计划前准备	登录一家合法网上药店，查看网上药店网页的基本模块，分析其设计的优缺点，有无潜在提高销售额的可能	①分析的内容包括：药品分类、查询、购物指南、促销功能区、药品广告区、会员功能区等；②指出设计不合理的地方，可进一步优化的有哪些
2	促销方案	针对某一主题的促销，讨论形成促销方案	①促销主题新颖；②促销目的应以促进销售、增加药店知名度、发展顾客为主；③使用多种方式提高药店绩效；④促销目标适中
3	PPT 汇报	将促销方案做成 PPT 汇报	汇报条理清晰，语言简洁准确、PPT 制作精美

情景

春节快到了，如何通过优化网上药店网页板块，提高顾客的消费率？

1. 网页色调营造出春节的氛围感。
2. 通过主页广告滚动，显示春节促销信息，吸引顾客兴趣。
3. 药品促销力度与注册会员挂钩，在会员专区应有提示，并简化会员注册程序。
4. 提供更多增值服务（如日常保健知识、门店代煎中药、用药咨询网上看诊）。
5. 提高物流配送能力，满足网上购药的时效和质量保证。

四、活动评价

评价内容		评价标准	是/否
活动完成情况	活动一：促销前准备	是否分工明确	
		是否对网上药店网页的优缺点进行充分分析	
	活动二：促销方案	促销主题是否新颖	
		促销目的是否明确	
		促销方式是否多样	
		促销内容是否贴近顾客需求	
	活动三：PPT 汇报	条理是否清晰	
		语言是否简洁、准确	

课后作业

如何提高网上药店的绩效？

习题

药店经营与管理实务教学大纲（供药学类、食品药品类专业用）

一、课程任务

《药店经营与管理》是高职高专院校药学类、食品药品类专业一门重要的旨在培养学生职业能力的核心课程，是一门关于社会药房运营管理的课程。本课程的主要内容是让学生了解申报药店、设计药店营业场所，熟悉商圈调查与分析技术、药店选址的方法、药店售后服务，掌握陈列药品、销售药品、药品盘点和补货以及药店促销管理等药店工作的基本内容，同时课程内容与医药商品购销员职业资格标准和 1 + X 药品购销员职业资格标准接轨，并直接服务于学生的毕业实习。本课程为理实一体化设计体系，旨在通过反复多次的模拟，不仅要让学生记住工作时应该如何做，更要在不断的训练中把这些职业理念内化为日常的执业习惯，帮助学生顺利完成从学生到门店员工的角色转变。

二、课程目标

1. 能熟练规范地陈列药品、会接待顾客、推介药品、处理顾客异议、成交药品、为顾客收银、填制票据、进行药品盘点和补货。

2. 能根据提供的背景材料进行商圈的调查、分析与选址工作；能进行药店营业场所的设计与开办申报工作。

3. 能进行中药材的来料加工，接待顾客退换货及投诉处理，能根据不同情况完成药品防盗的工作。

4. 能使用医药管理软件完成对药店经营全过程的管理。

5. 具有良好职业道德，科学工作态度，严谨细致的专业作风。

6. 具有较强的执行能力、团队合作能力和心理耐挫力。

三、教学时间分配

教学内容（工作领域）	学时数（理实一体）
一、认识药店	1. 5
二、药店业务基本技能	20
三、门店日常工作	37. 5
四、门店拓展	13
合　计	72

四、教学内容与要求

工作领域	工作任务	职业能力点	教学活动建议	参考学时
A. 认识药店	A-1 行业认知	A-1-1　能正确判断药店的类型	作业+多媒体演示汇报	0.5
		A-1-2　能正确认识药店的发展趋势	作业+多媒体演示汇报	0.5
	A-2 岗位认知	A-2-1　能正确描述药店的组织结构及岗位职责	多媒体演示	0.5
B. 药店业务基本技能	B-1　药品陈列	B-1-1　能按 GSP 要求熟练并有技巧地陈列药品	技能实践	2
		B-1-2　能正确进行陈列药品的标调价管理	技能实践	2
	B-2　POP 海报的制作	B-2-1　能根据不同主题进行手绘 POP 海报的创作	技能实践	2
	B-3　盘点补货	B-3-1　能做好盘点前的准备工作		0.5
		B-3-2　能按规定进行盘点操作	技能实践	2
		B-3-3　能按规定处理近效期药品	技能实践	1
		B-3-4　能按规定处理过期药品	技能实践	1
		B-3-5　能按规定处理滞销药品	技能实践	0.5
		B-3-6　能按要求完成补货作业	技能实践	0.5
		B-3-7　能进行商品的退库管理	技能实践	0.5
	B-4　药店防损	B-4-1　会实施防盗管理	多媒体演示	0.5
		B-4-2　会实施防抢管理	多媒体演示	0.5
		B-4-3　能实施防火管理	多媒体演示	0.5
	B-5　药店交接班	B-5-1　能独立完成营业工作的交接		0.5
	B-6　质量报表的填报	B-6-1　能进行收货和验收操作，会填制收货和验收记录	技能实践	2
		B-6-2　能进行药品储存养护操作，会填制相关记录	技能实践	1
	B-7　经营报表填报	B-7-1　会计算药店毛利率、费用率、环比和同比增长率、营业利润率	理实一体	2
		B-7-2　会计算商品的毛利率、周转率，能进行初步的品类分析	理实一体	1
C. 门店日常工作	C-1　营业准备	C-1-1　能按行为规范正确着装	理实一体	1
		C-1-2　能组织晨会		0.5
		C-1-3　能按要求准备卖场环境		0.5
		C-1-4　能按要求准备商品		0.5
		C-1-5　能按要求做好收银准备		1
	C-2　接待顾客	C-2-1　能运用合适的接待礼仪接待顾客	理实一体	2
		C-2-2　能快速识别顾客的类型		1
		C-2-3　能熟练运用各种接近顾客的技巧		1
	C-3　推介药品	C-3-1　能根据医生处方调剂药品	技能实践	2
		C-3-2　能看懂常见的医学指标并向顾客简单解读指标意义	理论讲授	2
		C-3-3　能根据流程合理推荐药品	技能实践	2
		C-3-4　能正确运用连带销售的技巧	技能实践	1

续表

工作领域	工作任务	职业能力点	教学活动建议	参考学时
C. 门店日常工作	C－3　推介药品	C－3－5　能根据推荐的药品进行用药指导和生活饮食指导	技能实践	1
	C－4　慢病管理	C－4－1　能与慢病患者有效沟通交流并了解四史		2
		C－4－2　能为慢病患者建立档案		1
		C－4－3　能根据疾病种类对慢病患者进行健康教育和健康促进		1
	C－5　处理异议	C－5－1　能正确运用技巧处理价格异议	技能实理实一体	2
		C－5－2　能正确运用技巧处理需求异议	理实一体	1
		C－5－3　能正确运用技巧处理服务异议	理实一体	1
		C－5－4　能正确运用技巧处理其他异议	理实一体	1
	C－6　达成交易	C－6－1　能快速识别成交信号	理实一体	1
		C－6－2　能使用一定的方法促进成交	技能实践	1
	C－7　药店收银	C－7－1　能正确识别货币的真伪	技能实践	1
		C－7－2　能正确快速点钞	技能实践	1
		C－7－3　能按收银标准操作流程规范操作	技能实践	1
		C－7－4　能用不同的结算方式进行收银操作（支付宝、微信、银联、医保卡、商保卡等）	理实一体	2
		C－7－5　能正确填制各种财务报表（如：发票、收银缴款单、销售长短款报告、收银交接记录、门店借货记录等）	理实一体	1
		C－7－6　能对收银 POS 机进行正确的维护与保养（含 POS 机常见故障的处理）	理实一体	1
	C－8　售后服务	C－8－1　能按规定进行药品退换货的处理	理实一体	1
		C－8－2　能按规定处理顾客投诉	理实一体	1
		C－8－3　能进行中药饮片代客加工服务	技能实践	1
		C－8－4　能进行会员卡的办理与录入操作	技能实践	1
D. 门店拓展	D－1　门店促销	D－1－1　能进行促销策划方案的书写	技能实践	2
		D－1－2　能进行促销活动的组织、实施与评价	多媒体演示	2
	D－2　药店商圈调查及分析	D－2－1　能撰写调查方案	技能实践	1
		D－2－2　能设计调查问卷	技能实践	1
		D－2－3　能实施调查方案		1
	D－3　设计药店营业场所	D－2－4　能撰写调查报告	技能实践	1
		D－3－1　能合理设计药店的出入口	理论讲授＋作业	1
		D－3－2　能合理设计药店的橱窗	理论讲授＋作业	1
		D－3－3　能合理进行药店内部的布局	理论讲授＋作业	1
	D－4　网上药店	D－4－1　能运营网上药店	理论讲授＋作业	1
		D－4－2　能运用多种方法提高网上药店的绩效	多媒体演示	1

五、大纲说明

（一）适应专业及参考学时

本教学大纲主要供高职高专院校药学类、食品药品类专业教学使用。总学时为 72 学时。

（二）教学要求

1. 本教材为新型活页式、工作手册式教材并配套开发有信息化资源，教材把基础知识压缩到了最为简洁的程度，同时尽可能的细化了活动设计的内容和步骤，并通过图文并茂的方式呈现，以提高直观性。对于常识性的问题，教材基本不提及，对于拓展性的问题或能帮助学生更好理解的内容，我们在课件中会有所呈现，任课老师也可通过布置作业提前预习查找资料或讨论的方式完成。

2. 实践技能操作部分具体要求分为两个层次，分别是：能够熟练运用所学会的技能，合理应用理论知识，独立进行专业技能操作，并能够全面分析操作要点，正确书写实训或见习报告。学会在教师的指导下，能够正确地完成技能操作，说出操作要点和应用目的等，并能够独立处理可能出现的常见问题。通过反复多次的模拟，不仅要让学生记住工作时应该如何做，更要在不断的训练中把这些职业理念内化为日常的执业习惯，帮助学生顺利完成从学生到门店员工的角色转变。

（三）教学建议

1. 本大纲遵循了职业教育的特点，以能力为本位、以岗位工作技能为导向，强调素质教育的全程化，组织课程教学。课程突出实践性、应用性的原则，注重根据实际及时更新教学内容，强调对学生技能的培养和训练，增强学生岗位适应性。课程以真实药店工作过程和岗位要求为依据，使学生获得的知识、技能，真正满足药店职业岗位（群）发展的需求。注重知识和技能的结合，专业知识强调针对性和实用性，培养学生的思维能力和综合能力，强化学生岗位技能和职业能力的训练，实现教学与实践的统一。

2. 为了能最大限度地体现岗位工作要求，本教材直接把岗位的工作任务与职业能力作为了教材目录，并把每一条职业能力作为独立的模块来编写教材。这样，学生在学习完一个模块后，便获得一条职业能力；所有职业能力叠加在一起，便是胜任岗位工作的整体能力。

3. 教学方法上采用“以教师为主导，以学生为主体”进行教学，融“教、学、做”为一体，根据教学内容灵活应用各种教学方法，提高学生的学习兴趣。根据工作领域、工作任务和职业能力点的具体要求灵活运用项目教学法、任务驱动法、讲授法、角色扮演法、案例教学法、情境教学法等多种教学方法，提高学生的学习兴趣和操作技能，培养学生理论联系实际的能力、独立思考的能力和自主学习的能力，在学习中学会解决问题，并在解决问题中培养学习的自信心和职业素质。

4. 课程考核方法分为实践考核、理论考核和过程性考核。实践考核是实训课上进行的操作项目考核，如药品陈列考核；理论考核为期末考试，为闭卷考试；过程性考核包括考勤、作业、课堂参与、实践报告、见习反思日记等学习过程中的记录考核，然后按一定比例得出学生的成绩，达到对学生学习情况进行全面评价的目的。

参考文献

1. 吴锦. 药店经营与管理实用技术［M］. 杭州：浙江大学出版社，2019.
2. 梁春贤. 药店经营与管理［M］. 北京：中国医药科技出版社，2017.